그림자 효과

당신 내면에 숨어 있는 힘을 찾으라

THE SHADOW EFFECT
by DEEPAK CHOPRA, DEBBIE FORD, and MARIANNE WILLIAMSON

그림자 효과

당신 내면에 숨어 있는 힘을 찾으라

The Shadow Effect

Illuminating the Hidden Power of Your True Self

Deepak Chopra · Debbie Ford · Marianne Williamson 공저

서광스님 · 황수경 · 권선아 공역

학지사

분노, 두려움, 좌절감, 상처, 외로움, 모든
인간 마음의 어두움은 원래 존재하는 것이 아니다.
당신은 본래 완전하게 태어났다.
선과 악, 옳고 그름, 남들과 비교하는 그림자에서 벗어나서
완전하고 하나된 자신을 회복하라.
내면의 태양을 비추라.

역자 서문

우리는 대개 살면서 일이 잘 풀리고, 세상사나 인간관계가 무언가 자신의 예상대로 잘 맞게 돌아간다고 느끼는 동안에는, 우리가 진짜 누구인지에 대해서 별 관심이 없다.

그러다가 어느 순간 갑자기 예기치 않게 원하지 않는 일들이 일어나면 그때부터 우리는 고민하고 갈등하기 시작한다. 그리고 왜 그런 일들이 일어났고, 왜 특정한 행동이나 부적절한 반응들을 하게 되었는지 궁금해하고, 후회하고 원망하고, 자책하면서 온갖 불편한 감정과 생각의 소용돌이를 겪게 된다.

이 책의 저자들은 융의 그림자 개념을 토대로 그런 궁금증에 대한 해답을 각자 다양한 관점과 예들을 통해서 아주 쉽고 명쾌하게 기술하고 있다. 나아가서 왜 사람들은 너무나 자주 스스로도 이해할 수 없는 행동을 하는지, 또 소위 유명한 학자, 정치인, 연예인들이 어처

구니없는 행동으로 망신을 사고, 심지어 자신의 커리어를 망쳐 버리는 행동을 하는지도 설득력 있게 설명하고 있다.

이 책은 누구든지 한 줄 한 줄 읽어가다가 보면 자신도 모르는 사이에 치유가 일어나고 있다는 사실을 체험하게 될 것이다. 또한 그러한 치유를 바탕으로 자아 성장과 통합, 실현, 나아가서 영적 성장으로 향하는 길에 장애가 되는 개인적, 가족적, 집단적 한계를 알게 하고, 그 장애를 해결하도록 돕는 데 큰 도움을 얻게 될 것이다.

저자들은 진짜 자기 자신을 알고 싶으면 우리의 모든 과거 경험이 저장된 마음의 도서관으로 들어가, 자신의 그림자를 만나야 한다고 조언한다. 그리고 구체적으로 어떻게 자신의 그림자를 만나고 통합해 가야 하는가에 대해서 각자의 방식대로 다양한 기법을 제시하고 있다.

평소에 나는 워크숍과 대학의 강의를 통해서 그림자 작업을 해 오면서 우리말로 된 자료와 교재의 부족함을 많이 느꼈었다. 특히 영어 교재로 수업을 하면서 참가자들이나 학생들의 불편함도 적지 않았는데, 학지사를 통해서 이 책을 번역하게 되어 무척 기쁘고 감사하게 생각한다.

이 책은 심리치료, 상담, 사회복지, 명상, 분야뿐만이 아니라 정치, 경제, 경영, 교육 등 다양한 전문분야에서 교재용으로 적극 추천하고 싶다. 또 다양한 그룹의 독서 토론, 교양수업, 깨달음과 마음공부에 관심 있는 개인에 이르기까지 누구에게나 도움이 되리라 확신한다. 다만, 항상 그렇듯이 번역의 한계로 다소 부족한 부분도 있으리라 믿기에 독자분의 아낌없는 조언을 부탁드리고 싶다.

참고로 책의 서문과 1장, 3장, 그림자 효과검사, 책의 저자들에 관한 내용은 황수경 교수님이, 그리고 2장은 권선아 선생님이 1차 번역한 것을 2차로 수정, 첨삭했다. 그러므로 이 책은 전적으로 두 분의 수고가 지대했으며, 무엇보다도 많은 분량을 맡아 준 황수경 교수님의 너그러움이 가장 큰 역할을 했다.

자기가 누구인지, 왜 우리는 그토록 삶과 인간관계를 힘들어하는지에 대해서 한 번쯤 진지하게 고민해 본 사람이라면, 이 책을 통해서 누구나 예외 없이 깊이 공감하며, 더 많이 사랑하고, 더 많이 성장하리라고 확신한다.

서광

저자 서문

인간이 벌이는 투쟁의 핵심에는 우리의 현재 모습과 우리가 되고자 하는 모습 간의 갈등이 자리 잡고 있다. 그러한 이원성은 인간 경험의 핵심을 이룬다. 삶과 죽음, 선과 악, 희망과 체념은 모든 사람 안에 공존하며 그 힘은 우리 삶의 모든 국면에서 발휘된다. 만약 우리가 용기를 알고 있다면, 그것은 우리가 두려움 또한 겪어 보았기 때문일 것이다. 만약 우리가 정직함을 알아볼 수 있다면, 속임수와 마주해 보았기 때문일 것이다. 그럼에도 우리 대부분은 우리 안의 이중적 본성을 부정하거나 무시한다.

만일 우리가 제한된 인간 특성의 스펙트럼 안에서, 이런 방식 혹은 저런 방식으로만 살고 있다는 전제하에 살아간다면, 어째서 많은 사람이 스스로의 삶에 완전히 만족하지 않느냐는 의문을 가지지 않을 수 없다. 왜 우리는 그렇게 많은 지혜를 가졌음에도 불구하고 강력한 결단을 내려서 우리의 선의에 따라 행동하려는 힘과 용기를 얻지 못하는 것일까? 그리고 가장 중요한 점은, 무엇 때문에 우리는 우리의 가치 체계와 우리의 신념에 반대되는 방식으로 행동하는 것인가? 그 대답은 우리가 미처 보지 못하고 있는 삶, 보다 어두운 자아인, 우리가 찾지 못한 힘이 잠들어 있는, '그림자 자아' 때문이라고 단언할 수 있다. 우리에게 힘을 부여하고 우리의 행복과 꿈을 실현할 수 있는 능력을 깨우는 열쇠를 찾을 수 있는 것은 바로 그곳, 가장 가능성이 없어 보이고 어둡게 여겨지는 우리의 '그림자 자아' 속이다.

우리는 삶의 그림자 측면Shadow side과 우리 자신의 그림자 측면을 두려워하도록 길들여졌다. 우리가 어두운 생각을 하거나 우리 스스로 용납할 수 없는 행동을 하고 있음을 알아차리면, 우리는 마멋 마냥 도망쳐 굴로 돌아가 숨어서는, 다시 밖으로 발을 내밀기 전에 그것이 사라지기를 바라고 기원한다. 어째서 우리는 이러한 행동을 하는 것일까? 우리가 얼마나 노력하든 상관없이, 우리 자신의 이러한 부분에서 결코 벗어날 수 없다는 것이 두렵기 때문이다. 비록 우리의 어두운 면을 무시하거나 억누르는 것이 일반적이기는 하지만, 그림자로부터 달아나는 것은 그 힘을 증폭시킬 뿐이라는 것이 우리의 정신에 경종을 울리는 진실이다. 그것을 부정하는 것은 더 많은 고통, 괴로움, 후회 그리고 체념으로 이어질 뿐이다. 만약 책임지고 우리의 의식 아래 숨겨져 있던 지혜를 이끌어 내지 못한다면 그림자가 주도권을 쥐게 되고, 우리가 그것을 통제하는 것이 아니라 그림자가 우리를 통제하는 꼴이 되고 만다. '그림자 효과Shadow effect'를 일으키며 말이다. 그렇게 되면 그림자는 우리를 대신해 결정을 내리기 시작한다. 무슨 음식을 먹을 것인지, 돈을 얼마나 쓸 것인지, 아니면 어떤 중독의 유혹에 넘어갈 것인지 간에, 그것은 의식적인 선택을 내릴 권리를 우리에게서 빼앗는 것이다. 우리의 그림자는 우리가 상상도 할 수 없었던 방향으로 행동하게 하고, 또 나쁜 행동과 반복적인 습관에 우리의 활력을 낭비하도록 부추긴다. 그림자는 완전한 자기표현, 즉 우리의 진실을 밝히는 것으로부터, 참된 삶을 사는 것으로부터 우리를 막는다. 잠재적으로 우리를 몰락시킬 수 있는 행위로부터 자유로워지는 유일한 방법은 우리의 이원성을 포용하는 것뿐이다. 만일 우리 자신을 이루는 모든 요소를 인정하지 않는다면, 우리는 확실하게 '그림자 효과'에 허를 찔리게 될 것이다.

'그림자 효과'는 어디에나 있다. 그것이 곳곳에 만연해 있다는 증거는 우리 삶의 모든 면에서 찾아볼 수 있다. 우리는 온라인상에서 그 증거를 읽는다. 우리는 야간 뉴스에서 그것을 볼 수 있으며, 우리의 친구들에게서 볼 수 있고, 우리의 가족 그리고 길가의 낯선 사람들에게서 볼 수 있다. 그리고 매우 의미심장하게도, 우리의 생각 속에서 그것을 알아볼 수 있으며, 우리의 행동에서 볼 수 있고, 또 우리와 타인과의 상호작용에서 그것을 느낄 수 있다. 우리는 이 어둠에 한 줄기의 빛을 비추는 것이 우리에게 커다란 수치를 안겨다 주거나, 더 나쁜 경우에는 최악의 악몽을 겪게 되지는 않을까 걱정한다. 우리는 스스로의 내면을 살피면 무엇을 찾게 될지 두려워진다. 그래서 우리는 머리를 감추고 우리의 그림자의 측면과 대면하기를 거부한다.

그러나 이 책은—삶을 바꿔 놓는 세 가지 관점에서 나누는—새로운 진실을 밝힌다. 실제로는 우리가 경험하게 될까 두려워하는 것과는 정반대의 일이 일어난다. 수치 대신에 우리는 연민을 느낀다. 부끄러움 대신에 우리는 용기를 얻는다. 제약 대신에 우리는 자유를 얻는다. 만약 열지 않은 채로 방치한다면, 그림자는 우리가 사랑하고 아끼는 모든 것을 파괴할까 두려워하는 비밀들로 가득 찬 판도라의 상자와 같다. 그러나 그 상자를 열게 되면, 우리는 그 안에 들어 있는 것이 근본적으로, 그리고 '긍정적으로' 우리의 삶을 바꿀 수 있는 힘을 가졌다는 사실을 알게 된다. 그러면 우리는 어둠이 우리를 장악할 것이라는 환상에서 벗어나서 새로운 빛을 통해 세상을 보게 될 것이다. 우리가 주변의 사람들에게 마음을 열어 주게 되면서, 우리 스스로를 위해 발견해 낸 자비는 우리의 확신과 용기에 불을 지필 것이다. 우리가 찾아낸 힘은 우리의 발목을 잡아 왔던 두려움과 맞서는 것을 도와줄 것이며, 최상의 가능성을 향해 힘차게 나아가도록 격려해 줄 것이다. 그림자를 받아들이는 것은 두려운 일이 아니며, 오히려 우리가 하나 되도록, 진실 되도록, 우리의 힘을 되찾도록, 우리의 열정을 발산하도록 그리고 우리의 꿈을 실현하도록 해 준다.

이 책은 삶을 바꾸어 주는 그림자의 수많은 선물을 조명하고자 하는 마음에서 만들어졌다. 우리 집필진들은 각자의 독특한 관점으로 이들 주제에 접근할 것이다. 어떻게 그림자가 우리 안에 생겨났으며, 우리의 삶에서 어떻게 작용하는지, 그리고 가장 중요한 것은 진정한 우리 본성의 선물을 찾기 위해 무엇을 할 수 있는지에 대해 포괄적이고 다양한 시각에서 이해하도록 하는 것이 우리 집필진의 의도다. 이 책을 읽고 나면 당신의 '그림자 자아'를 결코 이전처럼 생각하지 않게 될 것을 약속한다.

제1부에서, 디팍 초프라는 우리의 이중적인 본성에 대한 포괄적인 개요를 설명하고 우리를 다시금 완전하게 만들 처방을 제시할 것이다. 정신과 몸mind/body의 개척자로서, '초프라'는 자신의 가르침을 통해 수백만에 달하는 사람들을 변화시켰다. 분열을 일으키는 그림자의 본성에 대한 그의 통합적 접근법은 학문적 바탕이 튼튼하며 또한 이해하기 쉽다.

제2부에서, 나—'데비 포드'—는 거의 15년간 세계 곳곳에서 '섀도 프로세스'The Shadow Process를 가르치고 이끌었던 경험을 바탕으로 그림자의 탄생, 일상 속 그림자의 역할, 그리고 우리의 진정한 본성의 힘과 빛을 되찾을 방법에 대해 이해하기 쉬우면서도 깊이 있게 설명할 것이다.

제3부에서, 마리안 윌리엄슨은 그림자와 영혼 사이의 연관성에 관한 대담한 탐구로 우리의 마음과 생각에 영향을 준다. 저명한 세계적인 영적 스승으로서, 마리안은 우리의 손을 잡고 사랑과 두려움 사이의 험난한 전쟁터로 안내한다.

우리 집필진은 다년간의 경험을 가지고 있으며, 종국에는 그림자를 빛으로 비출 수 있다는 진심 어린 희망을 가지고 있다. 왜냐하면 만일 우리가 그림자의 세력에 맞서서 그림자가 가지고 있는 지혜를 통합하지 않는다면, 그림자는 계속해서 우리의 삶과 우리의 세상에 파괴를 몰고 올 잠재성을 가지고 있기 때문이다. 우리가 취약함을 인정하고 잘못된 행위를 인식하지 못한다면, 우리는 개인적 또는 직업적으로 도약하기 직전에 필연적으로 스스로를 방해하게 될 것이다. 그렇게 되면 그림자가 승리한다. 우리가 자녀들에게 말하고 있을 때

균형 잃은 분노에 사로잡힌다면 그림자가 승리한다. 사랑하는 사람들을 속일 때 그림자가 승리한다. 우리의 진정한 본성을 받아들이기를 거부할 때 그림자가 승리한다. 만일 우리가 고귀한 자아의 빛을 우리가 가진 인간 본성의 어두운 충동에 비추지 않는다면 그림자가 승리한다. 우리 자신을 이루는 모든 것을 받아들일 때까지 '그림자 효과'는 우리의 행복을 방해할 힘을 가질 것이다. 인정하지 않고 내버려 둔다면 그림자는 우리가 완전해지는 것을 막고, 우리가 신중히 짜낸 계획을 이루는 것을 막으며, 우리가 반쪽짜리 인생을 살아가도록 만들 것이다. 그림자를 빛으로 불러낼 수 있으리라는 것이 우리 집필진이 이 책을 쓰면서 품었던 희망이다. 새로운 어휘를 만들어 내고, 그림자를 밝히고, 무엇이 그렇게 살펴보기 어려웠으며 또 설명하기 힘들었는지를 마침내 이해하는 데 이보다 더 좋은 시간은 없었다.

이 책에 적혀 있듯이 '그림자 작업Shadow work'은 심리적 작용이나 지적 유희 이상이다. 그것은 해결되지 않은 문제들에 대한 규범적인 해결책이다. 그것은 그 어떤 심리 이론도 능가하는, 삶을 바꾸어 놓는 여정이다. 왜냐하면 그림자 작업은 완전한 자기표현적 삶을 살기 위해 우리가 이 생에 반드시 풀어야 할 인간적인 문제, 영적인 문제로서 어두운 면을 간주하기 때문이다. 어째서 우리가 피부색과 배경, 성적 기호, 유전적 구성 또는 우리의 과거와 상관없이 다른 사람들보다 잘나지도 못나지도 않았는지를 마침내 이해하게 될 것이다. 이 세상에 그림자를 가지고 있지 않은 사람은 없다. 그리고 진지하게 받아들여지고 또 이해되었을 때, 그림자는 우리가 스스로에 대해 느끼는 방식, 자녀를 돌보는 방식, 동반자들을 대하는 방식, 공동체 구성원들과 상호작용하는 방식 그리고 다른 나라들을 대하는 방식을 바꿔 놓을 새로운 현실을 창조할 수 있다.

나는 그림자가 우리가 가질 수 있는 가장 큰 선물 중 하나라고 믿는다. 카를 융Carl Jung은 그것을 '스파링 파트너'라고 불렀다. 우리의 결점을 드러내 주고 우리의 기술을 연마해 주는 것은 다름 아닌 우리 내면의 적이다. 그것은 스승이자, 교관이고, 우리의 진정한 위대함을 밝혀내는 것을 도와주는 안내자다. 그림자는 해결해야 할 문제도 아니고 정복해야 할 적도 아니다. 다만, 경작해야 할 비옥한 땅일 뿐이다. 그 기름진 땅에 우리의 손을 넣을 때, 우리가 가장 되고 싶어 하는 사람들이 될 수 있는 강력한 씨앗을 찾게 될 것이다. 당신이 이 여정을 떠나는 것이 우리 집필진의 간절한 희망이다. 우리는 그 안에 무엇이 기다리고 있는지 알고 있기 때문이다.

데비 포드Debbie Ford

차 례

Part 1
그림자

디팍 초프라Deepak Chopra

인간 본성의 어두운 면을 뜻하는 그림자The Shadow라는 말을 들었을 때, 그것의 존재를 부정하는 사람은 없을 것이다. 모든 생명은 분노와 두려움의 영향을 받아 왔다. 저녁 뉴스는 여러 주 내내 계속해서 인간 성품의 가장 나쁜 면을 노출시킨다. 숨김없이 말하자면 어두운 충동들은 마음대로 우리의 생각 속을 배회하고 있다. 우리 모두가 되고자 열망하는 좋은 사람이 되기 위한 대가는 모든 것을 망쳐 놓을지도 모르는 나쁜 인격을 감추어 놓아야 하는 것이다.

그림자 측면a shadow side을 가지고 있다면, 아마도 치료를 받거나 약을 먹든지, 고해성사실로 가거나 혹은 한밤중에 스스로의 영혼과 대면하는 것 같은 개입이 필요하게 될 것이다. 사람들은 자신들이 그림자 측면을 가지고 있다는 것을 알게 되면 곧 그것으로부터 벗어나고 싶어 한다. 인생에는 '할 수 있다' '해결하자'와 같은 태도가 효과적일 때도 많지만, 불행하게도 그림자는 그렇지가 않다. 수천 년간—인류가 스스로의 어두운 면을 자각하고 있던 그 오랜 시간 동안에도—그림자가 해결되지 못한 이유는 정말로 수수께끼라고 할 수 있다. 그림자에 관한 문제를 논하기에 앞서 이 수수께끼를 먼저 파헤치는 것이 맞을 것이다. 그래서 나는 1부를 세 부분으로 나누었다. 나는 의사의 본능에 의지하여 진단을 내린 후 치료법을 알려 주고, 병의 경과에 대한 예후를 정직하게 환자들에게 말해 주는 것이다.

미혹의 안개

탈출로

새로운 현실, 새로운 힘

첫 번째 부분, 진단에서는 어떻게 그림자가 존재하게 되었는지를 설명한다. 나는 그림자가 우주적인 힘이나 범세계적인 저주가 아니라 인간의 창조물이라고 믿는 몇몇 사람들과는 의견을 달리한다. 두 번째 부분, 치료에서는 일상에서 그림자가 당신에게 행하는 숨겨진 힘을 어떻게 줄일 수 있는지를 다룬다. 세 번째 부분, 예후에서는 몇몇 사람들뿐만 아니라 우리 모두가 그림자를 떨쳐버린 미래를 펼쳐 본다. 지금 우리를 괴롭히는 그림자를 우리는 함께 창조해 냈다. 우리가 이 사실을 마주하는 것을 두려워하고 주저하지만, 이는 곧 변화의 열쇠가 될 것이다. 당신과 내가 그 문제의 한 부분이 아니었다면, 그 해결책의 한 부분도 될 수 없었을 것이다.

미혹의 안개

당신이 스스로의 그림자를 볼 수 없다면, 그것을 찾아 나서야 한다. 그림자는 당신 의식의 어두운 뒷골목, 비밀스러운 통로 그리고 유령으로 가득한 다락방에 부끄러워하면서 숨어 있다. 그림자를 가지고 있다는 것은 흠이 있다는 것이 아니라, 완전하다는 것이다. 그것은 마주하기 어려운 진실이다(사람들에게 그들 스스로에 대해서 그대로의 진실을 말하려고 할 때, 그들이 "날 분석하려 들지 마."라거나 그와 비슷한 반응을 보이며 재빠르게 뒤로 물러선 적은 없는가? 무의식의 영역은 깊은 바다만큼이나 위험하게 느껴진다. 양쪽 모두 어둠과 미지의 괴물들로 가득 차 있다). 우리 모두는 한때 완벽한 해결책처럼 보였던 실패한 꿈의 잔해들을 안고 살아간다. 각각의 해결책은 어두운 면이 무엇인지에 대한 묘사에 해당한다.

만약 당신이 두려움, 분노, 불안 그리고 폭력과 같은 그림자 측면들이 악마가 빙의한 결과라고 생각한다면, 그 해결책은 고통받는 사람을 정화하는 것이다. 악마는 퇴마의식, 육신의 정화, 단식 그리고 엄격한 고행으로 몰아낼 수 있다. 이것은 미개한 관념이 아니다. 수백만의 현대인들이 그것에 의지하고 있다. 당신은 신문가판대를 지나칠 때마다 일종의 정화의식을 통해 새로운 당신을 약속하는 윤기 흐르는 새 잡지를 보게 될 것이다. 그것이 나쁜 음식에 대한 식탐을 극복하게 해 주는 다이어트든, 좋지 않은 부류의 사람들을 피함으로써 좋은 배우자를 찾기 위한 체크리스트든 간에 말이다. "바르게 행동해라."라는 말은 현대판 악마 정화의식이다.

이와 유사한 것으로는 우주적인 악이 세상에 풀려났다는 견해가 있다. 만일 그림자에 대한 당신의 설명이 이와 같다면 자연스러운 해결책은 바로 종교다. 종교는 우주적인 악과의 전투에서 당신을 우주적인 선의 편에 서게 한다. 수백만의 사람들에게 있어서 이 전투는 정말로 현실이다. 그것은 성적 충동에서 시작하여 낙태, 신을 믿지 않는 무신론의 발흥, 애국심의 쇠퇴까지 그들 삶의 모든 면으로 확대된다. 악마는 인간이 겪는 모든 형태의 고통과 그릇된 행동을 창조한다. 오직 신(또는 신들)만이 사탄을 물리치고 우리를 죄로부터 구원해 줄 힘을 가지고 있다. 그럼에도 불구하고 종교가 그림자를 물리치는지 아니면 강한 죄책감과 수치심, 지옥 같은 내세의 고문에 대한 공포를 불러일으켜 오히려 그림자를 더 강하게 만드는지는 단정하기가 어렵다.

우리는 미신이 우리 삶을 지배하지 않는 시대에 사는 것을 자랑스러워하기 때문에, 어두운 면에 대한 이러한 유서 깊은 설명들은 더 이상 우리의 유일한 선택지가 아니다. 사람들은 우주적 악으로부터 등을 돌리고 개인으로서의 책임을 질 수도 있다. 어두운 면은 질병과 정신 건강의 여러 분야로 새롭게 모습을 바꾸었다. 광범위한 치료법들이 이 길을 따라 놓여 있다. 중독자들은 재활 프로그램으로 보내진다. 불안장애와 우울증 환자들은 정신과 의사에게 보내진다. 통제 불능의 분노조절장애 환자들은 스스로에 대한 통제력을 잃어 고속도로에서 차를 들이받은 후 결국 분노 조절 수업으로 보내진다.

확실한 해결책으로 인도하는 이 모든 설명이 있는데도, 어째서 그림자는 아직도 패배하지 않았을까?

우울한 전망 같아 보일 수도 있지만, 실은 그림자를 다루는 첫 번째 단계는 그림자가 가진 힘을 인정하는 것이다. 인간의 본성은 자기 파괴적인 면을 가지고 있다. 스위스의 심리학자 카를 융Carl Jung이 그림자의 원형을 가정했을 때, 그는 그림자가 자아를 뒤덮는 미혹의 안개를 형성한다고 했다. 이 안개 속에 갇혀, 우리는 자신의 어둠을 스스로 회피함으로써 그림자가 우리에게 주는 영향을 더욱더 강하게 만든다. 그림자의 원형에 대한 융식 접근법이 빠르고 매우 지적이고 복잡하게 변했다는 것은 비밀이랄 것도 없다. 하지만 그림자의 고집스러운 힘은 전혀 복잡하지 않다. 나는 이 단락을 쓰다가 잠시 쉬는 와중에 텔레비전을 켰다. 유명한 억만장자인 워런 버핏Warren Buffett이 경제 주기의 호황과 불황에 관한 인터뷰를 하고 있었다.

"심각한 경제 불황으로 이어질 또 다른 거품이 있을 것이라고 생각하시나요?" 진행자가 물었다.

"장담할 수 있습니다." 버핏이 대답했다.

진행자는 머리를 저었다. "우리는 어째서 지난번 불황에서 교훈을 배울 수 없었을까요? 탐욕이 우리에게 어떤 짓을 했는지 보세요."

버핏은 알 수 없는 미소를 살짝 보였다. "탐욕은 잠시 동안이지만 재미있어요. 사람들은 그것을 뿌리칠 수 없지요. 인간이 얼마나 멀리 왔든지 간에, 우리는 정서적으로 전혀 성숙해지지를 못했습니다. 우리는 변한 것이 없어요."

간단히 말하자면, 그림자가 있고 또 그것이 일으키는 문제들이 있다. 미혹의 안개 속에서 우리는 스스로의 악한 충동들을 자기 파괴적이라고 보지는 않는다. 그 충동들은 뿌리치기 어렵고 심지어 재미있기까지 하다. 그 때문에 셰익스피어의 연극이건 마카로니 웨스턴 영화건 간에 오락물로서의 복수극은 엄청난 인기를 누리는 것이다. 우리의 감춰진 모든 분노를 발산하고, 적을 산산조각내고, 당당히 승리의 걸음을 걷는 것보다 더 좋은 것이 무엇이겠는가? 그림자는 어둠을 빛처럼 보이게 함으로써 그 힘을 강력히 발휘한다.

이 세상의 갖가지 지혜에 관한 전통들은 동일한 원초적 딜레마를 다루는 일에 그 에너지와 생각의 대부분을 써 왔다. 창조 안에는 어두운 면이 있다. 파괴는 본성 속에 내재되어 있다. 죽음은 생명을 방해한다. 쇠퇴는 활력을 빼앗아간다. 악은 매력적이다. 미혹의 안개속이 결국 머물기 좋은 곳으로 보이는 것은 당연한 일이다. 만일 당신이 정면으로 실체를 마주하고자 한다면, 어두운 면이 너무도 견디기 힘들 것이다. 그러나 서서히, 그리고 성공적으로 어두운 면을 극복해 온 대항세력이 있다. 실패한 해결책의 잔해가 그것을 보지 못하게 우리를 막고 있을 뿐이다. 온갖 재앙과 공포에 대한 야간 텔레비전 채널들을 돌리면서 전혀 짐작하지 못했겠지만, 인간은 어둠으로부터 평화, 날아갈 듯한 행복감, 그리고 자유를 찾아내는 힘을 항상 가지고 있었다.

그 비밀은 '의식'이라는 단어에 있다. 이 말을 들었을 때, 실망의 기색이 사람들의 얼굴에 스쳐 지나간다. '의식'이라는 말은 낡은 모자와 같다. 우리는 페미니즘과 그 밖의 해방 운동들이 나타난 이래로 계속해서 '의식 고양'이라는 말을 들어 왔다. 더 높은 차원의 의식은 수없이 많은 영적 운동들이 내걸었던 약속이었다. 어쩌면 당신은 망가져버린 이상ideal으로 쌓아 올린 무더기 위에 의식을 내던져 버리고 싶은 충동이 들었을지도 모를 일이다. 의식의 차원을 높이려는 우리의 진실한 노력에 대한 대응으로, 마치 개인의 삶을 고통과 두려움으로 물들이는 것처럼 그림자는 세상을 전쟁과 범죄 그리고 폭력으로 물들이기 때문이다.

우리는 의식이 잘못된 해답에 속하는지, 아니면 아직까지 옳은 방향으로 시도된 적이 없었는지의 갈림길에 도달했다. 나는 후자 쪽이 진실이라고 말하고 싶다. 더 높은 차원의 의식만이 인간 본성의 어두운 면에 대한 해답—유일한 영구적 해답—이다. 여기서 잘못된 것은 해답이 아니라 그 적용이다. 암의 대체 치료법이 셀 수 없이 많듯이, 영혼을 치료하는 길도 셀 수 없이 많다. 그러나 그 누구도 모든 것을 실험할 수 있는 시간과 에너지를 가지고 있지는 못하다. 당신이 가고자 하는 곳으로 인도하는 길을 고르는 것이 중요하다. 그렇게 하기 위해서는 그림자에 관한 더욱 심층적인 분석이 필요하다. 만일 당신이 그림자에 표면적으로만 접근한다면, 그것은 항상 당신에게 남아 있을 것이다. 그림자는 질병, 악마 또는 우주적인 마귀처럼 간단한 적수가 아니기 때문이다. 그것은 현실적으로 창조의 기본적인 한 측면이기에, 오직 완전한 이해로써만 성공적으로 그림자와 대면할 수 있다.

현실은 하나라는 진실

'그림자'를 물리치는 첫 번째 단계는 그것을 물리치겠다는 모든 생각을 버리는 것이다. 인간 본성의 어두운 면은 전쟁, 투쟁 그리고 갈등 위에서 번성한다. '이기는 것'에 대해 말을 꺼내는 그 순간, 당신은 이미 진 것과 다름없다. 당신은 선과 악의 이원성 속으로 끌려 들어간 것이다. 일단 그렇게 되면 그 어떤 것도 이원성을 끝낼 수 없다. '선'에는 그 반대 세력을 단번에 물리칠 힘이 없다. 이 사실을 받아들이기 힘들다는 것을 안다. 우리 각자의 삶 속에는 부끄러운 과거의 행동들과 우리가 맞서 싸우고 있는 현재의 충동들이 있다. 우리의 주변은 온통 차마 입에 담을 수 없는 폭력이 존재한다. 전쟁과 범죄는 사회 전체를 황폐화시킨다. 사람들은 어둠이 만연한 이 세상에 빛을 되돌려 줄, 더 높은 힘을 향해 절박하게 기도를 올린다.

현실주의자들은 악을 극복하는 인간 본성의 선한 면을 볼 수 있으리라는 희망을 저버린 지 오래다. 나치즘의 격렬한 폭력이 유럽을 집어삼켰을 때, 인간의 심리를 직면했던 가장 현실적인 지성 중 하나였던 지그문트 프로이트Sigmund Freud의 삶은 끝을 맺었다. 문명은 비극적인 대가를 치르며 존재하노라고 그는 결론지었다. 대를 이어 온 야만적인 본능을 억누름으로써 우리는 그것을 억제해야 한다. 그러나 최선의 노력을 다한다고 해도 우리는 많은 패배를 겪게 될 것이다. 세상은 대량의 폭력을 분출하고, 각자는 개인적인 폭력을 분출하고 있다. 이러한 분석은 끔찍한 종류의 체념을 시사한다. '나쁜 나'가 어둠 속으로 밀어 넣어져 고독하게 갇히지 않는 한, '좋은 나'는 평화롭고, 사랑하며, 질서 있는 삶을 살 기회가 없다.

현실주의자들은 억누르는 그 자체가 악임을 인정할 것이다. 만일 당신이 분노, 공포, 불안, 질투 그리고 색욕의 감정들을 감추려고만 한다면, 그림자는 그로부터 자신이 쓸 힘을 더욱 많이 얻게 될 것이다. 그리고 그 쓰임은 매우 냉혹할 것이다. 어두운 면이 당신을 자극하면 대혼란이 지배한다.

지난주에 나는 피난처와 같은 안전한 장소를 필사적으로 찾고 있던 한 여성의 전화를 받았다. 그녀의 폭력적인 남편은 만성적인 알코올 중독자였다. 그들은 그 문제를 몇 년 동안이나 겪고 있었다. 잠시 멀쩡한 기간이 지나고 나면, 그는 다시 악화되어 직장과 가정을 분열시키는 오랜 술판을 벌였고, 종국에는 그런 자신을 수치스러워했다. 최근에 그는 일주일가량 자취를 감춘 적이 있었다. 그리고 이번에 그가 돌아왔을 때, 그의 모든 뉘우침과 회개는 아내의 귀에 들어오지도 않게 되었다. 그의 아내는 남편에게서 벗어나고 싶어 했다. 그에 대한 남편의 반응은 폭력적이었다. 그는 그녀를 때렸고, 그녀의 말에 의하면 이전까지는 없던 일이었다. 이제 그녀는 모든 좌절과 눈물에 더하여 자신의 안전까지 걱정하고 있었다.

단기적으로 보자면, 누군가가 해 줄 수 있는 일이라고는 피신할 쉼터와 여성 지원 단체에 관한 최선의 조언을 주는 것뿐이다. 그러나 나는 전화를 끊고 나서 그녀의 산산이 부서진 감정의 잔해를 내 안에서 느끼며, 장기적인 관점에서 생각을 해 보았다. 중독 재발자들은 심리학 분야의 표준적인 특징이 되어 있다. 하지만 그들이 정말로 드러내는 것은 무엇일까? 나는 그들이 분리된 자아라는 일반적인 상황의 극단적인 예라고 생각한다. '좋은 나'와 '나쁜 나' 사이의 분리는 중독자들에게는 해결할 수 없는 문제다. 보통의 경우, 한 사람의 어두운 면을 다루는 전략은 꽤나 쉬운 편이다. 당신의 악한 행위들을 부정하고, 사악한 충동들을 잊고, 화를 낸 것에 대해 사죄하고, 당신의 잘못된 악행들을 회개하는 것은 어렵지 않다. 중독자들은 이러한 쉬운 처방에 만족하지 못한다. 그들의 보다 어두운 충동들은 통상적인 점검과 규제도 없이 그들의 마음을 빼앗는다. 심지어는 단순한 기쁨에 대한 접근조차 차단된다. 내면의 악마들은 기쁨을 갉아먹으며 또한 그것을 훼손한다. 그 악마들은 행복을 비웃는다. 그 악마들은 중독자들에게 그들의 나약함과 나쁜 면을 계속해서 상기시킨다.

이런 설명이 어느 정도 사실이라고 해 보자. 나는 중요한 요소 몇 가지를 잊고 언급하지 않았다. 습관은 중독에 있어서 중요한 역할을 맡는다. 뇌에서 일어나는 육체적인 변화도 그렇다. 약물 남용자들은 기쁨과 고통에 정상적으로 반응하는 것을 서서히 파괴하는 외부의 화학물질을 이용해서 뇌의 수용체를 공격해 왔다. 그러나 이러한 중독의 물리적 측면들은 심히 과장되어 있다. 만일 중독이 주로 육체적인 문제라면, 수백만에 달하는 사람들이 일상적으로 술과 약물을 사용하고 있지는 않을 것이다. 그러나 상대적으로 적은 장기적 손상과 미미한 중독 확률을 가지고도 사람들은 그렇게 한다. 중독과 그 원인에 관한 뜨거운 논쟁에 발을 들여놓지 않고서도, 그것을 하나의 분리된 문제가 아니라, 그림자의 또 다른 표현으로 한발 물러서서 보는 것이 가능하다.

그러므로 중독을 치료하기 위해서, 우리는 그림자에 접근하여 그것을 무력화시켜야 한다. 우리 모두가 바로 그렇게 하기를 원하기 때문에, 일주일간의 술판에서 돌아온 주정뱅이 남편의 이야기로 돌아가 보자. 이를테면 그는 폭력적인 성질, 인종적 편견, 광적인 성 차별주의, 그 밖의 수많은 그림자의 다른 표현들에 대한 대리인 노릇을 하게 될 것이다. 이러한 것들이 처음 보기에는 별 연관이 없어 보일 수도 있다. 성희롱을 해대는 상사는 증오 범죄를 저지르는 동성애 혐오자와 같은 통제 불능의 행동을 보이지는 않는다. 그러나 그림자는 공통적인 연결성을 제공한다. '나쁜' '시인되지 않은' '수치스러운' '죄를 지은' 또는 '잘못된'이라는 꼬리표가 붙은 그 어떤 자아의 일면이라도 분리될 때마다 그림자는 힘을 얻는다. 인간 본성의 어두운 면이 스스로를 극도의 폭력으로 표현하는지, 아니면 가볍게, 사회적으로 용인되는 방식으로 표현하는지는 상관이 없다. 중요한 사실은 자아의 한 부분이 분리되었다는 것이다.

분리되게 되면, '나쁜' 파편들은 폭력, 분노 그리고 두려움이 결여되어 보인다는 이유로 우리가 '선하다'고 여기는 부분, 즉 자아의 중심과 접촉을 끊는다. 이는 세상과 다른 사람들에게 잘 적응해 온 어른 자아다. 물론 그 술 취한 남편도 선한 자아를 가지고 있다. 그 역시 보통 이상으로 더 친절하고 더 수용적인 선한 자아를 가지고 있을 수도 있다. 당신의 어두운 면을 억누를수록, 선함과 빛으로 반짝이는 인격의 가면을 만들어 내기가 쉬워진다(그 때문에 대량 총기난사 사건이나 그 밖의 흉악한 범죄가 발생한 후, 이웃들이 TV 취재진들에게 가해자가 "참 좋은 사람 같아 보였다."고 말하며 연이어 놀람을 금치 못하는 것이다).

나는 그의 아내와 이야기하던 중 그가 재활원 출입을 해 왔다는 사실을 알게 되었다. 때때로 치료는 한동안 효과가 있기도 했다. 하지만 술에 취하지 않은 기간 동안에도 그 남자는 비참한 상태였다. 그는 중독 증상이 다시 나타나지 않도록 계속해서 경계하고 있었다. 그는 증상이 재발하는 것을 두려워했고, 그것에 맞서 치열하게 싸웠지만 가망이 없었다. 잠깐 동안의 승리를 거두고 있는 시간에도 그림자는 지켜보며 기다리기만 하면 되기 때문이다.

한번은 그가 알코올 중독에서 비롯된 섬망증DT으로 고통에 시달리던 적이 있었는데, 식은땀과 착란상태를 견딜 수 없을 지경에 이르렀다. 아내는 의사에게 달려가서, 그의 증상을 가라앉힐 약을 달라고 간청했다. 그러나 그녀가 만난 의사는 완고한 현실주의자였고 약을 주는 것을 거부했다. "그 자가 밑바닥까지 가도록 놔둡시다." 그가 말했다. "그것이 그의 유일한 진짜 희망입니다. 짧게 말해서, 이 고통을 덜어 주는 것은 그를 돕는 일이 아닙니다."

어쩌면 당신과 나는 이것을 냉정한 충고라고 여길 수도 있을 것이다. 하지만 밑바닥을 치는 현상은 중독 학계addiction circles 내에서 잘 알려져 있다. 그것은 끔찍한 위험을 일으킬 수 있다. 왜냐하면 그림자의 허세가 부름을 받았을 때, 그것은 자기파괴라는 극단적인 수단에 의지하기 때문이다. 무의식이 만들어 낼 수 있는 고통의 정도에는 실질적인 한계가 없고 우리는 너무도 연약하다. 중독자들은—또는 '그림자 에너지'의 손아귀에 든 누구든—미혹의 안개 속에 갇혀 있다. 그 안개 속에는 마약에 대한 갈망과 그것을 얻지 못하는 것에 대한 두려움만이 존재할 뿐이다.

밑바닥을 향한 위험한 여정이 효과가 있을 때 그 이유는 이러한 안개가 걷혔기 때문이다. 중독자들은 정말로 현실적인 생각들을 하기 시작한다. "나는 나의 중독 이상이다(나의 중독은 내가 아니다). 나는 모든 것을 잃고 싶지 않다. 두려움은 극복할 수 있다. 이제 이것을 멈출 때가 되었다." 그러한 명쾌함의 순간에, 치유의 힘은 명쾌함 그 자체에서 비롯된다. 그는 자기 파괴의 유혹을 돌파하여 그것이 얼마나 비합리적인지 확인한다. 명쾌함 속에서 자아는 회복되며 눈가리개 없이 스스로를 보게 된다.

당신은 오직 하나의 자아만을 가지고 있다. 그것은 진정한 당신이고, 선과 악 너머에 있다.

의식이 분리되는 것을 멈출 때 그림자는 힘을 상실한다. 당신이 더 이상 분리되어 있지 않을 때라면, 사방을 통틀어 하나의 자아 외에는 볼 것이 없다. 숨겨진 공간도 없고 지하 감옥도 고문실도 없으며, 아래에 숨을 만한 이끼 낀 바위도 없다. 의식은 스스로를 보게 된다. 그것이 의식의 가장 기본적인 기능이다. 그러나 이 간단한 기능으로부터 우리는 새로운 자아를 발견할 것이며, 마침내 새로운 세상이 탄생할 수 있다.

집단 그림자

융의 주요한 업적은 그림자라는 명칭을 붙인 것도, 원형 이론도 아니었다. 인간들이 하나의 자아를 공유한다는 것을 보여 준 것이 그의 주요한 업적이었다. "나는 누구인가?"라는 질문은 "우리는 누구인가?"에 달려 있다. 인간은 자아를 창조할 수 있는 유일한 생물이다. 사실, 우리는 자아를 창조해 내야만 한다. 왜냐하면 자아는 세상에 대한 독특한 초점, 즉 관점을 우리에게 주기 때문이다. 자아가 없으면, 우리의 두뇌는 도무지 이해할 수 없는 감각적 이미지로 이루어진 혼란스러운 홍수의 폭격을 받을 것이다. 유아들은 자아가 결여되어 있고, 자아를 창조하고 개성과 기호, 기질과 흥미를 만들어 내면서 생애 첫 3년을 보낸다. 모든 어머니는 자신의 아기가 백지 상태로 보내는 시간이—그것이 전적으로 존재한다면—매우 짧다는 것을 입증할 수 있을 것이다. 우리는 감각 정보의 수동적인 수신자로서가 아니라, 열성적인 창조자로서 이 세상에 태어난다. 당신이 일단 욕구, 믿음, 충동, 열망, 소망, 꿈 그리고 두려움을 가진 하나의 자아가 된다면 불현듯 세상이 이해가 될 것이다. '나, 나 자신 그리고 나의 것(I, me, mine)'이라는 개념은 하나의 목적을 위해 존재한다. 그것은 당신에게 세상 속에서 개인적 이해관계를 주기 위해서다.

우리 모두는 자아를 가지고 있으며, 그 자아가 존재할 권리를 지키기 위해서라면 무슨 일이라도 마다하지 않을 것이다. 하지만 우리의 창조물은 연약하다. 우리 모두는 이를테면 사랑하는 이의 갑작스러운 죽음이나, 우리가 심하게 아프다는 사실을 알게 되는 것과 같은 개인적인 위기들을 경험해 보았다. 어느 것이든 우리의 행복감을 공격하는 위기는 곧 자아에 대한 느낌을 공격하는 것과 같다. 만약 당신이 집이나 전 재산 또는 배우자를 잃는다면, 이 외부의 사건들은 자아 곳곳에 두려움과 의심이라는 불안감을 전한다. 당신의 세계가 산산조각 나는 듯한 느낌을 받는 그 어떤 순간이라도, 실제로 산산조각 나고 있는 것은 자아와 자아가 현실을 이해하고 있다는 확신이다. 몸이나 마음에 어떤 심각한 외상이 일어난 후라면, 연약한 자아 인격을 회복하는 데는 시간이 걸린다("영혼은 부서지지 않는다. 흔들릴 뿐이다."라는 한 오래된 격언이 사실이라는 것은 굉장한 행운이다).

우리가 그렇게나 절박하게 매달리는 자아를 어떻게 창조해 냈는지는 모르기 때문에, 자아는 우리를 놀라게 할 수도 있고 감탄하게 할 수도 있다. 프로이트가 자아에는 우리가 거의 알아차리지 못하는 욕구와 욕망으로 가득 찬 숨겨진 차원이 있다고 밝혔을 때, 그는 큰 놀라움을 세상에 안겨 주었다. 융은 프로이트의 가장 뛰어난 제자가 된 후, 자신의 스승이 한 가지 실수를 저질렀음을 깨닫게 된다. 무의식은 '나'에 관한 것이 아니다. 그것은 '우리'에 관한 것이다. 어떤 사람이 무의식적인 충동과 욕구를 가지고 있다면, 그것들은 인류의 전체 역사로부터 온 것이다. 융에 따르면, 우리 각자는 그의 표현대로 '집단 무의식'에 연결되어 있다고 한다. 당신과 내가 별개의 분리된 자아들을 만들었다는 개념은 환상에 지나지 않는다. 우리는 인간의 모든 야심, 욕구 그리고 통념으로 이루어진 광대한 저장소에 접근했다. 이러한 집단 무의식은 그림자가 기거하는 장소이기도 하다.

어떤 사람들은 사교적이고, 어떤 사람들은 비사교적이다. 하지만 집단 자아 바깥에 있을 수 있는 사람은 아무도 없다. '우리'라는 말은 그 누구도 고립되어 있지 않음을 계속해서 상기시켜 준다. 융은 '우리'라는 숨겨진 차원을 노출시키기 위해 사회적 표면을 벗겨 내었다. 이 영역을 집단 무의식이라고 부르는 것 때문에 어쩌면 전문적으로 들릴 수도 있다. 하지만 당신과 내가 다른 모든 사람과 함께 공유하고 있는 자아는 우리의 생존에 토대가 된다. 당신이 집단 자아에 의존하는 방식을 생각해 보라. 다음은 그중 몇 가지 예시일 뿐이다.

당신이 가족과 가장 가까운 친구들의 도움이 필요할 때

당신이 정당에 가입했을 때

당신이 자선단체나 공동체에 자원했을 때

당신이 조국을 위해 싸우거나 아니면 조국을 지킬 것을 선택했을 때
당신이 국적과 자신을 동일시할 때
당신이 '우리 VS 그들'이라는 관점에서 생각할 때
어딘가 다른 곳에서 일어난 재난이 당신에게 개인적으로 영향을 줄 때
당신이 집단적 두려움에 사로잡혔을 때

당신이 '우리we'에서 벗어날 수 있으리라 믿는 것은 환상에 불과하다. 비록 우리 모두가 벗어나려고 애쓰기는 하지만 말이다. 우리는 미국인으로 보이고 싶어 하지만 '어글리 아메리칸'으로는 보이고 싶어 하지 않는다. 우리는 다른 민족들과 공감하지만 다르다고 느끼고, 분리되어 있다고 느끼며, 또 보통은 우리가 더 잘났다고 느낀다. 위기 상황에서 우리는 가족들과 최대한 가까이 있고 싶어 하지만, 다른 상황들에서는 가족으로부터 벗어난 삶을 사는 개인이 되고자 한다. '나'와 '우리' 사이의 연립은 불안하다.

융은 연립을 훨씬 더 어려운 것으로 해석했다. 집단 그림자에 관해서라면, 사람들은 그것에서 벗어나기 위해 안간힘을 쓴다(사회는 우리가 동의하지 않는 방향으로 움직이는 것을 결코 멈추지 않을 것이다). 하지만 이는 사실 가족 역할에서 벗어나는 것보다 더 어렵다. 물론 가족이란 단지 우리가 나름 쉽게 여기는 경향이 있는 집단 자아의 첫 번째 구성 단위 또는 단계일 뿐이다. 추수감사절 날에 당신은 자신이 바뀌었다고, 즉 더 이상 버릇없는 다섯 살배기나 반항적인 십 대처럼 취급받지 않아도 된다고 선언할지도 모른다. 그러나 당신은 가족들이 당신의

말을 경청하고 있다는 느낌이 들지 않을 수 있다. 당신의 가족은 당신을 옛 모습 그대로 담아 두는 데 지나치게 몰두해 온 것일지도 모른다. 그러나 사회는 더욱 가차 없으며 이해심도 적다.

사회는 우리 모두에게 투명한 갈고리를 걸어 두었다. 당신은 전시에 평화주의자가 될 수도 있다. 그것은 개인의 선택이다. 하지만 그 사실이 분노, 편견, 원한, 오랜 불만들 그리고 국수주의의 어둡고 은밀한 부분에서 전쟁이 발생하는 장소인 집단 그림자로부터 당신을 자동으로 구출해 주지는 않는다. 비록 그것이 우리를 극단적으로 불편하게 만들기는 하지만, 어쩌면 '인종적 기억'이라는 신빙성 없는 용어가 행동으로 나타날 수 있는 것일지도 모르겠다. 그러나 수백만에 달하는 사람들이 '전형적인 수컷의 반응' 또는 '여성 운전자들'이라는 발언을 하는 것을 불편해하지 않는다. 성gender은 경쟁이 치열한, 충성의 대상으로 변했다. 지금 이 순간 집단 무의식은 당신을 칭칭 감아 놓고 있다. 표면적으로 시민 X는 시민 Y에 맹렬히 반대할 수 있겠지만, 무의식의 영역에서 그들은 마치 줄다리기의 양 끝처럼 결합되어 있다.

참여하거나 빠져나오는 선택은 집단 그림자의 핵심적인 주제가 된다. 그것은 일상의 많은 의문을 떠올리게 한다.

나의 사회적 의무는 무엇인가?

국가에 대한 나의 의무는 무엇인가?

사회에 얼마나 순응하거나, 아니면 저항해야 하는가?

나는 타인들과 얼마나 연결되어 있는가?

나는 불우한 사람들에게 무엇을 빚지고 있는가?

나는 세상을 바꿀 수 있는가?

이 중 어떤 질문이라도 던진다면, 당신의 의식적인 생각은 완전한 대답 또는 가장 진실된 대답조차도 줄 수 없다. 집단 무의식은 열망, 편견, 좌절된 욕구, 두려움 그리고 당신의 일부인 기억들과 함께 표면 아래에서 움직인다. 왜냐하면 '나'만큼이나 '우리' 또한 당신의 정체성이기 때문이다.

증거는 어디에 있는가

오랜 시간 동안 집단 무의식이라는 개념은 증거가 별로 없는 흥미로운 이론으로만 남아 있었다. 인간의 본성에 어두운 면이 있다는 사실에는 아무도 이의를 제기하지 않았다. 하지만 융의 설명이 정말로 유용한 것일까 아니면 그저 훌륭하고 지적인 창작에 지나지 않는 것일까? 최근에서야 증거의 단편적인 조각들만이 모아졌지만, 만약 그 조각들이 어떤 의미가 있다 하더라도, 그것들은 수수께끼를 더 알기 힘들게 만들 뿐이다. 예를 들어, 나이 많은 과부들에게 자주 일어나듯이, 어떤 사람이 외로워지고 고립된다면 강한 사회적 유대감을 가진 사람들에 비해 질병과 사망의 위험이 커진다. 행복한 결혼은 당신을 건강하게 만들어 준다. 처음에는 이 발견을 받아들이기 어려웠다. 왜냐하면 의학 연구자들은 정신 상태와 신체 간에 아무 관계도 보지 못했기 때문이다. 심장이나 몸 어딘가에 있는 전암세포precancerous cell가 어떻게 사람이 느끼는 바를 알 수 있을까? 이른바 신호 전달 분자messenger molecules라는 것의 발견이 있고 나서야, 두뇌가 모든 감정을 그에 상응하는 화학물질로 옮긴다는 사실을 보여 줄 수 있었다. 신호 전달 분자들이 수천억 개의 세포들 사이를 순환하며 혈액을 타고 흘러감에 따라, 불행이나 행복감은 심장, 간, 창자 그리고 신장으로 전송된다.

갑작스럽게 정신-신체 의학은 '실제' 근거를 가지게 되었다. 화학물질보다 더 실제적인 것은 없기 때문이다. 그런데 융은 불행이나 행복감이 인간 집단들 전체에서 공유될 수 있다는 것을 제시하고 있었다. 어째서 이라크나 르완다에서 집단 폭력 사태가 일어나는 것일까? 우리는 부족 간의 오랜 반목과 종파 간의 대립에서 그 이유를 찾아볼 수 있다. 이러한 것들이 집단 무의식 속에 저장되어 있는 것일까, 아니면 수 세대를 거쳐 가며 부모들이 자식들에게 이 오래된 원한들을 존속시키라고 당부하는 것일까? 고개를 가로저으며 미개하고 야만적인 행위에 대해 불평해 본들 도움이 되지는 않는다. 역사상 가장 거대한 유혈사태는 두 차례의 세계 대전 중에 발생했다. 시를 쓰고, 피아노를 연주하고, 그리스어와 라틴어에 해박한 사람들이었던 수백만의 문명화된 병사들이 죽음의 손아귀로 행진해 들어갔다. 그 후로 과거를 되돌아본 유럽은 이 학살을 제정신이 아니라고 여겼지만, 대단히 멀쩡한 정신의 소유자들이 전쟁을 이끌었고, 또 그 속에서 죽음을 맞이했다. 그리고 양심적인 반대자들이 항의했을 때, 그들은 투옥되거나 의무병으로 최전선에 투입되어—가장 전쟁을 혐오하고 또한 가장 그것을 막고자 했던 수많은 사람의 목숨을 잃게 한 비극적이고 아이러니한 방법으로—처벌받았다.

무의식은 우리를 계속 무의식 상태로 두려는 목표를 가지고 있다. 그럼에도 지식이 간혹 드러날 때가 있다. 스탠퍼드 대학교의 유명한 사회적 실험에서, 심리학자들은 교도관들이 죄수들을 어떻게 다루는지를 이해하고자 감옥의 환경을 복제하였다. 대학생들은 범죄자와 교도관의 두 그룹으로 나뉘어 원하는 대로 역할극을 해 보라고 지시받았다. 실험을 주관한 심리학자들은 각 그룹의 행동에서 두드러진 변화를 볼 수 있으리라고 기대했다. 하지만 실험은 며칠 만에 중단되어야만 했다. 교도관 역할을 맡았던 학생들이 모욕과 성적인 학대를 할 정도로 수감자들을 심하게 대하기 시작한 것이다. 이 충격적인 실패로 '나쁜 통 속의 좋은 사과good apples in bad barrels'라는 이론이 등장하게 되었다.

낡은 방식의 사고는 심리학자들에게 하나의 '상한 사과'가 집단에게 비행을 강제할 수 있다고 말해 왔다. 갱단의 지도자가 그의 순종적인 추종자들로 하여금 범죄를 저지르도록 유도할 수 있다는 것은 상식이다. 대학 신입생의 신고식이 너무 지나친 것은, 상한 사과들의 작은 중심이 다른 사람들에게 '또래 집단으로서의 사회적 압력'을 가하기 때문이다. 하지만 스탠퍼드 감옥 실험은 정반대의 이야기를 하고 있다. 모든 참가자는 명문대학교에서 공부하는 좋은 아이들이었다. 그들의 비행이 일어난 까닭은 그들이 상한 사과였기 때문이 아니라, 어두운 힘이 나타나도록 용인한 나쁜 조건 아래 있었기 때문이다. 심리학자들이 본 것은 그림자를 위한 인큐베이터와 집단 폭력을 초래한 조건들의 목록이었다. 그리고 집단 폭력을 초래한 조건들은 목록으로 정리되었다.

사람들이 각 개인으로서가 아니라, 군중 속의 얼굴이 되어 버릴 때 자주 일어나는 것처럼 그림자는 완전한 익명 상태에서도 나타날 수 있다. 잘못된 행동에 대한 응징이 없을 경우 이러한 개성의 상실은 더욱 증가한다. 통상적인 도덕을 넘어서서 행동해도 된다는 허가라도 받은 것처럼 법과 질서의 부재는 효과를 증폭시킨다. 만약 적극적으로 잘못된 행동을 조장하면서 처벌을 하지 않겠다고 약속하는 권위자들이 있다면, 그림자는 훨씬 더 수월하게 모습을 드러낼 것이다. 우리가 가난과 문맹 그리고 집단의 낡은 유대를 더함으로써 '통'을 더욱 나쁘게 만들 필요는 없다. 하지만 그 어떤 종류든 '우리 VS 그들'이라는 생각이 그러하듯이, 가난과 문맹 그리고 집단의 낡은 유대는 분명히 상황을 더욱 악화시킨다.

그림자가 나타날 수 있다고 내가 말한 것은 대규모 병리학적 증상이 나타날 수 있다는 뜻이다. 스탠퍼드 감옥 실험은 이라크전 당시의 아부 그라이브Abu Ghraib 교도소에서 벌어졌던 가혹행위를 설명하기 위해 다시금 수면 위로 끌어 올려졌다. 하지만 게토가 '좋은 사과'가 들어 있는 '나쁜 통'의 예시임을 우리가 깨닫는다면, 하층 계급이 도덕적으로 열등하다거나 또는 그보다 더 심한 생각을 하지는 않을 것이다. 생태계의 파괴는 이 또한 좋은 사람들이 대단히 나쁜 일들을 벌인다는 사실을 수반하는 지구를 향한 폭력의 한 형태다. 그들이 허가받았기 때문이기도 하고 아무런 처벌도 받지 않기 때문이기도 하다(무시되고 부정되고 훗날까지 미루어질 수 있는 우리 모두가 직면하는 장기적인 해악을 제외하자면 말이다). 사람들이 잘못된 행동으로부터 깨어날 때, 그들은 멍해 보이고 또 혼란스러워 보인다. 그들이 비록 전쟁과 인종청소와 같은 참사에 적극적으로 참여했음에도 불구하고, 그들이 저질렀던 모든 폭력은 마치 꿈처럼 느껴진다. 따라서 그림자는 두 가지 방법으로 우리를 가두어 놓는다고 할 수 있다. 그것은 우리를 무의식 상태에 빠지게 하고, 그다음에는 가공할 힘과 함께 언제든 원하는 때에 터져 나온다.

당신은 "이게 도대체 나와 무슨 상관인가?"라고 말할지도 모른다. 우리 중 대부분은 아부 그라이브 교도소에서 벌어진 것과 같은 그림자의 발현에 참여한 적이 없다. 자신들이 책임지던 죄수들을 학대한 병사들의 마음을 살피는 대신, 우리는 처벌할 희생양을 찾는다. 왜냐하면 '나쁜 사과'식의 설명을 받아들이기가 더 쉽기 때문이다. 그러나 차를 운전하는 것 같은 죄 없는 행동을 할 때조차도, 당신은 지구를 위태롭게 하는 온실가스인 이산화탄소를 8.6kg이나 대기에 내뿜고 있다. 이런 잘못된 행동을 교정하는 것에 생각을 모으기만 한다면, 하나의 사회로서 우리는 몇 년 안에 그것을 바로잡을 수 있을 것이다. 더 청정한 자동차로부터 대중교통과 대체연료에 이르기까지 해결책들은 이미 존재하고 있다. 어째서 우리는 그 해결책들을 완전하게 개발하지 않는 것일까? 왜냐하면 무의식 상태로 남아 있는 것이 더 쉽기 때문이다.

그러나 회의론자들은 여전히 이 모든 것이 집단 무의식의 존재를 증명하지는 못한다고 지적할 수 있다. 말이나 동료 집단에 의한 사회적 구속 없이 사회구성원들이 보이지 않게 연결되어 있다는 증거가 어디에 있다는 말인가? 우리의 행동에 대한 생각을 송두리째 바꾸어

놓을 수 있는 대단히 신비한 현상인 '사회적 전염social contagion'을 새로운 분야의 사회학이 연구하고 있다. 우리 모두는 유행과 트렌드가 어떻게 작용하는 것인지를 경험한다. 난데없이 모든 사람이 새로운 무언가를 하고 있는 것처럼 보인다. 그것이 휴대전화로 문자를 하는 것이든, 마이스페이스MySpace*에서 트위터Twitter로 갈아타는 것이든, 새 비디오 게임을 하는 것이든 말이다. 유행은 전염되는 행동이다. 당신은 다른 사람들로부터 유행을 전염받는다. 하지만 어떤 식으로 행동이 퍼져 가는지에 대해서는 아무도 알지 못한다. 대체 무엇이 한 그룹의 사람들을 모두 같은 방식으로 행동하게 만드는 것일까?

예를 들어, 당신이 젊은이들에게 금연할 것을 설득하고 싶거나, 아니면 일반 대중에게 더 이상 살이 찌지 말라고 설득하고 싶다고 하자. 이렇듯 어떤 집단이 해로운 행동을 그만두도록 하고 싶은 경우, 이것은 중대한 의학적 의문이 된다. 이 의문에 대해서 가장 앞선 결과물은 하버드 대학교의 두 연구자, 니콜라스 크리스타키스Nicholas Christakis와 제임스 파울러James Fowler에게서 나왔다. 그들의 새로운 책, 『행복은 전염된다Connected』는 최근 「뉴욕 타임스」 선데이 잡지의 기사에서 소개된 바 있다. 크리스타키스와 파울러는 국가 최대의 심장 연구heart study로부터 나온 매사추세츠 주 프레이밍햄 주민들의 3세대를 추적한 자료를 분석했다. 그들은 가족, 친구 그리고 직장 동료들 간의 5만1천 가지 사회적 연관에 따라 그려진, 5,000명이 넘는 사람들의 행동양식을 들여다보았다.

---

*역자 주 – 일종의 소셜 네트워크 사이트(SNS).

그들의 첫 발견은 어떤 사람이 체중이 늘었거나, 흡연을 시작했거나, 혹은 병이 들었다면 가까운 가족들과 친구들이 그와 똑같이 행동할 확률이 대략 50% 정도 더 높았다는 사실이다. 이는 '행동은 집단적으로 길들여진다.'는 수십 년 된 사회과학의 원리를 지지한다. 우리 모두는 동료 집단으로서의 사회적 압력이라는 형태로 또는 '가족의 형태로 길들여지는' 것으로 보이는 행동 특성들을 관찰하며 그것을 경험한 적이 있다. 그 반대의 경우 또한 옳다. 만약 당신이 건강한 집단과 함께라면 건강한 행동을 받아들일 가능성이 높다. 건강만 연관된 것은 아니다. 거의 모든 행동이 전염될 수 있다. 만약 당신이 대학교 기숙사에서 좋은 학업 습관과 높은 학업 성적을 가진 사람과 방을 함께 쓰게 된다면, 그와의 연관을 통해 당신의 성적도 향상될 것이다.

하지만 크리스타키스와 파울러의 두 번째 발견은 훨씬 더 이해하기 힘든 것이었다. 그들은 사회적 연관성이 한 사람을 건너뛰어 작용할 수 있다는 것을 발견했다. 만약 A가 비만이고, 비만이 아닌 사람 B를 안다면, B의 친구가 비만이 될 확률은 20% 더 높았으며 그 친구의 친구는 10% 더 높았다. 이러한 '3단계 연관성'은 모든 종류의 행동에 적용된다. 한 친구의 친구가 당신을 흡연, 불행 또는 외로움에 쉽사리 빠지게 만들 수 있는 것이다. 그것을 증명하는 통계는 존재한다. 비록 당신이 그 '친구의 친구'를 결코 만나 본 적은 없을지라도 말이다.

크리스타키스와 파울러의 발견들은 사회 전체에 가득한 보이지 않는 연결체invisible connectors가 있음을 암시한다. 만약 그들의 연구가 타당하다면, 그 영향에 대해 생각해 보라. 집단 무의식이라는 개념은 거의 한 세기 전에 융에 의해 제시되었다. 과연 융은 지지해 줄 자료가 나타나기도 전에 보이지 않는 연결체를 생각해 냈던 것일까? 사실 그것은 주요한 의문에 딸린 부차적인 의문에 지나지 않는다. 대체 어떤 종류의 연결체가 사람들이 서로 말하지도, 서로의 행동을 살펴보지도, 혹은 서로의 존재조차 알지 못하는 가운데 존재할 수 있다는 말인가?

이것들은 복잡한 문제이지만, 내가 지금 말한 것들은 빙산의 일각일 뿐이다. 그런데 사회적 전염에 관한 새로운 연구는 아주 흥미롭다. 왜냐하면 그것은 어떻게 사람들이 유행을 타는지 또는 어떻게 서로를 모방할 생각을 내는지, 어떻게 멀리 떨어져 있는 뇌세포들이 다른 뇌세포가 무엇을 하는가를 알 수 있는지 뿐만 아니라, 어떻게 수천 마일이나 떨어져 있는 쌍둥이가 갑자기 서로에게 무슨 일이 일어나는지를 아는지와 같은, 원거리의 현상까지 조정하는 하나의 마음one mind이 있다는 개념을 뒷받침하기 때문이다. 이러한 보이지 않는 연결체들은 삶의 너무도 많은 부분으로 집단 무의식을 불러들인다. 사회적 전염이 뉴스거리가 되는 이유는 우리 모두가 자료에 의존하고 싶어 하기 때문이다. 하지만 우리 전체가 하나의 마음에 참여 중일 수 있다는 가능성은 종교와 철학 그리고 삶의 의미 그 자체에 도전이 된다.

그렇다면 그림자는 공동 프로젝트와 같다고 할 수 있다. 누구나 그것을 만드는 데 관여할 수 있다. 필요한 것이라고는 계속 무의식 상태로 있을 수 있는 능력뿐이다. 셀 수 없이 많은 공포감 조성자fear-mongers들은 자신들이 좋은 일을 하고 있다고 믿는다. 모든 조국의 수호자들은 존경받고 칭송받기를 기대한다. 다른 부족들과 맞서 전쟁을 벌이는 부족들은 살아남기 위해서 싸워야만 한다고 굳게 믿는다. 과거에 주입받은 가르침과 사회적인 훈련에 의한 최면 때문에 우리는 우리 안의 그림자에 저항하고 그것의 존재를 부정한다. 유년기의 기억은 훗날 '이것은 좋고, 이것은 나쁘다. 이것은 신성하고, 이것은 사악하다.'와 같은 생각을 끊임없이 상기시킨다. 이러한 '생각의 주입'을 통해 모든 사회가 구축된다. 우리가 간과하는 것은 그와 동시에 우리가 '공유하는 자아shared self'를 만들어 낸다는 것이다. 만약 아이들이 자신의 그림자를 알아차리고, 어두운 감정들일지라도 서로 나누며, 항상 '착하지'만은 않은 것에 대해 스스로를 용서하고, 건전한 발산 수단을 통해 그림자 충동들을 해소하는 방법을 터득하는 법을 배웠다면, 사회와 생태계에 가해지는 피해가 훨씬 적어질 것이다.

그림자의 창조자들

프로이트나 융에게 잠깐의 관심조차 둔 적이 없더라도, 당신이 각기 다른 자아를 물려받은 것은 그들 덕분이다. 그들은 인간 본성을 심오한 불가사의로 볼 수밖에 없도록 만들었다. 당신이 누구인지는 물질세계 안에서 빙산의 일각처럼 매우 단편적으로만 볼 수 있을 뿐이다. 보이지 않으며 또 자주 무시되는 인간의 영혼은 모호함, 모순 그리고 역설의 영역이다. 또 그래야 마땅하다. 왜냐하면 영혼이 현현하는 삶의 모든 경험은 양면이 나타난 결과물이기 때문이다. 당신은 빛과 그림자, 쾌락과 고통, 위와 아래, 뒤와 앞, 뜨거움과 차가움 같은 양면이 존재하지 않는 경험을 해 본 적이 없다. 만약 당신이 이러한 분별을 가지고 있지 않았다면, 나타남 또한 존재할 수 없다. 의식이란 사막처럼 광대한 평야와 같다. 모든 것을 인식할 수는 있겠지만, 상세히는 볼 수 없을 것이다.

현현manifestation을 가지기 위해서 당신은 대립하는 힘이 필요하다. 그것이 바로 명백한 적이 또한 암묵적인 동지이기도 한 이유다. 예를 들어, 오사마 빈라덴과 조지 부시는 서로를 상호 창조했다고 할 수 있다. 표면적으로 그들은 적이었지만, 심리적으로는 동지였다. 당신 자신이 되기 위해서는 적들이 필요하다는 것은 일반적인 원칙이다. 융에게는 우리 자신이 되기 위해서 우리 각자가 어두운 면을 필요로 한다는 것을 직시할 용기가 있었다. 사실, 보이지 않는 형태로 모든 새로운 발견을 대물림하는 인류 진화의 방법이 바로 집단 무의식이었다. 이 발견들이란 주로 자아에 관련된 것들이었다.

호모 사피엔스 두뇌의 상당 부분, 즉 대뇌피질이 더 고등한 기능에 할당되었다는 것은 신체인류학physical anthropology 측면에서 기본적인 사실이다. 대뇌피질은 우리가 이성적인 사고를 할 수 있게 해 주며, 사랑과 자비를 불러일으킨다. 천국과 지옥의 개념과 함께, 종교는 대뇌피질 속에서 만들어졌다. 우리는 읽기와 쓰기, 수학과 예술을 더욱 고등한 뇌 없이는 결코 발전시키지 못했을 것이다.

그러니 네안데르탈인들의 유해를 발굴해 냈을 때, 그 종족이 커다란 대뇌피질을 가졌을 뿐만 아니라, 그것이 우리보다 약간 더 컸다는 사실을 알아내고서 얼마나 충격이 컸겠는가. 하지만 네안데르탈인들은 큰 동물들을 사냥하며, 호모 사피엔스가 돌아다닌 것에 비해 두 배나 되는 시간인 40만 년 동안이나 유럽을 배회했다. 단 한 가지의 도구, 돌로 된 촉을 묶어 놓은 무거운 창만을 사용하면서 말이다. 커다란 대뇌피질이 있었음에도 불구하고 네안데르탈인은 다른 도구를 발견해 내지 못했다. 그들은 던지는 것이 가능한 가벼운 창도 발전시키지 않았다. 그 대신 그들은 털로 뒤덮인 매머드나, 거대한 동굴 사자cave lion와 같은 사냥감의 옆구리를 향해 근거리에서 돌촉을 찔러 넣는 방식으로 공격하는 데 무거운 창을 사용했다. 그 결과, 거의 모든 네안데르탈인 남성의 골격에서 다수의 골절상이 보인다. 그 대형 동물들이 반격을 했음에도, 네안데르탈인들의 두뇌는 멀리서 던질 수 있는 더 가벼운 무기를 만드는 것이 훨씬 안전하다는 것을 거의 50만 년 동안이나 알아내지 못했다.

인류의 진화는 육체적인 뇌가 아니라, 그 뇌를 사용했던 마음에 의존했다. 무의식의 영역에서는 조용하고 보이지 않게 학습이 일어나고 있었다. 호모 사피엔스는 훨씬 더 복잡한 일에 그 어떤 선조들보다도 두뇌를 잘 사용할 수 있었다. 생각이라는 것이 더 좋은 무기를 만드는 방법을 알아내자 살아가기가 훨씬 수월해졌다. 농경이 수렵과 채집을 대신했다. 삶이 더욱 복잡해져 감에 따라 사람들이 의사를 교환할 수 있도록 언어가 생겨났다.

바꾸어 말하자면, 융은 모든 행동이 자리하는 장소를 찾은 것이다. 집단 무의식이란 생각의 도서관이자, 현재의 우리가 끌어다 쓸 수 있는 모든 과거 경험의 창고와도 같다. "나는 누구인가"라는 질문에 고정된 답은 결코 존재하지 않는다. 자아, 즉 당신 스스로의 자아와 다른 모든 사람과 공유하는 자아는 액체와도 같아서 끊임없이 변화한다. 연구를 통해 밝혀진 사실로 예를 들자면, 컴퓨터 기술과 비디오 게임 기술에 통달한 사람들의 뇌는 '디지털 문외한'인 사람들의 뇌에서는 찾아볼 수 없는 새로운 신경 경로를 가지고 있다는 것이다.

진정한 자아를 찾고자 한다면, 우리는 그림자의 세계와 그것의 끊임없는 흐름 속으로 뛰어들어야 한다. 이것은 가장 용감한 자조차도 창백하게 만드는 위험한 여정으로 여겨져 왔다. 로런스 올리비에Laurence Olivier는 그의 유명한 영화 <햄릿Hamlet>의 도입부에 이러한 말을 자막으로 올렸다. "이것은 결정을 내리지 못했던 한 남자의 이야기다." 햄릿은 숙부가 덴마크의 왕위를 차지하기 위해 자신의 아버지를 살해했다는 증거를 가지고 있다. 그에게는 복수를 하고자 할 충분한 이유가 있지만 그렇게 하지는 못한다. 살육과 복수가 예사인 그림자 속으로의 위험한 여정은, 햄릿의 안위와 그의 신분 그리고 기품 있는 교양을 위협한다. 그럼에도 왕자는 그 위험한 여정을 받아들이고, 그것은 경멸과 자기혐오, 사랑의 상실 그리고—심연의 괴물들을 마주했을 때 일어나는 전형적인 반응인—자살 충동으로 그를 인도한다. 그 자신이 마침내 살해당할 때, 햄릿은 안도감 그리고 기묘한 평정과 함께 운명을 받아들인다. 올리비에의 영화 도입부에 등장하는 말은 "이것은 자기 자신의 그림자를 두려워하는 한 남자의 이야기다."가 되었어야 옳을 것이다.

그러므로 그림자가 인간의 창조물임을 깨닫는 것이 중요하다. 그것은 집단 무의식 속에서 만들어졌다. 적(지난날에는 공산주의자들이었고, 오늘날에는 테러리스트들이다)을 증오하는 것은 인간 본성의 탓이 아니다. 당신과 나는 적대감이라는 감정을 물려받았다. 그것은 인간이 구성

해 낸 그림자로부터 오는 것이다. 구체적으로 말하자면 그림자는 '우리'와는 동떨어진 자들인 '그들'이라는 전형model을 세운다. '그들'은 우리를 해치고 싶어 하며 또한 우리가 소중히 여기는 것들을 빼앗아 가고 싶어 한다. 우리와는 다르게 그들은 완전한 인간이 아니다. 우리에게는 그들에게 맞서 싸우거나 심지어는 그들을 파괴할 권리까지 있다. 한 사람이 아닌 여러 사람의 생각을 형성하고, 세대와 세대를 넘어 살아남아 합리적 사고를 무너뜨리는, 이러한 보이지 않는 전형이 그림자 원형의 전부다.

인류는 스스로의 진화를 위한 배경으로써 광대한 문명을 의식적으로 창조했다. 하지만 무의식 단계에서 우리는 그 어떤 한 개인이나 하나의 시대를 훨씬 더 초월하는 역사를 축적해 왔다. 당신이 '나'라고 부르는 것은 사실 당신이 아는 것보다 '우리'에 훨씬 더 가깝다.

증거는 당신의 몸 안에서 찾을 수 있다. 면역 체계란 하나의 집단 프로젝트다. 당신의 흉골 아래에는 침투하는 세균과 바이러스에 대항하는 데 필요한 항체를 생산하는 내분비선gland인 흉선thymus이 자리하고 있다. 당신이 태어날 때, 당신의 흉선은 미발달된 상태다. 생애 첫해 동안 당신은 어머니의 태내 면역에 의존한다. 그러나 열두 살에 이르러 크기와 기능이 최고조에 달한 뒤 줄어들 때까지, 흉선은 자라나고 성숙해지기 시작한다. 성장기간 동안 흉선은 당신에게 전 인류가 맞닥뜨렸던 질병에 대한 항체를 준다. 당신은 온갖 질병에 감염되지 않아도 된다. 면역을 물려받는 것은 집단적으로 이루어지며, 동시에 우리는 새로운 질병들과 마주함에 따라 '면역 창고'를 채워 나간다.

이러한 예는 당신이 별개의 육신을 가진 것이 아님을 보여 준다. 당신의 몸은 절대 끝나지 않는 과정인 집단 프로젝트에 참여하고 있다. 뇌의 진화 같은 다른 예들을 들 수도 있었겠지만, 그 모든 것은 DNA라는 한마디로 설명이 가능하다. 당신의 유전자는 인간이 발달해 온 역사를 물질 수준에서 기록하고 있다. 비록 유전학이 게놈의 모든 비밀들을 밝혀낸 것은 아니지만, 내 생각에 다음 도약은 물질적인 것이 아닐 것이다. 그것은 영적 수준에서 일어날 것이다. 그리고 우리가 그곳에 도달해서 해야 할 첫 번째 과업은 영혼 그 자체를 새롭게 하는 것이다. 우리가 분열을 넘어 결속을 선택하면 그림자의 시대는 종말을 맞게 될 것이다. 분리된 자아의 운명은 우리 손에 달려 있다.

과정은 계속된다

그림자는 어디에서 왔을까? 분리를 향한 충동은 빛과 어둠 사이의 차이를—그리고 전쟁을—창조했다. 분리가 걷잡을 수 없는 상태가 되면, 그것은 그림자의 분노와 두려움, 시기 그리고 적개심으로 나타난다. 그래서 인간의 영혼이 성스러움과 동시에 사악하고, 신성하며 또한 불경하고, 성인이자 또한 죄인처럼 느껴지는 것이다. 동양적 지혜의 전통에는 죄인과 성인이 그저 쪽지를 교환하고 있을 뿐이라는 말이 있다. 죄인에게는 미래가 있고 성인에게는 과거가 있으며, 그 안에서 그들의 역할은 뒤바뀐다. 금지된 욕망과 무조건적인 사랑은 동전의 양면과 같다. 앞면과 뒷면이 없는 동전이나 양전기와 음전기가 없는 전류는 가질 수 없는 법이다.

전기와 마찬가지로 한쪽 극이 다른 쪽 극으로 흐름을 보내지 않는다면 삶 또한 활력을 가질 수 없다. 이것을 이해하게 되면 당신이 처음으로 깨닫게 될 것은 그림자를 가지는 것이 정상이라는 사실이다. 그림자는 분리 충동이다. 그러나 신성한 충동은 바로 결속을 추구하는 충동이다. 그림자를 만들겠다는 선택은 필연적이라는 것이 입증된 바 있다. 그것은 우리가 인간이라고 보는 자아, 선과 악 모두가 될 수 있는 친숙한 '나'라고 여기는 자아를 우리에게 준다. 거기에 진정한 수수께끼란 없다. 분리에서의 결속이라는 새로운 무언가를 위해 자기 창조self-creation의 힘이 쓰일 수 있는가를 우리가 물을 때, 진정 신비로운 자아가 등장한다.

분리는 흥미진진한 여정이 되어 왔다. 자아는 지극한 행복과 비극을 거쳐 가는 격렬한 여정으로 인류를 안내했다. 이러한 모순과 역설 그리고 모호함의 장에서, 우리의 영혼은 신성함과 사악함이라는 두 가지 충동들 사이에서 끊임없이 사투를 벌여 왔다. 우리는 다른 어떤 것을 위해 하나를 포기할 이유를 거의 찾지 못한다. 우리의 나쁜 소년과 소녀들을 우리는 비밀스럽게 사랑하고 있다. 누군가를 가리켜 '만사태평devil may care'이라고 하는 것은 마지못해 하는 칭찬이다.

하지만 다른 관점에서 보자면, 우리는 미혹의 안개 속을 헤매고 있었던 셈이다. 우리가 원하는 어떠한 자아든지 창조할 수 있는 힘을 행사하는 대신, 우리는 분리된 자아와 그것이 몰고 오는 모든 불행과 갈등을 수동적으로 물려받았다. 일단 당신이 '나, 나 자신 그리고 나의 것I, me, mine'이 자신이 누구인지를 정의한다고 결정지으면, 분리의 위험은 피할 수 없는 것이 되어 버린다. 악마 없이 신이 있을 수는 없는 법이다.

악마란 무엇인가? 그것은 가공의 그림자이자 타락한 천사이지만 본래 신성하게 태어났다. 사실, '악마devil'라는 단어를 다르게 풀어 보자면 '심기가 불편한 신성함'이 된다. 여기에는 충격적인 결론이 숨어 있다. 바로 빛과 다투는 어둠 없이는 우주 또한 있을 수 없다는 것이다. 차이라는 말이 흥미진진하게 들리지는 않지만, 일단 그것이 눈에 보이는 우주로 터져 나가면 그 결과, 즉 선과 악이 살아 움직이는 홀로그램은 믿을 수 없을 만큼 극적으로 된다. 전하electrical charges로 시작해서 사탄과 신 사이의 싸움까지 올라가는, 반대되는 것들끼리의 드라마에 이름을 올리지 않은 원자와 아원자 입자는 우주에 없다.

눈에 보이는 우주는 우리의 진화에 극적인 배경막scenic backdrop을 달아 주었고, 보이지 않는 영역은 우리에게 영혼을 주었다. 그 둘은 밀접한 관련이 있다. 사실 그것들은 하나다. 당신이 영혼 수준에서 만드는 그 어떤 변화라도, 영혼의 거울인 외부 세계에서 변화를 만들어 내는 것이다. 당신은 타락하고 죄지은 영혼이 빛에 닿고자 몸부림치는—그리고 성공할 수도 못할 수도 있는—낡고 똑같은 극적인 상황을 물려받도록 강요받고 있는 것이 아니다. 그 영적인 드라마는 자아의 질주를 뒷받침한다. 그것은 온 세상을 선과 악 그리고 그와 함께 오는 모든 것, 즉 죄와 구원, 유혹과 정의 같은 것들을 위한 놀이터로 바꾸어 놓는다. 새로운 영혼을—그리고 그와 함께할 새로운 줄거리storyline를—창조한다는 개념은 낯선 동시에 흥미진진하다.

분리를 향한 충동은 우리가 알고 있는 현실을 우리에게 주었다. 어떤 충동이 우리에게 새로운 현실을 주게 되는 것일까? 그것을 홀로그램 충동holographic impulse이라고 부르자. 홀로그램 충동은 세부사항을 무시하고 전체성을 목표로 한다. 그것은 안과 밖이 하나로 융합하는 3차원 배경을 만들어 낸다. 대부분의 사람이 레이저를 이용한 홀로그램을 본 적이 있을 것이다. 레이저는 단지 사진이나 물체의 파편만을 가지고, 마치 마법처럼 물체나 사진 전체를 재창조할 수 있다. 파편 대신에 전체성이 시야에 나타난다. 똑같은 방식으로, 비록 당신이 일상의 파편들—잡다한 심부름, 요리, 직장, 여가, 좋고 싫음, A와 B사이의 수백 가지 작은 선택들—에 정신이 팔려 있다 하더라도, 사실 당신의 생각은 당신이 들어가 살 수 있도록 홀로그램을 투사해 놓았다. 당신은 전체성 속에서 살고 있다. 홀로그램 충동은 스위치를 내리거나 파괴할 수 없다. 비록 당신의 개인적인 세계를 둘러보고 나서 그 안에서 본 것 대부분을 싫어하게 되거나, 다른 사람들 또는 어려운 상황들에 의해 함정에 빠진 것처럼 느낄 수 있겠지만, 당신은 완전히 새로운 홀로그램을 창조할 힘을 간직하고 있다. 새로운 홀로그램은 새로운 자아를 의미한다. 둘 모두 한 번에 한 조각씩 이루어 나갈 수는 없는 것들이다. 사실, 당신이 처한 현실을 한 조각씩 바꿔 나가는 것보다는 전체성을 만드는 것이 더 쉽다.

전체적인 변화를 이루기 위해서, 당신은 전체적인 창조의 수준에서부터 작업해야 한다. 이것이 어떻게 이루어지는가에 대한 실마리를 제공하는, 아주 흥미로운 훈련이 있다. 눈을 감고 열대지방의 일몰이나 고산지대의 봉우리 같은, 생생한 시각적 경험을 상상해 보라. 색채와 심도를 가지고 그릴 수만 있다면 이미지 자체는 어떤 것이든 가능하다. 이제 풍부한 초콜릿이나 커피와 같은 당신이 좋아하는 맛을 상상해 보라. 실제로 그 맛을 느낄 때까지 그 감각 속으로 깊이 들어가라. 좋아하는 음악과 같이 당신이 좋아하는 소리로 건너가라. 그 뒤에는 벨벳처럼 기분 좋은 질감으로, 그리고 마지막으로 다마스크 장미damask rose나 백합처럼 도취될 것 같은 냄새로 건너가라.

이 모든 오감의 생생한 경험들을 상상하는 것을 끝마쳤다면 눈을 떠라. 당신이 보게 될 것에 깜짝 놀라게 될 것이다. 평범한 세상은 생생하게 살아 있다. 활력이 공기 속에 퍼져 있다. 이 놀라운 변화를 모두가 실험해 왔으며, 또한 이것은 내적 세계를 약간 고조시키는 것만으로도 외부 세계가 자동적으로 따르게 됨을 보여 준다. 여기서 우리가 논하는 것은 가장 심오한 영적 비밀 중 하나, 현실을 즉시 바꾸어 놓을 수 있는 힘으로 통하는 단서다. 그러한 힘은 삶의 표면에서는 사용할 수 없다. 사람들이 그들의 외부 상황에 의해 이리저리 던져지는 느낌이 드는 것이 바로 그 이유 때문이다. 당신은 홀로그램 충동이 그 어떤 것이든 창조할 수 있는 곳, 즉 영혼의 차원을 찾아내야만 한다.

바로 이러한 이유 때문에 융은 그것을 집단 '의식'이 아니라 집단 '무의식'이라고 명명한 것이다. 그것이 일어나고 있는 것도 알지 못한 채, 인간들은 집단적으로 세상을 창조했다. 우리가 사용한 주된 재료들은 다음과 같다. 무해하게 보이는 첫 번째에서 매우 자기 파괴적인 마지막까지, 어떤 식으로 점점 더 깊게 파고 들어가는지에 주목하라.

비밀: 우리는 기본적인 욕구들과 욕망들을 드러내서는 안 된다는 것을 배웠다.

죄의식과 수치심: 일단 기본적인 욕구들과 욕망들이 감춰지자, 그것들은 나쁜 것처럼 느껴졌다.

비판: 나쁘게 느껴지는 모든 것은 틀린 것이 되었다.

비난: 우리가 느낀 고통에 대한 책임은 누구에게 있는지 알고 싶어졌다.

투사: 증오하는 적이나 보이지 않는 악마의 힘과 같은 간편한 희생양이 만들어졌다.

분리: 우리는 이 악마의 힘을 자신의 외부로 몰아내기 위해 할 수 있는 모든 일을 했다. 적들은 '우리와 다른 자'들로서, 경계해야 하고 맞서 싸워야 할 대상들이었다.

투쟁: 투사는 고통을 영구적으로 몰아낼 수 없었으므로, 내부와 외부의 끝없는 전쟁 구도가 뒤따랐다.

보다시피, 그림자는 아직도 연료를 주입받고 있다(활력을 얻고 있다). 우리가 이러한 재료들을 다루는 데는 숙달되었기 때문이다. 사실 우리는 그것에 중독되어 있다. 비록 그 결과가 전쟁과 폭력, 범죄와 끝없는 투쟁, 그리고 우주적인 악이 세상에 존재한다고 믿는 질식해 버릴 것 같은 효과이기는 하지만 말이다. 해결책은 그림자의 존재를 소멸시키는 것이다. 그것은 창조자보다 더욱 강력한 힘을 갖게 된 두려운 존재, 프랑켄슈타인의 괴물 같은 것이 아니다. 그림자는 정신의 영역이다. 그 안에 우리가 해결할 수 있는 역량을 넘어서는 것은 존재하지 않는다. 그림자가 우리를 희생양으로 삼게 하는 대신, 우리는 통제권을 장악하고 창조자로서의 참된 기능을 되찾아야 한다.

탈출구

지금까지의 주장을 세 문장으로 요약해 보겠다. '당신이 있는 곳은 이원성이다. 그림자는 미혹의 안개로 당신을 둘러싸고 있다. 당신의 분리된 자아는 가장 해로운 환영이다.' 이제 진단이 정말로 들어맞는지를 확인함으로써, 문제를 개인적으로 다루어 보도록 하자.

당신이 오늘 돌아보든 다른 날 돌아보든 그림자는 찾아보기 힘들 수 있다. 우리 중 대부분에게 일상은 병적인 것이 아니다. 비록 전문가들이 우리가 인정하고 싶어 하는 것보다 가정폭력과 성폭력이 훨씬 더 만연하고 있다고 말하고 있고, 비록 우울장애와 불안장애가 걱정스러울 정도로 증가하고 있음에도 불구하고 평범한 사람들은 인간 본성의 더 어두운 면을 쉽게 부정한다. 그러므로 그림자가 도깨비 같은 것이 아니라는 것을 아는 것이 중요하다. 당신을 무의식 상태에 머물게 하는 모든 것은 그림자의 결과다. 왜냐하면 그림자는 고통과 스트레스의 은신처이기 때문이다. 폭력의 대량 발생은 사회적 스트레스를 더 이상 억제할 수 없을 때 발생한다. 가정폭력은 개인적 스트레스를 더 이상 억누를 수 없을 때 일어난다. 무의식으로 남아 있는 대가는 매우 비싸다.

이것을 더욱 개인적으로 만들어 보자. 오랜 세월 동안 집단 그림자를 창조하는 데 이용되었던 힘은 오늘날 당신에 의해 쓰이고 있다. 무의식이 형체 없는 바다 혹은 충동, 욕구, 비밀 그리고 금기가 모두 섞여 있는 어두운 혼돈처럼 느껴질 수도 있다. 그러나 우리는 여러 부분들을 분류하고 그것을 이해할 수 있다. 다음을 참고하라.

"나, 그리고 나의 그림자"

삶 속의 모든 것과 마찬가지로 그림자를 창조하는 것은 하나의 과정이다. 누구도 그림자의 힘을 증가시키려고 나서지 않는다. 다만 우리 모두가 그렇게 할 뿐이다. 당신이 다음과 같은 것들에 안주할 때마다 그림자는 더욱 증가한다.

스스로와 타인들에게서 비밀을 감추는 것–비밀스러운 삶은 그림자가 만들어질 재료를 제공한다. 비밀의 종류들은 부정하는 것, 고의적인 속임수, 당신이 누구인지를 노출시키는 것에 대한 두려움, 그리고 역기능적인 가정에 의해 조건화되는 것이다.

죄의식과 수치심을 숨기는 것–모두가 실수를 저지를 수 있다. 누구도 완벽하지 않다. 하지만 당신이 실수를 부끄럽게 여기고 또 스스로의 결함에 죄의식을 느낀다면, 그림자는 힘을 얻는다.

당신 자신과 다른 사람들을 나쁜 사람들로 만들기–죄의식과 수치심을 해소할 방법을 찾을 수 없다면, 당신이—혹은 다른 사람들이—그것을 자초했다고 단정하기란 너무도 쉬워진다. 비판이란, 그 고통을 감추기 위해 도덕적인 가면을 쓴 죄의식이다.

비난할 사람을 필요로 하는 것－일단 당신이 내면의 고통이 도덕적인 문제라고 단정 짓고 나면, 당신보다 어떤 면에서 열등하다고 느껴지는 누군가를 비난하는 데 문제가 없을 것이다.

당신 주변에 있는 사람들을 비판하며 스스로의 약점은 무시하기－이것은 당신이 제대로 직시하거나 이해하지 못하는 투영의 과정이다. 그러나 어떤 상황을 신이나 악마의 행동으로 설명하려고 할 때마다, 당신은 투사하고 있는 것이다. '그들'을 모든 문제를 일으키는 나쁜 사람들로 인식하는 것도 마찬가지다. 문제가 '그들'에게 있다고 믿는다면, 당신은 자신의 공포에 대한 책임을 지는 대신 그것을 투사해 온 것이다.

스스로를 다른 사람들로부터 분리하는 것－만약 세상이 '그들'과 '우리'로 나뉜다고 느끼는 단계까지 도달하게 되면, 당신은 자연스럽게 당신 편을 좋은 쪽으로 인식할 것이고, 또 그렇게 선택할 것이다. 이러한 고립은 그림자를 번성시키는 감정인 두려움과 의심을 증폭시킨다.

악을 몰아내기 위해 투쟁하는 것－순환의 밑바닥에서 사람들은 악이 어디에나 도사리고 있음을 쉽게 납득한다. 사실 실제로는 환상의 창조자들이 스스로의 피조물에 속고 있는 것이다. 모든 것이 함께 모여 그림자에게 거대한 힘을 주려고 한다.

우리는 그림자의 힘에 활력을 불어넣는 과정을 밝혀냄으로써 그것을 없애는 첫 번째 단계를 밟았다. 거기에는 아래로 향하는 나선형 경로가 있다. 그것은 당신이 비밀을 지켜야만 한다는 생각에서 시작된다. 그리고 그 비밀들은 계속 조용히 숨어 있는 대신 수치심과 죄의식의 근원이 된다. 이때 자기비판이 등장한다. 이것은 견뎌 내기에는 너무도 고통스럽기 때문에 당신은 비난할 만한 당신 외부의 누군가를 찾는다. 이 나선형 통로는 결국 고립과 부정으로 이어진다. 당신이 죄와 악에 맞서 사투를 벌일 즈음이 되면, 당신은 이미 악마로부터의 구원이 아닌, 당신을 구해 줄 수 있는 기본적인 진실을 시야에서 놓쳐 버린 지 오래일 것이다. 단순한 선택으로 인해서 당신은 자발적으로 이 모든 과정에 들어섰다는 사실을 부정할 수 없다. 그러므로 탈출하기 위해서는 정반대의 선택들을 해야만 한다.

나는 그 선택들을 위해서 4가지 범주를 단계별로 나누었다.

1. 투사하는 것을 중지하라.
2. 집착하지 말고 놓아라.
3. 자기 비판은 그만두어라.
4. 당신의 정서적인 몸을 새롭게 구축하라.

삶의 기본적인 선택들은 누구에게나 열려 있다. 우리는 항상 정반대의 선택을 한다. 그림자는 책임을 지기보다는 다른 사람들을 탓하도록 우리를 설득했다. 그림자는 우리가 사랑과 존경을 받을 자격이 없다고 말한다. 그것은 분노와 두려움을 삶의 자연스러운 반응으로 만들기를 조장한다. 우리 모두는 이러한 비참한 선택들에 얽혀 있다. 그것들은 우리의 삶을 숨 막히게 만들고 모든 즐거움을 지워 버린다. 그러므로 그 과정을 되돌리는 것보다 중요한 것은 없는 것이다. 그리고 빠를수록 좋을 것이다.

1단계: 투사하는 것을 중지하라

융에 의하면, 그림자는 스스로의 약점을 무시하고 그것을 다른 사람들에게 투사하라고 우리에게 말한다. 스스로가 충분히 훌륭하지 않다는 느낌을 피하기 위해서 우리는 우리 주변의 타인들을 충분히 훌륭하지 않은 사람들로 본다. 셀 수 없이 많은 예시가 머릿속에 떠오른다. 몇몇은 사소하지만, 다른 것들은 삶과 죽음이 걸린 문제다. 최근 한 신예 여배우가 온 나라가 점점 더 비만해지는 동안에 체중을 지나치게 감량해 비판을 받은 적이 있다. 미국에 그 어떤 해악도 끼친 적이 없는 나라의 시민들을 살상하기 위해 모두가 세금을 내는 동안에, 반전anti-war운동들은 애국적이지 못하다며 비난을 받는다. 모든 사람이 스스로의 내면을 살피지 않기 위한 방어수단으로 투사를 이용한다.

이것이 무의식적인 방어임을 깨달아야 한다. 투사의 본보기는 "내가 느끼고 있는 것을 인정할 수 없으니, 당신이 그것을 느끼고 있다고 간주하겠다."라는 말과 같다. 이와 같이 만약 당신이 스스로의 분노를 감지할 수 없다면, 당신은 사회의 한 단체를 폭력적이고 두려워해야 할 대상으로 규정한다. 만약 당신이 금기시하는 성적인 느낌, 이를테면 동성의 누군가에게 끌리거나, 불륜에 관한 생각 같은 것을 무의식적으로 하게 되면, 당신은 다른 사람들이 당신에게 그런 느낌을 가지고 있다고 생각하게 된다.

투사는 매우 효과적이다. 자아 수용self-acceptance의 잘못된 상태는 '나는 괜찮지만 당신은 괜찮지 않다.'라는 생각에 바탕을 두고 있다. 하지만 진정한 자아 수용은 다른 사람들에게도 똑같이 적용되어야 한다. 당신이 스스로를 괜찮게 여긴다면, 그 누구라도 괜찮지 않다고 규정할 이유가 없는 것이다.

당신은 투사하고 있는가

투사가 취할 수 있는 전형적인 모습들이 있다.

우월감: "나는 내가 당신보다 더 낫다는 것을 안다. 당신은 이 사실을 직시하고 인정해야 한다."

부당함: "이런 나쁜 일들이 내게 일어나고 있다니, 불공평하다." 또는 "나는 이런 일을 당할 만한 사람이 아니야."

오만함: "나는 당신을 신경 쓰기에는 자존심이 너무나 강하다. 당신의 존재 자체가 내 심기를 거슬리게 한다."

방어적인 태도: "당신이 나를 공격하고 있으니, 당신 말은 듣지 않겠다."

비난: "나는 아무것도 하지 않았다. 모두 당신 잘못이다."

타인을 이상화하는 것: "내가 어릴 적에 우리 아버지는 마치 신과도 같았다." "우리 어머니는 세상에서 최고였다." 또는 "내가 결혼하는 남자는 나의 영웅이 될 것이다."

편견: "그는 그런 사람들 중 하나야. 그런 사람들이 어떤지 알잖아." 또는 "조심해라. 저런 사람들은 위험하니까."

시기: "당신은 나를 배반할 생각을 하고 있군. 나는 그걸 볼 수 있어."

피해망상: "저 사람들이 나를 잡으려고 밖에 있는 것 같다." 또는 "다른 누구도 보지 못하는 음모가 내게는 보인다."

이 태도들 중 어떤 것이라도 나타날 때마다, 당신이 마주할 수 없는 무의식적인 느낌이 그림자 속에 숨어 있는 것이다. 여기 전형적인 몇 가지 예가 있다.

우월감: 당신이 실패한 사람이라는 느낌, 또는 다른 사람들이 당신의 실제 모습을 알게 되면 당신을 거부할 것이라는 느낌을 감춘다.

부당함: 죄를 지었다는 느낌, 또는 언제나 잘못한 것은 당신이라는 느낌을 감춘다.

오만함: 억눌려진 분노를 감추며, 그 아래에는 뿌리 깊은 고통이 자리한다.

방어적인 태도: 당신이 보잘것없고 나약하다는 느낌을 감춘다. 다른 사람들로부터 스스로를 방어하지 않는다면, 당신은 스

스로를 공격하기 시작할 것이다.

비난: 당신에게 잘못이 있고 수치심을 느껴야 한다는 느낌을 감춘다.

타인에 대한 이상화: 당신이 보호와 보살핌이 필요한 나약하고 무력한 아이일 뿐이라는 느낌을 감춘다.

편견: 당신이 열등하며 거부당해 마땅하다는 느낌을 감춘다.

시기(질투): 방황하려는 당신 스스로의 충동 또는 성적으로 무능력하다는 느낌을 감춘다.

피해망상: 뿌리 깊고, 감당할 수 없는 불안감을 감춘다.

보다시피, 투사는 우리가 상상하는 것보다 훨씬 교묘하다. 하지만 그것은 그림자로 통하는 열린 문이다. 그 문은 고통스러운 문이다. 왜냐하면 당신이 타인들에게 결점을 보는 이유는 스스로에 대해서 당신이 느끼는 것을 감추고 있기 때문이다. 만약 우리가 비난하는 것과 비판하는 것을 즉시 그만둘 수 있다면 이상적일 것이다. 하지만 현실에서 그림자를 지우는 것은 언제나 하나의 과정이다. 투사하는 것을 멈추기 위해서 당신은 스스로가 무엇을 하고 있는지 직시하고, 표면 아래에 숨겨진 느낌과 접촉하고, 그 느낌과 화해해야만 한다.

스스로가 무엇을 하고 있는지 직시한다. 당신이 투사하고 있는 동안에 알아차리는 것이 쉬울까? 여기에 대해서는 부정적인 단서가 하나 있다. 투사는 결코 중립적이지 않다는 것이다. 그것이 부정적 에너지로 나타나는 것은 부정적인 것으로 가장하고 있기 때문이다. 이것은 도움이 되는 것으로 밝혀진다. 당신은 스스로 화가 나거나 불안해질 때를 알 수 있다. 그것들은 그림자 느낌들shadow feelings이다. 하지만 자신의 분노를 누군가 또는 무언가에게 향하고 있거나, 또는 무서워해야 할 이유를 사방에서 찾고 있을 때(부정적 관점이 존재하므로), 당신은 투사의 명확한 예를 보이고 있는 것이다. 나는 당신이 느낌들과 그 느낌들을 투사하는 것 사이의 차이를 볼 수 있기를 희망한다. 분노를 느끼는 것은 유용하다. 비난의 형태로 타인에게 분노를 갖는 것은 유용하지 않다. 사회는 당신이 계속해서 비난하기를 바란다. 왜냐하면 '우리 대對 그들'이라는 사고방식이—매우 나쁜 식으로—사회를 하나로 뭉쳐 주기 때문이다. 이런 이유로 당신 머릿속의 작은 목소리는 '그들'—테러리스트들, 신을 믿지 않는 공산주의자들, 마약 거래상들, 범죄자들, 또는 아동학대범들—을 잡고 싶어 한다. 그 목록은 끝이 없다. '그들'을 비난하고 그들의 모든 허물을 비판할 온갖 이유에 빠지는 대신, 다른 길을 택해 보라. 스스로를 살펴보고 그 '남탓하기 놀이blame game'가 당신에 대해서는 뭐라고 하는지를 보아라.

한번은 인도의 유명한 영적 스승인 J. 크리슈나무르티J. Krishnamurti가 강연을 하고 있었는데, 청중 한 사람이 일어서서 질문을 던졌다. "저는 세상이 평화로워지기를 바랍니다. 저는 전쟁을 혐오합니다. 평화를 가져오기 위해서 제가 무엇을 할 수 있을까요?"

"전쟁의 원인이 되는 것을 그만두십시오." 크리슈나무르티가 대답했다.

질문자는 어리둥절해졌다. "저는 전쟁을 지지하지 않습니다. 저는 오직 평화를 원할 뿐입니다."

크리슈나무르티는 고개를 저었다. "당신 내면에 모든 전쟁의 원인이 있습니다. 당신 내면에서 감춰지고 부정되는 폭력이 모든 종류의 전쟁으로 이어지는 것입니다. 그것이 당신 집안의 전쟁이든, 사회의 다른 사람들과의 전쟁이든, 아니면 국가 간의 전쟁이든 말입니다."

그의 대답은 우리를 불편하게 만들지만, 나는 그것이 사실이라고 생각한다. 왜냐하면 베다의 현자들Vedic rishis이 선언했듯이, "당신은 세상 속에 있는 것이 아니다. 세상이 당신 안에 있는 것이다." 만약 그렇다면 세상의 폭력은 우리 각자의 내면에 있는 것이다. 그림자의 개념이 나타나기 전에는 그러한 주장이 신비주의처럼 들렸다. 하지만 일단 당신이 공유된 자아의 내면에 참여하고 있음을 이해하게 되면, 분노와 두려움과 울분 그리고 공격성의 충동들이 당신으로부터 집단 무의식에 이르기까지, 그 반대 방향으로도 진행될 수 있다는 것을 이해할 수 있을 것이다.

나는 당신이 자신의 감추어진 부정적 성향을 투사할 때마다 당신 자신을 포착하는 것이 항상 쉽지만은 않다는 것을 알고 있다. 부정하는 것은 강력하다. 그림자는 비밀스럽다. 당신이 눈부시게 우러러보고 완벽하다고 칭하는 영웅, 즉 타인을 이상화하게 되면 그 밑에 감추어진 그 어떤 부정성도 보기가 힘들어진다. 하지만 부정성은 존재한다. 타인의 완벽함에 관한 이러한 환상이 당신 스스로의 내면에 숨겨진 깊은 열등감을 감춰 주기 때문이다. 하지만 당신이 투사에 관한 차트로 돌아가서 그것을 자주 살펴본다면, 스스로가 이러한 방어기제를 사용한다는 것을 쉽게 깨닫게 될 것이다.

자신의 감추어진 감정과 접촉하라. 당신이 스스로 숨겨진 느낌을 투사하고 있음을 알게 되는 그 순간이 느낌과 접촉해야 할 시점이다. 지체해서는 안 된다. 기회의 문은 매우 빠르게 닫힌다. 하지만 그것이 닫히기 전에는 틈이 하나 존재한다. 당신이 방어기제를 일으키기 직전에, 당신은 실제로 느끼고 싶지 않은 무엇을 느끼게 된다.

여기 한 젊은이가 내게 말해 주었던 사례가 있다. 그는 매우 가난한 대학원생이었지만, 그를 저녁식사에 초대하곤 했던 부유한 친구들이 있었다. 어느 날 밤 테이블에 모여 앉아 있을 때, 그는 한 가지 기이한 일화를 떠올렸다.

"지난여름에 우리가 런던에 있을 때가 기억나는가?" 집 주인에게 그가 말했다. "자네하고 자네 부인이 그 보도 위에서 말다툼을 벌이기 시작했지. 내가 가만히 서 있는 동안 두 사람 모두 언성을 높였다네. 자네는 소리 지르느라 너무 바쁜 나머지 자네 뒤에 밴 한 대가 정차한 것도 모르더군. 그 밴 한쪽에는 '우울한 짜증Blue Tantrum'이라고 쓰여 있었네. 동시발생synchronicity의 예라고나 할까."

다른 손님들이 고개를 끄덕이며 중얼거렸고 대화는 흘러갔다. 하지만 그 후 안주인이 그 젊은이를 한쪽으로 데려갔다. "대체 왜 우리를 그런 식으로 모욕하려고 한 거죠?" 그녀가 화를 내며 물었다.

"모욕하려던 게 아닙니다." 그가 항의했다. "제가 흥미롭다고 생각한 이야기를 했던 것뿐인데요."

"돌아가 보세요." 안주인이 말했다. "그 이야기를 하기로 마음먹었던 순간으로 돌아가 보세요. 무슨 느낌을 받았었나요?"

젊은이는 어깨를 으쓱했다. "아무것도요. 그냥 그 이야기가 떠올랐을 뿐인데요."

그녀는 고개를 저었다. "아뇨. 그 순간 당신은 악의적인 충동이 일어났을 거예요. 아무 이야기나 머릿속에 떠오르지는 않죠. 우리를 부끄럽게 할 이야기가 떠올랐던 거지요."

짧은 순간을 이런 식으로 분석할 수 있는 신경이나 감각을 지닌 사람은 많지 않다. 그 직면은 젊은이의 자각을 불러일으켰다. 그가 내게 말했다. "저는 제 자신을 무의식적으로 변호하지 않았습니다. 저는 되돌아보았고, 그녀가 옳았습니다. 그 순간 저는 질투심을 느꼈습니다. 제 돈으로는 살 수 없는 음식과 와인으로 차려진 식탁이 있었으니까요. 그 자리에 있다는 것, 그리고 그렇게 다시 대접할 수 없다는 것을 알자, 모욕적인 기분이 들었습니다." 이것이 그가 스스로의 모욕감을 숨기고자 상황을 돌려 다른 누군가를 모욕할 이야기를 한 이유다.

우리는 내면에 감추어진 것을 느끼기 위해 필요한 민첩성, 자발성, 개방성, 정직 그리고 용기라는 특성들을 이 사소한 사례에서 볼 수 있다. 또는 달리 말해서 만약 당신이 스스로 멈추고 "내가 지금 정말로 느끼는 것이 무엇인가?"라고 묻지 않는다면, 민첩성, 자발성, 개방성, 정직 그리고 용기를 외면하는 것이다. 즉, 당신은 그림자가 이기도록 놔두는 것과 같다.

스스로의 느낌과 화해하라. 일단 진정으로 존재하는 것을 느낄 수 있다면, 당신에게는 선택권이 생긴다. 정확히 말하자면 여러 가지의 선택권이다. 당신은 느낌을 무의식으로 밀어낼 수 있다. 당신은 좋은 사람이 아니라고 스스로를 탓할 수 있다. 당신은 그 감정을 공격할 수도, 그것을 슬퍼할 수도, 또는 그것에 대해 용서를 빌 수도 있다. 이 가운데 어떤 선택도 생산적이지 않다. 그 선택들은 원치 않는 느낌을 강화함으로써 그것을 더욱 원치 않게 만들면서 그림자의 손에 놀아난다.

이상하게 들리는 말이지만, 느낌들에도 느낌들이feelings have feelings 있다. 당신의 일부로써 그것들은 자신들이 환영받지 못하는 때를 알 수 있다. 두려움은 모습을 감춤으로써 협조하고, 분노는 자신이 존재하지 않는 척함으로써 협조한다. 그것만 해도 문제의 반 이상이 해결된다. 원치 않는 감정이 협조하지 않으려 하는데, 어떻게 그것을 치유할 수 있겠는가? 치유할 수 없다. 당신이 부정적인 감정들과 화해할 때까지 그것들은 존속할 것이다. 부정성을 다루는 방법은 그것을 인정하는 것이다. 필요한 것은 인정뿐이다. 어떤 극적인 대면도, 어떤 카타르시스도 필요하지 않다. 분노든, 두려움이든, 질투든, 공격성이든 무엇이든 간에 그 감정을 느껴라. 그리고 이렇게 말하라. "나는 너를 본다. 너는 내게 속한다." 당신의 원하지 않는 감정에 대해서 좋게 느낄 필요는 없다. 이것은 하나의 과정이다. 분노와 두려움은 돌아올 것이며, 깊이 감추어진 어떤 감정이라도 돌아올 것이다. 그렇게 되면 그것을 인정하라. 시간이 지남에 따라 메시지가 전달될 것이다. 당신의 원치 않는 감정들은 환영받지 못한다는 느낌을 덜 받기 시작할 것이다.

그렇게 되면 그것들의 이야기가 들리기 시작할 것이다. 모든 감정의 내면에는 "나는 이유가 있기 때문에 이런 모습이다."라는 이야기가 담겨 있다. 흘러나오는 이야기가 무엇이든 마음을 열어 받아들여라. 교통사고에서부터 실연까지, 실직에서부터 학교에서 낙방하기까지, 당신이 평생 동안 경험한 과거의 모든 트라우마는 그림자 속에 그 흔적을 담아 두었다. 당신은 어떤 심리학자들이 '과거에 가지고 있는 감정의 빚'이라 부르는 것을 축적해 왔다. 이 빚을 갚기 위해서는 당신은 그 뒤에 숨겨진 이야기에 귀를 기울여야 한다. 그 이야기가 "야구팀에 들어가지 못했다는 생각을 극복할 수가 없다." 또는 "어머니의 지갑에서 돈을 훔친 것에 죄책감이 든다."와 같은 것이라고 해 보자. 대부분의 이야기는 유년시절에 그 뿌리를 두고 있는데, 왜냐하면 유년기는 죄책감과 수치, 억울함과 열등감 그리고 우리가 항상 지니고 다니는 원초적인 부정성의 대부분을 배우는 시기이기 때문이다.

그 이야기를 들었다면 수용적이 되어야 한다. 당신이 부정적인 태도에 매달리는 타당한 이유가 있었다고 스스로에게 말하라. 그것이 비밀리에 놓이고 줄곧 감추어져 있었기에 당신에게는 선택의 여지가 없었다. 그러므로 당신에게는 아무 잘못이 없다. 당신이 같은 상처를 반복해서 받는 것을 막기 위해서 당신의 옛 감정들이 머무르고 있다. 이것과 즉시 화해한다면 당신은 부정적인 것을 긍정적인 것으로 바꿀 수 있다. 두려움은 당신을 해치려고 붙잡고 있었던 것이—또 다른 여자나 남자가 당신을 거부하거나, 또 다른 부모가 당신을 야단치거나 또는 또 다른 상사가 당신을 해고하거나 하는—또 다른 상처에 대비해서 당신이 경계를 해야 한다고 생각했을 뿐이다. 그러나 그것들이 똑같은 방식으로 두 번 다시 생기는 일은 분명히 없을 것이다.

이 낡은 감정들을 재활용하는 것은 안 될 일이다. 물론 그것은 매우 유혹적인 일이다. 절망적인 상황과 맞닥뜨리게 되면, 우리 모두는 자신의 '감정 가방' 속으로 손을 뻗어 분노를 끌어내고 싶다는 유혹을 받는다. 긴박한 순간들에서 우리는 그 속으로 손을 뻗어 불안감을 꺼낸다. 하지만 계속해서 과거의 감정들을 재활용한다면, 당신은 과거에 힘을 더 보태 주는 결과를 맞이하게 될 뿐이다.

우리 중 그 누구도 오랜 과거인 유년시절로부터 스스로를 지킬 필요는 없다. ―누구나 그 상황들을 예상할 수 있다는 것은 아니지만―비슷한 상황들이 발생한다 하더라도, 우리는 이미 지나치게 보호받고 있다. 우리는 두려움을 느낄 이유를 한 가지만이 아니라 수십 수백 가지나 쌓아 놓는다. 그리고 그것들을 잊지 않기 때문에 우리는 적과 범죄, 자연 재해와 그 밖의 것들에 관한 집단 공포에 참여한다. 가능한 한 많은 두려움과 분노 그리고 공격성과 화해한다고 해서 당신에게 해가 될 것은 없다. 정신은 스스로가 해야 할 일을 여전히 기억할 것이다.

투사를 어떻게 다루어야 하는지 배웠다면, 당신은 '스스로를 방어해야 하는 이유는 도대체 무엇일까?'라는 질문을 할 수 있다. 이것은 핵심적인 문제인데, 왜냐하면 그것이 그림자가 존재하는 주요한 이유에 이의를 제기하기 때문이다.

2단계: 집착하지 말고 놓아라

부정적인 감정들을 내려놓는 일은 어째서 어려운 것일까? 거기에는 여러 가지 이유가 있다. 첫째로 부정적인 감정들은 빙산의 일각에 불과하다. 그러므로 당신이 화가 나거나 불안해하는 모든 순간, 그림자 속에는 그와 같은 감정들이 훨씬 더 많이 저장되어 있다. 둘째로 부정적인 성향은 끈끈한 성질을 지녔다. 우리가 그것에 매여 있는 만큼 그것 또한 우리에게 매달린다. 이러한 끈끈한 성질은 하나의 생존 메커니즘이다. 감정들은 존재할 권리가 자신들에게 있다고 생각한다. 당신처럼 당신의 감정들 또한 자신들의 존재를 정당화한다. 그것들은 이유를 대고, 설득력 있는 이야기를 지어낸다. 하지만 그 모든 것에도 불구하고, 당신은 일단 방법만 알면 부정적인 성향을 놓아 버릴 수 있다.

그 방법은 원치 않는 감정들이지만 그들을 인정하고 표면으로 불러오는 과정부터 시작한다. 우리는 그 단계를 거쳐 왔다. 이제 당신은 부정적인 성향으로부터 스스로 벗어나야 한다. 이것은 균형을 잡아 주는 행위다. 왜냐하면 당신이 극단에 치우쳐서 자신의 부정적인 성향을 극단적으로 동일시("이것은 나다.") 하지 않고, 책임을 지려고("이것은 나의 것이다.") 하기 때문이다. 당신이 그림자 너머의 진정한 자아를 알게 되면, 부정적인 성향은 당신 자신이 아니게 된다. 그러므로 그 어떤 부정적 반응이라도, 마치 그것이 알레르기나 독감처럼 상황을 일시적으로 바꾸는 그 무엇으로 여기도록 하라. 당신이 알레르기를 가지고 있을 수는 있지만, 알레르기가 당신이 될 수는 없다. 독감은 불행을 불러오지만, 그것이 당신이 불행한 사람이 될 운명에 처했다는 뜻은 아니다.

부정적인 성향의 끈끈한 성질을 없앨 방법을 찾으면, 당신은 더욱 벗어나게 될 것이다. 벗어나기 위해 노력하는 말들은 다음과 같다.

"나는 극복할 수 있다. 그것이 영원히 지속되지는 않을 것이다."

"이렇게 느낀 적은 예전에도 있다. 나는 해결할 수 있다."

"다른 사람에게 떠넘긴다고 내 기분이 좋아지지는 않을 것이다."

"남 탓하기 놀이blame game에서 이기는 사람은 아무도 없다."

"행동으로 표출하는 것은 후회와 죄책감으로 이어질 뿐이다."

"나는 인내심을 발휘할 수 있다. 내가 잠시 뒤에 진정될지 지켜보자."

"나는 혼자가 아니다. 나는 이 나쁜 장소에서 벗어나게 나를 도와줄 누군가를 부를 수 있다."

"나는 나의 감정 그 이상의 존재다."

"기분은 나타났다 사라졌다 한다. 가장 나쁜 기분 또한 그렇다."

"나는 나 자신을 집중시키는 방법을 안다."

만약 이 말들 중 어떤 것이라도 당신이 실현할 수 있다면, 당신의 대처능력을 강화하는 것이 된다. 그것들을 어떻게 실현하는 것일까? 그것들이 실현되기를 바라면 된다. 당신은 벗어나고, 집중하고, 인내하고, 자각할 의지를 가져야만 한다. 만약 그러한 의지를 가지고 있다면, 당신은 자동적으로 벗어나는 것에 스스로를 맞추는 셈이 된다. 반대의 경우로는, 당신이 너무나 집착한 나머지 부정적 성향의 끈끈한 성질을 증가시키는 것이 있다. 그것은 당신이 다음과 같은 생각을 할 때 일어난다.

"기분이 끔찍하다. 나는 이런 일을 당할 만한 짓을 한 적이 없다. 왜 하필 나인가?"

"누군가는 대가를 치르게 될 것이다. 나는 이것을 자초하지 않았다."

"이것을 누구에게 떠넘겨야 할까?"

"이것은 나를 미치게 만든다."

"그 누구도 나를 도울 수 없다."

"어떻게 하면 이 느낌이 사라질 때까지 내 자신의 주의를 돌릴 수 있을까?"

"이것을 헤쳐 나가려면 내가 좋아하는 그 마약이 필요해."

"내가 이렇게 기분이 나쁠 때는, 모두 조심하는 게 좋을 것이다."

"구제받고 싶어."

"누군가가 나에게 앙심을 품고 있다."

"이것은 지금 당장 끝을 봐야 한다."

"내 기분을 어떻게 할 수가 없어. 나는 흥분하면 원래 이래."

나는 서구인들이 그 '집착 없음detachment'이라는 말을 동양적 운명론이나 무관심과 동일시한다는 것을 깨달았다. 그러므로 당신이 긍정적인 방향으로 재구성할 첫 번째 개념으로 정하라. 집착이 없다는 것은 무관심을 나타내는 것이 아니다. 부정적 성향이 달라붙는 것을 진심으로 원하지 않는다는 뜻이다.

3단계: 자기 비판을 그만두어라

당신은 스스로가 그럴 만하다고 여기는 감정들을 느낀다. 하지만 이것들은 많은 경우 당신이 원하는 감정들이 아니다. 오히려 원하는 것에서 먼 것이다. 모든 사람은 '나쁜' 감정들과 '좋은' 감정들을 쉴 새 없이 던지고 받는 저글링juggling 하는 입장에 있으며, 이것은 곧 자기 비판으로 이어진다. '나쁜' 감정들—분노, 두려움, 질투, 적개심, 피해의식, 자기동정self-pity 그리고 공격성—속에 싸인 것은 이러한 부정적 감정들을 필요로 하는 자아 이미지다. 그것들을 정확히 똑같은 방법으로 사용하는 두 사람은 있을 수 없다. 우리는 고유한 방식으로 각자의 정체성을 구축한다. 어떤 사람들은 스스로에게 도전을 극복할 동기를 부여하기 위해 두려움을 이용하고, 다른 사람들은 피해의식과 의존감을 느끼기 위해 두려움을 이용한다. 몇몇 사람들은 그들 주변의 누군가를 통제하기 위해 분노를 사용하고, 다른 사람들은 분노를 두려워하여 그것을 결코 내보이지 않는다. 그러나 당신의 자아의식은 당신이 느끼는 모든 감정에 매여 있고, 따라서 당신의 자존감 또한 그것에 매여 있다.

모든 감정은 어떤 면에서든 유효한 면이 있다. 하지만 당신이 자기비판이라는 재료를 더하게 되면, 어떤 감정이든 해로워질 수 있다. 잘못된 대상을 향했을 때, 또는 왜곡되거나 거부되었을 때, 사랑은 수많은 생명을 파괴했다. "나는 그저 도와주려고 했을 뿐이다."라는 말은 배려에서 비롯된 긍정적인 말처럼 들리지만, 그 말이 원치 않는 간섭을 감추는 데 얼마나 자주 쓰였던가? 당신은 원한다면 어느 때든 간에 비판적이지 않은 자아 이미지들을 창조할 수 있다. 셀 수 없이 많은 사람이 원하고 있고, 그만큼 많은 전문가가 그 방법을 말해 주고 싶어 한다. 그러나 당신의 감정들이 부정적인 영향을 가지고 있다면, 당신이 원하는 자아를 만들어 낼 수 없을 것이다. 분노나 두려움과 같은 원초적인 감정들이 자기들 마음대로 일을 벌일 수 있게 된다면, 스스로에 대해 좋은 느낌을 받는 것은 매우 어려울 것이다. 그렇다면 어쩌라는 것일까? 만약 억압과 억제가 효과가 없다면, 부정적인 감정들이 자유롭게 활개 치도록 내버려 두는 것도 마찬가지로 효과가 없다.

나는 공감에 큰 가치를 둔다. 만일 당신 자신을 보고 "괜찮다. 나는 이해한다."라고 말할 수 있다면, 당신은 한 번에 두 가지 일을 하고 있는 것과 같다. 당신의 감정에서 판단을 배제하고, 당신 스스로에게 당신 자신이 되도록 허락하는 것이다. 우리는 공감이라는 감정을 외부로 향하는 경향이 있다. 우리는 스스로에게 공감을 허락하는 것을 잊어버린다. 나는 내게 질문을 하러 찾아온 젊은 여성과의 충격적인 대면에서 이것을 상기했다.

"저는 항상 사람들의 이야기를 들어줘요." 그녀가 말했다. "그냥 궁금해서 그러는데요, 공감하는 것도 도를 지나칠 수 있나요?"

나는 그녀에게 사람들의 이야기를 들어줄 때 무슨 일이 일어나는지를 묘사해 달라고 부탁했다.

"이상해요." 그녀가 말했다. "제가 아침에 일어날 때면 제 가족의 이야기를 듣고 공감을 해요. 제가 어릴 때부터 그렇게 해 왔죠. 직장에서는 사람들이 자기 문제들을 저한테까지 가지고 와요. 제가 공감해 줄 것을 알기 때문이죠. 하지만 최근에는 길거리의 사람들, 그러니까 생면부지의 사람들까지 갑자기 저에게 나타나서는 자기들 문제를 이야기해요. 저는 별의별 이야기를 다 듣는다니까요."

"그리고 당신은 항상 시간을 들여서 공감해 주는 것이고요?" 내가 물었다. 그녀가 고개를 끄덕였다.

"당신이 스스로를 해치고 있다고는 생각하지 않습니다." 내가 말했다. 그녀는 안심한 듯이 보였다. "사실" 내가 말을 이었다. "스스로는 모르고 있지만 당신은 비범한 사람이라고 나는 생각합니다. 당신이 존재한다는 것에 감사하고 싶군요."

이것은 뜻밖이었고, 그녀는 부끄러워했다. 우리의 주된 문제가 타인에 대한 공감이 지나치다는 것임을 말할 수 있는 사람이 우리 중에 많지는 않을 것이다.

"하지만 그것에는 함정도 있습니다." 나는 그녀에게 말했다. "공감은 연민과 같은 말입니다. '연민'이라는 단어는 고통을 함께하는 것을 의미합니다. 당신은 그것에 선을 그어야 합니다. 만약 당신의 공감이 당신을 지치게 한다면, 그것은 잘못 사용된 것입니다. 그것이 당신을 어떻게 해야 할지 모르게 만들거나, 당신이 공감해 주어야 할 그 사람의 불쾌함만큼 당신도 불쾌함을 느끼게 만들어서도 안 됩니다." 나는 이렇게 말했다.

연민이 유효한 것일 때, 그것은 받는 사람에게 만큼이나 주는 사람에게도 귀중하다. 후에 나는 이것이 자아에 어떻게 적용될 수 있는지 생각해 보았다. 우리 각자의 내면에는 '옳다, 그르다' 하는 목소리가 있다. 이것을 양심 또는 초자아superego라고 부르자. 이 목소리는 외부의 판단이나 부모로부터 나오는 것이 아니다. 그러나 그것은 독립적으로 행동하고, 우리가 누구인지의 가치와 우리가 생각하는 것의 가치를 평가하고 있다. 당신이 누군가에게 부당하게 화를 냈고, 노발대발한 것에 대해 나중에 죄책감을 느끼고 있다고 해 보자. 당신 머릿속의 비판하는 목소리는, "네가 틀렸다. 아마 스스로를 곤경에 빠뜨린 것일지도 모른다. 그리고 너는 그럴 만한 짓을 했지."라고 말한다. 어쩌면 이런 말이 어떤 면으로는 도움이 될지도 모른다. 하지만 이 비판하는 목소리는 그저 당신 자신일 뿐이다. 하지만 그것은 당신을 비판하면서, 실제로는 스스로를 비판하고 있다. 내면에는 그 어떤 독립적이고 객관적인 비판도 없다. 당신을 틀렸다거나 나쁜 것이라고 규정하는 그 목소리는 가공의 인격이다. 그리고 당신은 이 인격이 결코 공감하는 법이 없다는 것을 알아챌 수 있을 것이다. 당신에 대한 자신의 영향력을 지키기 위해서, 그것은 당신을 위협해야만 한다.

만약 당신이 자기 자신과 공감하기 시작한다면 어떤 일이 벌어질까? 내면의 시시비비가 해소되기 시작할 것이다. 보통 사람들은 "내 친구가 곤란해진 것을 보고 나니, 내 자신에 대해 더 좋은 기분이 든다."라고 말할 때 이기적인 것이다. 그와는 달리, 이 젊은 여성의 경우에, 나는 그녀가 공감을 이기적으로 이용하고 있지 않다는 것을 느꼈다. 그 대신, 그녀는 경청하고 통로를 열어 줌으로써 공감이 흘러가도록 하고 있었다. 우리도 스스로에게 이와 같이 해야만 한다. 그 길이 신에게 이어진다면 더욱 좋다. 그 최고의 경지에서 연민은 치유의 역할을 맡는다. 당신이 공감을 보일 때, 다른 이의 고민들은 경청되고 자각하는 더 높은 경지로 건너가게 된다.

우리는 당신의 양심을 저버리라고 이야기하고 있는 것이 아니다. 하지만 양심이 혹독해지고 당신이 무가치하다고 느끼게 한다면, 그것은 도를 지나친 것이다. 협소한 자아개념self-conception 속에 당신을 매어 놓는 비판을 풀어 줄 시간이 되었다. 정신의 영역 또는 신의 영역—부르고 싶은 대로 부르면 된다—에서는 고통이 치유될 수 있다. 당신의 공감을 통해, 당신은 치유하는 힘으로 통하는 길을 여는 것이다. 그런 통로가 될 수 있기를 염원하라. 그것은 삶의 가장 큰 기쁨 중 하나이고, 분명히 가장 순수한 기쁨이다.

4단계: 당신의 정서적인 몸을 새롭게 구축하라

부정적인 어떤 감정이 떠오를 때, 당신은 그것을 무언가 새로운 것으로 대신할 수 있다. 나는 이것을 정서적인 몸의 재구축이라고 부른다. 우리 모두는 매력적인 육체가 어떤 것인지—늘씬하고 건강하며, 젊고 생기 넘치며, 보기에 좋은—에 관한 정신적 이미지를 가지고 있다. 하지만 우리는 그러한 특성들을 우리의 감정들, 즉 '정서적인 몸'을 고려하지 않고 사용한다. 육체와 마찬가지로 정서적인 몸 또한 적절히 영양을 공급받아야 한다. 세상을 향한 똑같은 반응이 끊임없이 반복된다면 정서는 지치고 무기력해질 수 있다. 독소와 건강하지 못한 영향에 노출되면 그것은 병에 걸리게 된다.

당신이 부정적인 감정을 느낄 때마다, 당신의 정서적인 몸은 불편함과 쓰라림 그리고 피로, 또는 고통을 표현한다. 육체적 고통과 불편함에 대해 그런 것처럼, 이러한 증상들에도 주의를 기울여야 한다. 만약 신발에 돌이 들어 있다면 당신은 주저 없이 그것을 제거할 것이다. 하지만 얼마나 오랫동안 당신은 신발 속에 들어 있는 감정의 돌을 참아 왔던가? 우리의 우선순위들은 여러 가지 면에서 순서가 반대로 되어야 한다. 노화를 피하기 위해 들였던 시간과 돈을 생각해 보라. 우리는 신체가 고령의 나이가 되어서도 건강하고 제대로 기능하도록 하기 위해서 엄청난 노력을 기울이며 돌본다. 그러나 아이러니하게도 노화에 면역성이 있는 것은 정서적인 몸이다. 감정들이 늙을 이유는 없다. 왜냐하면 생기와 재생의 원천은 언제나 가까이에 있기 때문이다. 당신의 정서적인 몸은 활기차고 기민하며 유연하고 또한 경험을 즐길 수 있도록 남아 있어야 한다. 나는 '존재의 가벼움'이라는 한 구절이 이 모든 특성을 포함한다고 본다.

아이들은 그들의 존재에서 자연스럽게 경쾌함을 느낀다. 그들은 놀고 웃으며, 트라우마를 잊어버리고 재빨리 회복한다. 그들이 느끼는 것이 무엇이든 간에 빠르게 수면 위로 떠오른다. 이 만사태평한 기간이 오래가지 않을지도 모른다. 어린아이를 자세히 관찰해 보면, 당신은 미래의 고통으로 이어질 기질들이 시작되는 것을 볼 수 있을 것이다. 그림자가 투사와 비난, 죄의식 그리고 그 외의 갖가지 술책을 가르치기 때문이다. 정서적인 몸을 재구축하는 것이 모든 사람을 위한 최고의 장기적 전략인 이유가 바로 거기에 있다. 당신의 미래는 과거의 매듭을 풀어 버리는 것에 달려 있다. 비전을 가지는 것이 곧 열쇠다. 그렇게 되면 당신은 매일 당신의 비전을 실행에 옮길 수 있을 것이다. 이 책이나 다른 수많은 자료에서 자세한 설명이 부족한 것은 아니다. 그러나 비전이 없다면 최고의 조언조차 두서가 없어지고 단편적이 되고 만다.

정서적인 몸을 재구축하기 위한 비전은 다음 요점들 중 적어도 몇 가지를 포함한다.

더욱 완전해지기

회복력이 강해지는 법을 배우기

과거의 악마들을 쫓아버리기

옛 상처들을 치유하기

스스로에게서 최고와 최상을 기대하기

현실적인 이상을 갖기

헌신하기

관대해지기, 특히 정신적으로 관대해지기

당신의 두려움을 꿰뚫어 보기

자아수용self-acceptance을 배우기

신 또는 더 높은 자아와 소통하기

당신의 정서적인 몸을 재구축하는 데 한 가지 가장 중요한 것은 보다 전체적으로 되는 것이다. 감정은 홀로 재형성될 수 없다. 감정들은 생각과 행동, 염원과 소망 그리고 인간관계와 통합되고 뒤섞인다. 당신이 느끼는 모든 감정은 보이지 않게 외부를 향해 움직이면서 당신 주변의 사람들에게 영향을 미치고 궁극적으로는 사회와 세계에 영향을 미친다. 나는 수년간 수천 명의 사람들과 함께 일을 해 본 결과, 전체성이 없이 우리가 이룰 수 있는 것이라고는 피상적인 변화가 전부라는 것을 깨닫게 되었다. 그러므로 우리가 당신의 삶을 당신이 지금까지 해 왔던, 그리고 앞으로 하게 될, 모든 생각과 행동을 포함하는 하나의 과정, 하나의 실제reality로 접근할 수 있는지 알아보자.

이 말이 다소 당혹스럽게 들릴 수도 있겠지만, 미혹의 안개를 벗어나기 위한 유일한 길은 바로 실제뿐이다. 사실, 오직 하나의 실제만이 존재한다. 당신은 스스로를 그것에서 분리할 방법이 없다. 전체성의 삶이라는 엄청난 이점을 일단 보게 된다면, 그렇게 하기를 바라는 마음조차 들지 않을 것이다. 이 세상 속에 커다란 개인적 이해관계를 지닌 당신의 분리된 자아는 진정한 당신이 아니다. 사실, 붓다의 말처럼 그것은 완전한 환상일지도 모른다. 당신이 자신의 독특한 관점으로 매일같이 지키는 그 자아는 자존심을 만족시키는 편리한 허구에 지나지 않는다. 하지만 자존심이 깨닫고 있지 못하는 것은, 세상에 대한 그 편협하고 이기적인 이해관계를 포기하면 훨씬 더 만족스러울 것이라는 사실이다. 그렇게 되면 진정한 자아가 나타날 수 있다. 그렇게 되면, 그리고 오직 그렇게 될 때만 전체성이 가능해진다.

새로운 실제reality, 새로운 힘

전체성wholeness은 그림자를 흡수함으로써 그림자를 극복한다. 사악함과 잘못된 행동은 더 이상 고립되어 있지 않다. 앞서 내가 생태계를 파괴하는 것은 잘못을 부정하고 감출 수 있는 방법의 예시라는 것을 언급한 적이 있다. 그러나 태도가 변화하면서 우리는 생태계가 전체적으로 상호 연결되어 있다는 사실을 발견하게 된다. 모든 사람의 행동은 다른 모든 사람에게 영향을 미친다. 다른 지역에 의해 벌어진 환경 파괴로부터 마치 면역성이 있는 것처럼 고립될 수 있는 지역은 지구상에 존재하지 않는다. 전체성은 우리의 관점 전체를 바꾸어 놓는다.

이제 '생태계'라는 단어를 더욱 넓은 맥락으로 확장시켜 보자. 전체성은 오염을 통제하는 법률과 지구 온난화에 관한 사회적 분쟁, 재활용에 대한 개인적 태도, 그리고 궁극적으로 우리의 행복을 누리는 방식까지 고려하는 수준으로 확장되어야 한다. 자연 세계를 서서히 파괴하는 삶의 방식을 통해 과연 우리가 행복해질 수 있을까? 당신이 생각할 수 있는 모든 것이 생태계에 포함되어 있다. 그것은 하나의 관계망으로써, 우리 모두가 그 안에 존재한다. 만약 관계망의 그물을 모든 것이 하나 되는 보이지 않는 장소로 이해한다면, 과거에 분열이 존재했던 곳에서 전체성을 보기 시작할 것이다.

현재 진행되고 있는 환경에 관한 논쟁에는 두 가지 길이 열려 있다. 우리는 계속해서 문제를 부정할 수도, 또는 그것을 마주할 수도 있다. 첫 번째 길은 거짓 해결책이다. 왜냐하면 그것은 환경 파괴와 미래의 재난에 대한 내재된 두려움과 죄의식을 해결해 주지 못하기 때문이다. 두 번째 길은 두려움과 죄의식을 제거하는 것이 가능한 길로 입증된 유일한 방법이다. 바로 그런 감정들로 이어지는 문제를 해결하는 것이다. 그림자의 경우도 마찬가지다. 문제는 문제를 해결하기 위해 전체적인 접근을 요구한다. 문제를 거부하는 것은 거짓된 해결책이다.

만약 당신이 그림자를 인정하고 받아들인다면, 그림자는 보살핌을 베푼다. 왜냐하면 삶 전체가 보살핌을 베풀기 때문이다. 그 말인 즉, 삶은 스스로를 존속시키기 위해 존재하기 때문이다. 선악 대립 구도의 드라마 속에 갇혀 버릴 때, 우리는 우리 자신의 제한된 관점을 강요한다. 어찌 되었든 간에, 누군가가 폭력적인 범죄를 저지를 때나 전쟁에 참전하거나 다른 누군가를 희생양으로 삼을 때조차도, 잘못을 저지르는 사람의 세포나 장기들이 멈춰 버리는 일은 없다. 정신이 얼마나 혼란과 갈등을 겪든지에 상관없이 육신은 삶에 충실하다.

새로운 세계관

축제 기간에 상연되었던 중세의 기적극miracle plays들은 악의 음침한 심각성을 우주적인 농담으로 바꾸어 놓았다. 악마는 익살스러운 인물로서 모든 종류의 악행을 저지르며, 영혼을 유혹하고 고통을 가져오는 역할을 한다. 그러나 사탄은 종국에는 신이 더 강하다는 사실을 알지 못한다. 사탄 자신도 구원받게 될 것이다. 결국 그 농담은 사탄을 겨냥한 것이다. 신의 손이 미치지 못하는 사람은 아무도 없다. 이 기적극들은 종교적인 용어를 통해 전체성이 언제나 분리된 상태를 극복한다는 것을 역설하고 있는 것이다. 만약 당신이 세상을 선과 악의 대결 구도로 본다면, 그 우주적인 농담을 놓친 것이나 다름없다.

당신이 스스로에 대해 잘못되었다고 생각하거나 마주하기에는 너무나 고통스럽다고 생각하는 것은, 그것이 무엇이든 간에 다른 방식으로 보는 것이 가능하다. 삶은—당신의 삶과 나의 삶을 뜻한다—그 어떤 승패의 경향도 초월한다. 전체성은 단순한 인과관계에 근거한 설명들을 초월한다. 당신은 관계의 그물 속에서 훨씬 큰 맥락으로 작용한다. 당신이 스스로를 전체성의 일부로 보고 나면, 새로운 이해가 생겨난다. 스스로 혹은 다른 누군가를 선과 악, 옳고 그름의 대결극의 일부로 규정할 이유는 없다. 당신은 비판의식을 연민과 사랑 그리고 진정한 용서의 경험과 교환할 수 있다. 바로 그것이 전체성과 함께 오는 치유다.

하지만 전체성의 관점은 더욱 심오한 직관력을 불러일으킨다. 당신은 어째서 사물들이 그런 모습인지 알게 될 것이다. "일어나는 모든 일에는 이유가 있기 마련이다."라고 사람들이 말하는 것은 흔한 일이다. 그러나 그들에게 그 이유가 무엇인지를 묻는다면, 보통의 경우 사실은 그들도 알지 못한다. 정신은 계속해서 인과관계에 의거한 설명들을 찾지만 헛된 노력일 뿐이다. 이러한 노력은 우리를 이상한 억측에 빠지게 한다. "한때 마누라를 두고 바람을 피운 적이 있었지. 그리고 이번 파산으로 보복을 받는 거야." "나는 예전에 화를 몹시 잘 내곤 했다. 그리고 이제는 암이 생겼고." "그 공동체는 신의 계명을 따르지 않게 되었다. 그리고 이제는 허리케인이 그곳을 쑥대밭으로 만들었다." 설령 그런 어두운 연관성을 거부한다 하더라도, 당신은 아마도 여전히 같은 계통의 미신을 품고 있을 것이다. 왜냐하면 우리 모두가 그렇기 때문이다. 우리는 현실의 보이지 않는 작용을 설명할 또 다른 방법을 배우지 못했다.

내가 그 다른 방법을 제시해 보겠다. 만약 보이는 것이든 보이지 않는 것이든, 존재하는 모든 것이 하나의 계획에 맞아떨어진다면 어떨까? 이 계획에서는 온 우주가 의식으로 이루어져 있다. 은하들의 탄생, 소멸과 같은 가장 큰 사건들은, 아원자 입자들의 상호작용과 같은 가장 작은 사건들과 연관되어 있다. 모든 것이, 이전 시대에는 신의 정신이라고 불렸던 단일 의식의 일부다. 우리가 굳이 종교적인 용어를 사용할 필요는 없다. 하지만 전통적인 신의 개념과 마찬가지로, 의식은 무한하고, 모든 것을 포용하며, 전지전능하다. 그것은 무수히 많은 모습과 형태로 펼쳐진다. 오감을 통해 보았을 때, 이 모습들 중 몇 가지는 의식이 있어 보이지 않는다. 태평양에서 움직이는 해파리와 에베레스트 산의 비탈에 있는 바위, 그리고 브라질에 떨어지는 빗방울에 의식이 있다는 말은 이상하게 들린다. 하지만 우리는 뇌를 가지고 있는 것에 대해서 이야기하는 것이 아니다. 해파리, 바위 그리고 빗방울이 생각이나 감정을 가지고 있지는 않다(적어도 우리가 알고 있기로는 말이다. 알려지지 않은 것에 대해서 열린 마음을 가지는 것이 좋다). 그렇기 때문에 우리 주변의 '의식이 없는' 생명과 밀접한 연관이 있다고 느껴지지는 않는 것이다.

사물들과—우리가 부르는 대로—하등한 동물들로부터 우리가 거리를 둔다면, 무언가를 크게 놓치고 있는 것이다. 모든 것을 아우르는 법칙들이 있다. 당신의 몸 속 세포와 우주의 어둠 속을 질주하는 전자를 보라. 보이지 않는 차원에서 몇 가지 깊은 유사성이 나타날 것이다.

모든 행동은 다른 모든 행동과 조화되어 있다.

정보는 전체성의 모든 부분에 의해 공유된다.

소통은 즉각적으로 이루어진다.

에너지는 수없이 많은 변이로 모습이 바뀌지만, 그럼에도 결코 없어지지 않는다.

진화는 시간이 흘러감에 따라 더욱 복잡한 형태를 만들어 낸다.

의식은 형태가 더욱 복잡해질수록 확장된다.

이것들이 매우 추상적인 용어라는 사실을 알고 있다. 하지만 궁극적으로 말은 아무런 필요가 없다. 당신이 스스로를 분리된 것으로 볼 때 존재보다는 말이 더욱 중요한 것처럼 보인다. 결국 존재는 우리가 당연하게 여기는 수동적인 어떤 것이다. 반면에 말은 우리의 삶을 굴러가게 하며, 우리의 머릿속을 채우고, 사람들을 하나로 모으기도 하며 또한 서로 멀어지게 만들기도 한다. 하지만 모든 세포 안에 있는 조용한 지성이 없이는 이 모든 말이 존재할 수도 없었을 것이다. 당신의 몸을 유지하고, 매초마다 일어나는 무수히 많은 생리활동과 더불어 수천억 개의 세포들을 조율하는 그 힘은 생각과 언어의 사용보다 더욱 원초적인 것이다.

원초적이라고 해서 원시적이라는 뜻은 아니다. 그런 생각은 인간 지성에 대해 지나치게 자만할 때 우리가 저지르는 실수다. 우리의 의식은 모든 곳은 말로 표현할 수 없다는 것을 발견한다. 그것은 인간의 마음을 훨씬 초월한다. 알 수 없는 근원으로부터 우리에게 다가왔던, 즉 우리가 말없이 깊게 경험하는 것들을 만약 목록으로 정리해 본다면, 사람들이 보이지 않는 세계의 존재를 의심한 적이 있었다는 사실에 놀라게 될 것이다. 여기에 짧은 목록이 있다.

사랑

창의성

살아 있다는 느낌

아름다움

영감

직감

꿈

비전

갈망

충만감

소속감

경외심과 감탄

황홀감, 더없는 행복(환희)

신령스러움, 신성한 느낌

이 모든 보이지 않는 특성들로 가득한 삶은 새로운 존재의 방식이 아닐 수 없다. 감탄과 창의성, 사랑과 그밖에 모든 것을 기꺼이 부정하려는 사람은 아무도 없을 것이다. 그러나 수백만 명에 이르는 사람들이 그렇게 하고 있다. 그들은 더없는 행복과 충만감을 금방 사라질 정도로 조금만 느낀다. 그들은 날카로운 발톱과 이빨을 가지고 무의식의 보물을 지키고 있는 그림자를 넘어서는 데 실패한다. 한번은 한 구루guru*가 청중들에게 이렇게 한탄하는 것을 들은 적이 있다. "내가 여러분에게 천상의 문을 보여 주더라도, 웬 도깨비가 '에비!'라고

*역자 주 – 힌두교, 시크교, 불교 및 기타 종교에서 일컫는 스승으로 신성한 교육자를 지칭한다.

소리치며 튀어나오면 여러분은 도망치고 말지요."

두려움, 분노, 불안정함, 불안감 그리고 그림자의 다른 모든 측면은 '에비!'라는 소리보다는 훨씬 큰 것처럼 느껴진다. 우리가 천상의 문에 도달하고자 한다면, 오직 우리가 가진 그 자아만이 우리를 그곳으로 인도할 수 있다. 그것이 바로 딜레마다. 분열된 자아가 어떻게 전체성을 얻을 수가 있단 말인가? 나는 그것이 가능하다는 것을 제시하고 싶지만, 그 방법은 대부분의 구도자가 생각하는 것과는 다르다. 가장 눈물에 인색하며, 인도의 현자들 중 가장 가차 없었던 크리슈나무르티Krishnamurti가 말하기를, "자유는 그 길의 목적이 아니라 그 시작이다. 달리 갈 곳은 없다. 길 위에 놓인 처음이자 마지막은 바로 자유다." 그는 자신의 추종자들을 혼란스럽게 하려던 것이 아니었다. 크리슈나무르티가 칭한 대로, 처음이자 마지막 자유라는 그의 신조는, 전체성—완전한 자유의 상태—은 이것과 저것 사이의 선택이 아니라는 것을 말하는 그의 방식이었다. 그것은 나빠지는 대신 착해지는 것도, 불순해지는 것 대신 순수해지는 것도 아니다. 전체성에는 그 어떤 분별도 없다. 그것은 모든 것이다. 그러므로 그것은 시작인 동시에 끝임이 분명하다. 우리의 일은 이 통찰을 삶 속에서 실천하는 방법으로 바꾸는 것이다.

전체성이란 어떤 것인가

인간 존재의 영광은 우리를 유일무이하게 만들어 주는 모든 요소로 인해서가 아니다. 인간의 위대함은 우리가 우주적 지성과 하나 될 수 있다는 사실 때문이다. 우리 각자는 전체 속에서 의식 있는 한 부분이 될 수 있다. 그렇게 되면 당신은 일상의 생각과 감정으로는 거의 알 수 없는 세상을 얻게 된다. 전체론적으로 사는 것은 실용적이다. 왜냐하면 이용할 수 있는 그 많은 의식과 함께라면, 당신은 훨씬 더 창의적이 되고 상상력이 풍부해지며, 훨씬 덜 비판적이 될 것이기 때문이다. 하지만 이 혜택들 중 어떤 것이라도 생기기 위해서는, 전체성이라는 것이 참으로 어떤 것인지 당신이 경험해 보아야 한다. 지금 그렇게 해 보도록 하자.

전체성은 당신을 치유하기를 원한다

전체성은 언제나 스스로를 회복시키려고 한다. 당신의 몸은 치유 기술들의 완전한 집합체를 가지고 있다. 전체성과 치유는 긴밀하게 연결되어 있다(산스크리트어에서 두 단어는 똑같은 어원에서 유래되었다). 몸은 전체성을 회복하기 위해 무엇을 하는 것일까?

그것은 균형을 추구한다.

모든 세포는 다른 모든 세포와 의사소통을 한다.

그 어떤 부분도 전체보다 중요하지는 않다.

휴식과 활동이 조화되어 있다.

끊임없는 활동이 벌어지는 가운데에는, 안정적인 기반이 있다(이것은 항상성으로 알려져 있다).

모든 세포는 환경에 적응하기 위해 변화한다.

스트레스는 통제되고 제어 당한다(질병과 불편함은 기본적으로 스트레스의 결과물이다).

각각의 경우에서, 신체는 스스로를 전체로 유지하고 있다. 치유체계는 모든 곳으로 확장된다. 당신의 심장, 두뇌 그리고 간의 세포들은 모두 저마다 다른 기능을 수행하지만, 생존과 건강이 그것들의 공동 목표다. 그러므로 전체성은 그 어떤 단일 현상보다도 중요한 것이다. 만약 당신의 몸을 삶의 비유로 바라본다고 하면, 그것은 무슨 의미일까?

당신은 균형을 중시할 것이다.

당신 삶의 분리된 측면들은 공동의 목적을 향해 노력할 것이다.

생활의 모든 양상은 동일한 가치를 지니게 될 것이다.

휴식과 활동의 정상적인 리듬을 찾게 될 것이다.

차분하고 평온한 당신의 핵심 자아는 활동하는 와중에도 흔들리지 않을 것이다.

상황이 바뀜에 따라 당신은 적응할 것이고 회복력을 유지할 것이다.

스트레스가 당신을 안전지대 밖으로 내던지고 있다는 첫 번째 징후가 보일 때, 당신은 그것을 파악하고 대응하게 될 것이다.

당신은 그 어떤 개별적 경험보다도 자신의 행복에 더 가치를 두게 될 것이다.

나는 이러한 사항들을 일반적인 용어로 설명해 왔다. 그런데 두 사람 중 하나는 전체성을 택하고 다른 한 사람은 택하지 않는다면, 두 사람이 얼마나 다른 삶을 살게 될지를 생각해 보라.

전체성은 언제나 이득이지, 결코 손해가 아니다

전체적으로 된다는 것은 곧 완전히 치유된다는 것이다. 만약 그것이 사실이라면, 얼마나 잘살든지 간에 분열된 자아가 바뀌지 않는다면 당신은 완전히 치유된 것이 아니다. 좋은 삶을 이루는 것에는 수많은 방법이 있고, 수없이 많은 사람이 전체성을 추구하지 않을 핑계를 찾는다(그 가장 큰 이유들 중 하나는, 그들이 더 높은 자아가 실제로 존재한다는 비전과 접해 본 적이 없다는 것이다). 만약 당신이 변화를 추구한다면, 진정한 당신 자신이 되기를 그만두지 않는 것이 매우 중요하다.

대조의 세계는 매혹적이며 극적이다. 대조가 없다면 우리는 영원히 동일성에 빠져 버리게 되는가? 빛이 강해질수록 그림자 또한 커진다. 이것은 인류에 의해 만들어진 무언가가 아니라, 자연이 움직이는 방식이다. 양자택일은 실현 가능한 것이 아니다. 만약 우주가 창조의 힘과 동시에 쇠락의 힘 또는 엔트로피에 대적할 힘을 가지고 있지 않았다면, 우주는 존재하지 않았을 것이다.

우주에 진화하고 창조하는 충동만이 존재했다고 해 보자. 무엇이 일어날까? 새로운 물체들을 만드는 데 쓰일 물질과 에너지가 급속하게 우주에서 고갈될 것이다. 과거의 물체들은 결코 닳지도 쇠하지도 않을 것이기 때문이다. 우리는 개인적으로, 진화된 인간이 되는 것에 대해 이야기하곤 한다. 하지만 과거의 당신이었던 옛 인격을 해결하지 않고 오직 진화하기만 했다면, 당신은 영원히 유아이자 아이이며, 청소년이자 동시에 성인 모두가 되어 있을 것이다. 당신의 몸은 오래된 세포나 죽은 세포들이 벗겨지지 않아, 수없이 많은 겹의 피부를 가지고 있을 것이다. 또한 당신의 위장 내부는 매달 내부 조직이 교체될 수 있도록 그것을 삼켜 없애 주는 소화 효소의 작용이 없기 때문에 기괴하게 부풀어 오를 것이다.

반면에 오직 타성惰性, inertia과 파괴의 충동들만이 존재했다면, 우주는 순식간에 스스로를 불태워 버리게 될 것이다. 엔트로피는 우주가 차갑고 정지된 공허로 변함에 따라, 재빠르게 '열역학적 사망heat death'을 일으킬 것이다. 우리는 이 두 가지 상반된 힘을 필요로 하지만, 그것이 이원성에 관한 논거는 아니다. 사실 그것은 전체성에 관한 강한 논거다. 양측의 균형을 유지하기 위해서, 전체성은 양측의 관점보다 더 넓은 관점을 가지기 때문이다.

당신의 몸은 스트레스 반응이 촉발될 때 초흥분 상태hyperdrive에 돌입할 수 있다. 아드레날린의 홍수가 심장을 가속시키고, 혈류로부터 추가적인 에너지를 끌어내며, 경각심을 일으키고 감각을 고조시키며, 그리고 당신이 싸우거나 도망치게끔 만든다. 하지만 스트레스 반응이 억제되지 않는다면 그것은 매우 빠르게, 수 분 안에 당신을 죽게 만들 것이다. 이 사실은 스테로이드를 오랜 기간 복용한 환자들에게서 실제로 관측되었다. 이를테면, 염증을 억제시키기 위해 복용한 약이 신체의 호르몬 체계까지도 억제시키는 것과 같다고 하겠다. 만약 당신이 그런 약물들의 복용을 갑작스럽게 중지한다면, 신체는 정상적인 균형을 맞추어 호르몬을 분비할 능력을 잃게 된다. 따라서 이런 환자들의 뒤를 몰래 따라가다 '에비!' 하고 소리치는 것만으로도, 스트레스 호르몬이 위험한 수준까지 심장을 가속시키는 상황에 그 사람을 몰아넣을 수 있는 것이고, 이는 대개 치명적인 결과로 이어진다.

에고ego의 영역에서, 우리는 절대적으로 선해지는 것이 가능하다고 끊임없이 스스로를 속인다. 두 번 다시 거짓말을 하지도, 속이거나 질투심을 느끼지도, 성질을 내거나 불안감에 빠지지도 않겠다고 말이다. 이런 의도는 결코 효력을 보지 못한다. 왜냐하면 늘 선하게 지낸다는 것은, 그 밖에 또 무엇인가로만 늘 지내겠다는 것과 융통성 없기로는 마찬가지이기 때문이다. 화를 내거나 두려워하는 것이 절대적으로 타당하고 건강한 순간들도 있게 마련이다. 긍정적인 사고의 단점은 당신이 항상 긍정적일 수는 없다는 것이다. 독재자들에 맞서 싸우는 것과 온갖 방법으로 압제에 맞서는 것, 타락한 유력자들에게 그들이 잘못되었음을 알리는 것 등은 정상이다. 삶은 어두운 면으로부터 비롯된 도전들을 선사한다. 우리는 그림자를 악마처럼 여길 필요가 없다. 그것은 대면해 볼 만한 가치가 있는 거의 모든 도전의 원천이기 때문이다.

우리가 빠져드는 환상은, 선과 악 사이에서의 선택을, 삶이 우리에게 강요한다는 것이다. 현실에는 제3의 길이 있다. 바로 전체가 되는 것이다. 전체성의 관점에서, 어둠과 빛의 양쪽 어디에도 종속되지 않고 당신은 둘 사이의 균형을 맞출 수 있다. 그 둘 사이의 대립은 창조적인 긴장으로 거듭날 수 있다. 선한 쪽은 계속해서 승리해야 하지만, 악한 쪽은 완전히 패배하지 않는 것이 좋은데, 왜냐하면 그렇게 되면 그것이 이야기의 끝이 될 것이기 때문이다. 마치 박물관처럼 우주는 영원히 화석화되고 미라화되어 버릴 것이다.

진실과 선함, 아름다움 그리고 조화의 힘이 어둠의 힘보다 한발 앞서 있는 것이 이상적이다. 우주가 그러하듯이 당신의 몸 또한 전체로써 그것을 이루어 내는 데 성공한다. 우리는 생명체들이 끊임없이 진화하고 있고, 추상적 개념과 창의성, 상상력, 통찰력 그리고 영감의 더욱 높은 단계로 이동하고 있다는 사실을 부정할 수 없다. 무언가가 그 균형을 유지해 주고 있지만, 진화를 위해 그것을 살짝 기울이기도 하고 있는 것이다. 여러 가지 면에서, 영성은 자연을 모방하는 것 이상은 하지 않는다. 만약 당신이 엔트로피와 쇠락이 아니라 진화를 향해 그 균형을 기울이는 것을 도울 수 있다면, 당신은 진정한 영적 전사가 되는 것이다.

전체성은 멀리 있지 않고, 가까이에 있다

모든 지혜의 전통에서 유효한, 인간의 의식에 관한 지도가 있다. 이 지도에서는 영원한 신이 창조의 근원으로 작용한다. 불교에서처럼 비록 '신'이라는 단어가 사용되지 않더라도 그 지도에는 분리가 없는 상태가 있다. 그것은 하나의 전체다. 보이는 것과 보이지 않는 것을 모두 포함한다. 그런데 분리되지 않는 존재의 상태는 창조의 보이는 측면과 보이지 않는 측면으로 스스로를 나눈다. 일체성oneness은 자신으로부터 다수를 창조한다. 당신은 그 지도를 가운데 하나의 점이 있는 원으로 상상해 볼 수 있다. 그 어떤 것의 가장 작은 입자보다도 더욱 작은 그 점은 근원으로서의 신을 상징한다. 원 또한 신을 상징하는 것은 마찬가지지만, 가장 큰 그 어떤 것보다도 더욱 큰, 현실로 나타난 우주로서의 신을 상징한다.

하지만 그 지도가 정확해지려면, 당신은 그 원을 빅뱅 이후의 우주와 같이 끊임없이 확장하고 있는 것으로 보아야만 한다. 물질 우주와는 달리, 신은 모든 방향을 향해 무한한 속도로 팽창하기는 하지만 말이다. 이것은 일단 존재가 창조를 시작하면 무한한 잠재력을 가지게 된다는 것을 의미한다. 지금까지 보자면 그 지도는 난해하게 느껴질 수 있으며, 많은 사람이 그것에서 실용적인 가치를 느끼지 못할 것처럼 보인다(한번은 한 여자가 '하나'와 '모두'라는 단어가 신에게 적용된다는 것에 거부감을 느꼈다고 내게 말한 적이 있었다. 그녀에게는 그 단어들이 허무의 바다, 즉 신성한 공허에 삼켜지는 것을 의미하는 것이었다). 모든 방향으로의 무한한 팽창을 우리의 생각으로는 완전히 이해할 수 없다. 하지만 그 지도를 개인적인 것으로 만들어 보라. 온 세상을 팽창하는 원으로 보고, 당신의 근원을 점으로 보아라. 당신이 더 많이 보고, 이해하고, 경험할수록 그 원은 더욱 커지게 된다. 그러나 그것은 언제나 근원으로부터 팽창하고 있다. 이것이 의미하는 바는, 근원은 결코 멀리 있지 않다는 것이다. 그것은 불변하는 것이다.

당신이 스스로를 당신의 근원인 동시에 세계인 것으로 경험할 수 있을 때, 당신은 전체가 된다. 당신의 근원이 멀어 보이는 이유는, 당신이 모든 것을 가능하게 하는 창조적인 근원을 등한시하고 당신의 세계 안에 있는 모든 분리된 것과 자신을 동일시했기 때문이다(이것은 당신이 성장함에 따라 어머니를 잊어버리는 것과 같다. 아무리 잊어버린다 해도 당신의 근원이었던 어머니가 계셨다는 사실은 지울 수 없다). 당신의 근원과 완전히 관계를 끊는다는 것은 가능하지 않다. 왜냐하면 그 근원은 의식으로 이루어진 것이기 때문이다. 자신이 살아 있음을 자각하고 있다는 것은 당신이 의식에 연결되어 있음을 의미한다. 이 사실은 관계를 수동으로 들리게 하지만, 그렇지 않다. 이 관계를 통해서 당신이 지금까지 해 왔던 모든 생각이 밖으로 쏟아진다. 의식에는 당신을 물질적으로 살아 있도록 작용하는 소리 없는 측면도 있다. 말이 아니라 화학물질과 전기 신호로 암호화된 메시지들을 통해, 당신의 심장은 당신의 간이 무엇을 하고 있는지를 알고 있다. 당신의 신체는 무한한 범위의 반응들이 수천억 개의 세포들 사이에서 조율될 것을 요구한다. 이것은 절대로 발언권을 얻지 못하는 의식의 한 측면이지만, 그 지성은 그 어떤 천재의 지성도 훨씬 능가한다.

평범한 사람들은 신이 너무나 멀리 떨어진 나머지 우리를 잊어버렸을까 걱정한다. 한편 열성적인 종교인들은 신이 매 순간 가까이에 있음을 열렬히 믿는다. 두 시선 모두 결점이 있다. '가깝다'와 '멀다'라는 말들은 사실 틀린 것이다. 그 말들은 이원성으로부터 유래된 것이다. 가깝다는 것은 멀다는 것의 반대이기 때문이다. 그런데 파란색을 상상해 보라. 당신이 머릿속에서 그 색을 보기 전에, 파란색은 당신 가까이에 있었는가 아니면 멀리 떨어져 있었는가? 마음속으로 '코끼리'라는 단어를 말해 보라. 당신이 머릿속에 그 단어를 떠올리기 전에, 당신의 어휘는 멀리 있었는가 아니면 가까이 있었는가? 우리는 각자의 이유, 즉 '나, 나 자신 그리고 나의 것'을 위해 의식을 사용한다. 하지만 당신의 의식이 어디에 있는지를 찾아낼 수 없더라도 당신은 시공간 속에서 스스로를 찾아낼 수 있다. 당신과 기억 사이, 그리고 당신과 당신이 다음에 떠올릴 생각 사이에는 그 어떤 거리도 없다. 모든 것이 동시에 조율되고 있으므로 전체성의 관점에서 거리란 의미가 없다.

이 사실은 흥미진진한 결론으로 이어진다. 당신의 변화에 관한 잠재력 또한 멀리 있지 않다는 것이다. 잠재력이란 보이지 않는 가능성과 같다. 무언가가 가능하다는 것을 깨닫든지, 아니면 그렇지 않든지 둘 중 하나다. 그러므로 불가능이란 보이지 않는 무언가의 또 다른 이름인 것이다. 당신이 위험과 어두운 가능성으로 가득한 편협하고 두려운 세상을 보게끔 하는 그림자는, 이와 같이 당신이 그림자 너머로 확장하기만 했다면 당신의 주의를 사로잡았을, 수많은 보이지 않는 가능성을 가리고 있다. 확장이 없다면 당신은 좁은 시야를 가지도록 강요받게 된다. 심한 치통을 겪을 때를 생각해 보라. 그 고통은 다른 것은 아무것도 생각하지 못할 정도로 당신의 모든 주의를 사로잡는다. 만약 인류가 끝없는 육체적 고통에 시달리고 있었다면 의식은 결코 확장하지 못했을 것이다. 두려움은 예상되는 고통으로써, 똑같이 당신의 인식을 좁게 만드는 효과를 지닌다. 전체성과 당신의 근원을 찾는 것은 같은 것으로 밝혀졌다. 근원에서는 그 어떤 구분도 없다. 당신에게 어둠의 낌새가 있는 자신의 모든 측면을 정복할 필요까지는 없다(어떤 경우에도 불가능하다). 진정한 자기 자신이 되어라. 그러면 그 순간부터 당신은 더 이상 어둠과 자신을 동일시하지 않게 될 것이다.

다음이 사실이 될 때, 당신은 의식의 근원 가까이에서 살게 된다.

당신은 평안하다.

당신의 중심으로부터 흔들릴 수는 없다.

당신은 자기 이해를 가지고 있다.

당신은 비판하지 않고 공감한다.

당신은 스스로를 전체의 일부로 본다.

당신은 세상 속에 있는 것이 아니다. 세상이 당신 속에 있는 것이다.

당신의 행동들은 자연스럽게 당신을 이롭게 한다.

당신의 욕구들은 갈등하거나 다툼 없이 쉽게 드러난다.

당신은 집착하지 않으면서도 열정적으로 행동할 수 있다.

당신은 어떤 결과에도 신경 쓰지 않는다.

당신은 내려놓는 법을 안다.

신의 실재는 어디에서든 볼 수 있다.

가장 가능성 있는 시간은 바로 현재다.

전체성은 그림자 너머에 있다

인간은 말로 다 할 수 없는 세월 동안 그림자에 맞서 싸워 왔다. 그러나 내가 지금까지 발견한 바에 의하면 그림자는 결코 패배한 적이 없었다. 그림자를 정복하는 유일한 사람들은 그림자와 싸우지 않는다. 그들은 그림자를 초월한다. 초월하게 되면, 당신은 그 너머로 가게 되는 것이다. 일상생활에서도 우리는 언제나 초월하고 있다. 예를 들어, 어머니가 어린 자식이 짜증을 내고 이것저것 요구하는 것이 많아진다고 해도, 어머니는 같은 수준에서 자식을 대하지 않는다. 어머니는 아이가 피곤하고 잠이 필요하다는 사실을 알아차린다. 그녀는 무엇을 한 것일까? 그녀는 그 문제의 수준을 초월하여, 해결책을 찾기 위해 다른 수준으로 건너간 것이다. 이것은 영적인 진실 하나를 떠오르게 한다. 문제의 수준은 결코 해결책의 수준과 같지 않다.

우리는 본능적으로 이 사실을 알고 있다. 하지만 그것을 적용하는 것은 우리를 슬프게 한다. 우리가 가진 환상들은 어느 쪽이 선하고 어느 쪽이 악한지 알아낼 것을 우리에게 강요한다. 우리가 이기는 쪽을 선택한다면 승리의 공이 모두에게 돌아갈 것이라는 희망을 품고 말이다. 결코 그렇지 않다. 모든 딜레마에는 양쪽 면이 있다. 신의 이름으로 벌어지는 모든 전쟁은 미혹에 의존한다. 왜냐하면 상대편도 똑같이 신에 의존하기 때문이다("신이 우리 편에 있지 않기 때문에 승리는 우리 것이다."라는 슬로건을 그 어느 군대가 사용한 적이 있었는가?). 초월함을 방해하는 적들은 그림자의 손아귀에서 놀아나는 것이다. 문제와 같은 수준에서 몸부림치고 있을 때, 당신은 초월하지 않겠다는 선택을 하는 것과 같다.

다음 사항들을 고려해 보라.

당신은 만성적인 통증을 가지고 있다. 의사를 찾아가는 대신, 당신은 더 많은 진통제를 복용한다.

누군가가 당신을 싫어한다는 말을 듣는다. 당신은 그 사람을 싫어할 이유들을 찾는다.

당신의 자녀가 학교에서 다른 아이와 싸우고 있다. 당신은 자기 아이가 옳다고 확신한다.

당신은 어떤 부부가 이혼한다는 소식을 듣는다. 당신은 어느 편을 들지 선택한다.

한 전도사가 현관에 와서는 새로운 종교 하나를 전도한다. 당신은 그녀의 면전에서 문을 쾅 닫아 버린다. 왜냐하면 당신의 신만이 옳기 때문이다.

이 모든 것은 초월을 선택할 수 없을 때의 예시다. 그리고 이것들은 매우 흔한 상황들이기 때문에 그림자가 어떻게 힘을 얻는지를 어렵지 않게 알 수 있다. 각각의 경우에서 한쪽은 좋은 것으로, 다른 것은 나쁜 것으로 규정되었다. 당신이 옳다는 기분을 느낄 수 있도록 누군가를 틀린 것으로 만들어 버린 것이다. 비판적 자세를 가지는 것은 세상을 보는 건강한 방법이라고도 정당화된 적이 있다. 미혹의 안개를 벗어나는 과정은 그림자를 제외한 누구도 이득을 보지 못한다는 사실을 당신이 깨닫게 될 때 시작된다. 당신이 틀린 것으로 만들어 버린 사람들 속에서 당신은 결코 위험에 빠진 분노와 억울함 그리고 공포를 몰아낼 수 있을 만큼 충분히 옳을 수도, 충분히 승리할 수도, 또는 충분히 고결해질 수도 없다. 일단 이 사실을 깨닫게 되면, 초월은 실현 가능한 선택이 된다. 당신은 문제의 수준보다는 해결책의 수준을 찾기 시작할 것이다.

전체성은 모든 갈등을 해소한다

나는 '초월'이라는 단어가 수수께끼와 같은 숨은 뜻을 가득 싣고 오지 않기를 바란다. 당신이 어떤 상황에서든 '넘어설 수 있다'는 것을 깨닫게 되면, 초월은 현실로 다가온다. 갈등은 이원성의 본질이다. 갈등을 해소하는 것은 곧 전체성의 본질이다. 이것이 가장 자연스러운 것이다. 당신이 그저 흑 또는 백, 선 또는 악, 빛 또는 어둠이 아니라, 동시에 양쪽 모두일 때 갈등은 녹아 없어진다. 첫걸음이 가장 중요하다. 이원성에 대한 당신의 충실함을 바꾸어야 한다. 규정짓고, 비난하고, 비판하는 것을 그만두어라. 당신이 옳고 다른 사람들이 틀렸다는 것을 세상에 보여 주겠다는 환상을 포기하라. 영적 스승들은 수 세기에 걸쳐 이러한 충고를 해 왔다. 베다 경전들이 말하는 것을 기억하라. "당신이 세상 속에 있는 것이 아니라, 세상이 당신 속에 있는 것이다." 예수는 천국이 내면에 있다고 가르쳤다. 둘이 아닌不二 하나로 가는 길에 대한 가르침으로 부족함이 없다.

하지만 사람들은 이러한 가르침에 귀를 기울이지 않는다. 왜냐하면 보이지 않는 세계가 영향을 끼치는데, 대부분 어두운 영향을 지나치게 많이 끼치고 있기 때문이다. 당신의 삶 속에 감추어진 갈등들이 모두 해결될 때까지는 전체성은 실재가 아니다. 무력한 아이가 경험할 만한 가장 기본적인 단계로부터 시작해서, 오름차순으로 이 갈등들을 정리한 개요를 만들어 보자. 우리가 영혼 속에서 벌어지는 전쟁과도 같은 영적 갈등의 단계에 다다를 때까지 각각의 갈등은 이전 단계보다 더욱 어려워진다.

안전한 것과 안전하지 못한 것 사이의 갈등
사랑과 두려움 사이의 갈등
욕망과 필요성 사이의 갈등
수용과 거부 사이의 갈등
하나와 다수 사이의 갈등

이러한 갈등들은 개인을 훨씬 뛰어넘어 모든 사람에게까지 확장된다. 평화를 부르짖으면서도 현실적인 힘을 무기와 국방에 쏟을 정도로 불안을 느끼는 국가들을 생각해 보라. 그들은 어떻게 안전하다는 느낌을 받을 수 있는가라는 기본적인 문제조차 해결하지 못했다. 당신이 누군가에게 사랑을 고백하고 싶었지만 두렵고 나약하다는 느낌을 받았던 순간들을 생각해 보라. 서로를 하나의 민족으로 받아들이지 못해 내전을 벌이고 있는 세력들과 당신은 같은 입장에 처해 있다. 갈등은 인간관계부터 국제 외교까지 모든 것에 얽혀 있다.

안전 대對 안전하지 못한 것

해결책: 당신의 진정한 자아 속에 확실히 자리 잡아라

당신의 통제를 뛰어넘는 불확실한 세상 속에서 안전한 느낌을 받으려면 어떻게 해야 할까? 위대한 현자들과 스승들은, 이원성은 안전하지 못하며 전체성은 안전하다는 근본적인 이치에 그들 해답의 기초를 두었다. 이것은 잊혀져 버린 위대한 가르침 중 하나다. 많은 사람은 방어기제를 구축함으로써 안전해지기 위해 필사적으로 노력한다. 그들은 더욱 무서운 사회적 요소들로부터 스스로를 격리시킨다. 그들은 돈과 소유물을 통해서 자기들 존재의 충격을 완화시킨다. 그들은 문을 걸어 잠그고, 어떤 보이지 않는 재앙이 들이닥치지 않기를 기도한다. 이러한 방책들은 당신의 몸이 해로움으로부터 안전하다면, 당신 또한 안전하다는 원시적인 믿음에서 유래하였다. 어쩌면 우리가 이런 기질을 물려받았는지도 모른다. 어쩌면 그것이 우리의 물질주의적인 삶의 방식과 어울리는 것일지도 모른다. 지난 시대의 사람들은 신들 또는 '신'이 그들의 행동들을 허락해 주지 않는 이상 안전하다는 느낌을 받지 못했다. 그 목적을 위해서 그들은 체계화된 종교가 자신들의 영혼이 구원받을 것을 보장해 주는 한은 가난해지는 것까지도 용납할 수 있었다.

현대의 견해는 안전이 심리적이라는 것이다. 세상 속에서 안전해지기 위해서, 당신을 안전에 도달하게 해 줄 내면의 열쇠를 찾아야만 한다. 집, 재산, 소유물들과는 무관하다. 사실, 가장 불안감을 느끼는 사람들 중 일부는 부와 성공에 지나치게 휘둘리는 사람들이다. 심리적 안전감의 열쇠는 이해하기 어려운 것이다. 프로이트 학파의 심리학은 아이가 성장하면서 얼마나 안전감을 느끼는지를 첫 3년간의 육아가 결정한다고 주장한다. 융 학파 심리학에서는 안전감을 느끼지 못하는 것은 분명히 집단심리에 뿌리박혀 있으며, 특히 두려움과 불안이 자리하고 있는 그림자에 있다고 주장한다. 하지만 지난 한 세기 동안 이루어졌던 치료를 살펴본다면, 심리적인 해답은 어느 경우에서든 거의 효과가 없었다. 그 많은 통찰과 기발함이 고작 대부분의 시간을 약물 처방전을 쓰는 데 소비하는 한 세대의 의사들과 우울증 치료제Prozac를 등장시킨 것 정도로밖에 이어지지 않은 것이다.

당신에게 핵심 자아core self가 있다는 사실을 발견할 때 비로소 당신은 안전하다는 느낌을 받게 될 것이다. 우리가 앞서 살펴보았듯이 그것은 당신의 근원 속에 존재한다. 그 근원에는 그 어떤 분열도 없고, 따라서 외부 세계는 내면의 세계를 위협할 수 없다. 그것이 과거의 어떤 트라우마에 관한 기억이든, 단지 다가올 것을 알지 못한다는 이유로 공포의 대상을 만들어 내는 걷잡을 수 없는 두려움이든, 불안감은 외부의 근원지를 필요로 한다. 당신의 핵심 자아는 안정적이며 또한 영구적이다. 그렇기 때문에 변화에 대해서 핵심 자아가 두려워할 것은 아무것도 없다. 미지의 세계는 변화를 위해서는 필수적이다. 당신이 그 사실과 화해하면, 세상은 끝없는 위험의 장소에서 뜻밖의 것들을 위한 놀이터로 스스로를 바꾸게 될 것이다.

사랑 대對 두려움

해결책: 내면의 힘으로써 사랑과 연합하라

당신이 안전감을 느끼게 되면, 당신은 스스로가 이 세상에 존재할 권리가 있음을 알게 된다. 하지만 정말로 세상에 소속된 느낌을 받기 위해서 당신은 사랑받고 있다는 것을 느껴야만 한다. 사랑은 당신이 소중히 여겨지고 있음을 보장하는 것이다. 그러나 많은 사람이 그러하듯이 사랑받고 있다는 느낌을 갖지 못하게 되면, 당신은 어지러운 세상에 던져진 한낱 작은 점에 불과하다고 느끼게 된다. 그런 상황에 대한 유일하게 정상적인 반응이 바로 두려움이다. 종교는 신이 우리 모두를 사랑한다는 완전하고 궁극적인 안심의 말을 제공하려는 시도를 해 왔다. 하지만 종교는 그와 동시에 두렵고 복수심 가득한 신의 이미지에 매달린다. 이러한 이원성이 결코 해결되지 않는 이유는 수수께끼가 아니다. 언젠가 신을 만나 신이 정말로 우리를 사랑하는지, 아니면 경멸하는지, 우리가 구원받기를 바라는지, 아니면 파멸하기를 바라는지를 물어볼 수 있는 사람은 아무도 없을 것이다. 모세부터 무하마드에 이르기까지 성자들은 바로 그 질문에 직면해 왔고, 또한 그 질문을 던져 왔다. 그 답은 언제나 둘 모두인 것처럼 보인다.

두려움에서 벗어나기 위해서, 사랑하는 신을 믿는 것은 효과가 없을 것이다. 왜냐하면 그것은 언제나 의구심에 열려 있는 지적인 선택이든지, 아니면 언제나 상처받는 것에 열려 있는 감정적인 선택이든지 둘 중 하나이기 때문이다. 당신이 의구심을 품거나 상처를 받을 수 있는 한, 신성한 사랑은 자연히 믿을 수 없는 것처럼 보인다. 하지만 의식consciousness 안에서 우리는 사랑의 흐름을 신의 사적인 변덕이 아니라 일종의 끊임없는 힘으로 경험할 수 있다. 인도의 고대 현자들은 더없는 기쁨至福(산스크리트어로는 아난다(ananda)이다.)을 얻을 수 있는 것도, 잃을 수 있는 것도 아니라고 단언했다. 그것은 의식의 본성 속에 내재되어 있다. 가장 순수한 형태로써의 더없는 기쁨至福은 황홀경과 즐거움 그리고 환희와 같다. 그러나 의식은 불분명한 것과 보이지 않는 것에서부터 분명한 것과 보이는 것까지를 펼쳐낸다. 이러한 펼쳐짐이 일어나면, 더없는 기쁨至福은 수많은 특질을 가진 본성의 한 측면이 된다.

더없는 기쁨은 역동적이다—그것은 움직이고 또한 변화한다.

더없는 기쁨은 진화하는 것이다—그것은 성장한다.

더없는 기쁨은 곳곳에 퍼져 있다—그것은 모든 것에 들어가고 싶어 한다.

더없는 기쁨은 원하는 것이 많다—그것은 충만함을 추구한다.

더없는 기쁨은 영감을 일으킨다—그것은 기쁨이 존재할 수 있는 새로운 형태를 창조함으로써 증가한다.

더없는 기쁨은 통합적이다—그것은 분별의 경계를 무너뜨린다.

서양에서, 우리는 이러한 특질들을, 더없는 기쁨의 다른 이름인 사랑으로 여긴다. 사랑은 두 마음을 하나로 만든다. 사랑은 위대한 시와 예술 작품들에 영감을 불어넣는다. 그것은 사람 사이의 장벽을 무너뜨린다. 역사의 끝까지 거슬러 올라가는, 사랑을 경배하는 전통이 있다. 그러나 회의론과 물질주의 덕분에 우리가 사랑이 없는 시대에 살고 있다는 사실에는 의심의 여지가 없다. 두 힘 중 어느 것도 사랑을 포기하려고 나서지는 않지만, 그것들은 뇌의 화학작용, 심리적 조건화, 좋거나 나쁜 육아의 결과 그리고 정신적 건강으로 사랑을 격하시켰다. 이 중 어떤 것도 완전히 부정적이지는 않다. 그것들은 귀중한 통찰로 이어지기 때문이다. 하지만 좋게든 나쁘게든 사랑을 성스러운 것으로 찬양하는 전통은 매우 약화되었다. 남은 것이라고는 사랑의 힘을 경험할 수 있는지 여부를 각자가 발견해야 한다는 것뿐이다. 사랑을 찾는 것은 영적 구도의 또 다른 형태가 되었다.

나는 테크놀로지와 전자장비들을 좋아하는데, 그중 하나가 바로 트위터다. 나는 수백 개의 트윗을 주고받기 시작했고, 모든 활동이 매력적으로 느껴졌다. 어느 날 나는 질문 하나를 받았다. "저는 사랑을 찾고 있습니다. 어떻게 하면 적당한 사람을 찾을 수 있을까요? 그런 남자가 존재하기나 할까요?" 나는 즉시 답장을 트윗 해 주었다. "적당한 사람을 찾는 것을 그만두시고, 적당한 사람이 되십시오." 그것은 본능적인 대답이었다. 그리고 나는 내 대답이 2백만 명의 사람들에게 리트윗(전달되었다는 말이다) 되었다는 것을 발견하고 놀랐다.

나는 이것이 기발한 대답처럼 보였던 이유를 깨닫게 되었다. 사랑이란 것이 정말로 문제가 되어 버린 나머지, 사랑이 어디에 존재하는지에 대한 물음에 사람들이 진실로 당황해하고 있었기 때문이다. 내게는 자연스럽게 느껴졌던 답변이 수많은 타인에게는 색다르게 느껴졌던 것이다.

내면의 사랑을 찾는다는 의미를 가진, 적당한 사람이 '된다는' 것을 위해서는 무엇이 필요할까? 그것은 두려움이 없는 상태를 필요로 한다. 사랑은 찾으러 다닐 필요가 없다. 당신이 들이쉬는 공기처럼 그것은 자연의 일부로써 존재한다. 그것은 주어지는 것이다. 하지만 당신이 가진 핵심 자아의 여느 측면들처럼 그것 또한 감추어질 수 있다. 사실 외부의 사랑은 상관이 없을 때가 많다. 우울하고 불안한 사람이나 손상된 자아감을 가진 사람은, 다른 사람이 보이는 사랑의 제스처에 쉽게 반응하지 않는다(간혹 전혀 반응하지 않을 때도 있다). 사랑을 찾기 위해서, 당신은 스스로를 사랑받을 만하다고 볼 수 있어야 한다. 핵심 자아는 간단한 관점—'나는 사랑이다'—을 취하는데, 왜냐하면 근원에서는 당신이 정확하게 사랑이기 때문이다. 하지만 서로 모순되는 가치들의 세상에서는, 이러한 간단한 말까지도 혼란스러워지고 복잡해진다. 미혹의 안개는 두려움을 만들어 낸다. 그 두려움을 없애면 남는 것은 사랑이다.

욕망 대對 필요성

해결책: 선택하지 않는 자각

“이렇게 해야만 한다.”라는 말을 당신은 얼마나 많이 들어왔고, 또 스스로를 향해 얼마나 많이 떠올렸는가? 삶은 우리에게 역경을 선사한다. 우리는 조치를 취하고 싶어 하지만 길이 가로막혀 있다. 어쩌면 에고로 가득 찬 누군가는 이렇게 말할지도 모른다. “내방식대로 하든지, 아니면 떠나라.” 대개 두 사람이 서로 소통하지 못한 채, 어떻게 할 바를 모르기도 한다. 한 가지 극단적인 경우로는, 이를테면 공포증(“나는 X를 하는 것이 너무나 두렵다”)과 집착(“Y에게서 생각을 떨쳐 낼 수가 없다”)과 같은 심리적 강박증이 있다. 이것들은 매우 다른 상황들처럼 보인다. 결혼 상담사에게 가는 것을 거부하는 남편은, 고소 공포증 환자나 하루에 스무 번씩이나 손을 씻는 강박 신경증 환자와는 분명히 닮지 않았다. 하지만 거기에는 공통분모가 있다. 그들 각자는 욕망과 필요성 사이에 갇혀 버린 것이다. 그 결과 또한 같다. 그들은 더 이상 자유로이 선택할 수 없는 것이다.

막다른 상황을 통과하려는 와중에 끝없는 에너지가 낭비된다. 우리가 명상 수행자들과 협상가들 그리고 판사들의 도움을 구하는 것은 분쟁을 가라앉히기 위해서이지만, 마지막 파도가 밀려오면 지는 쪽은 언제나 억울해한다. 그 분쟁이 표면상으로 해소될 수는 있겠지만, 그 아래까지는 해소되지 않는다. 우리는 어떤 질병이 진단되고 치료받을 수 있다는 희망을 품고 의사들과 치료사들을 찾아간다. 최소한 그곳에는 더 깊이 살펴볼 수 있는 기회가 있는 것이다. 하지만 일반적으로 치료보다는 진단이 훨씬 더 쉬운 법이다. 프로작Prozac과 그와 연관된 항우울제는 강박장애obsessive-compulsive disorder: OCD의 증상들을 가라앉히는 데 효과가 있음이 입증되었다. 그러나 환자가 약 복용을 그만두면 재발하는 근원적인 병까지 진정으로 치료해 주는 것은 아니다.

그러나 당신이 협상에 얼마나 숙달되었든, 얼마나 임기응변에 능하고 감정이입을 잘하든 간에, 욕망과 필요성 사이의 갈등이 완전히 해결될 수는 없다. 삶 그 자체가 당신이 원하는 것을 가질 수 없는 상황들을 야기하기 때문이다. 모든 사람이 자신이 꿈꿔 오던 이상형과 결혼하게 되는 것은 아니다. 사업에 실패하는 것은 언제라도 가능하다. 승리는 거머쥘 수 없는 곳에 있다. 염세주의자의 삶 속에는 만족보다 좌절감이 더 많이 내재되어 있다. 현자들과 모든 지혜 전통의 지침들은 욕망에 가로막히는 일이 흔하다는 것을 알고 있었다. 그래서 인도의 베다 전통이 포기, 인내 그리고 자기희생을 미덕으로 다루는 일이 거의 없다는 것은 놀라운 일이다. 그 대신 인도에서 가장 심오한 지혜는 '선택 없는 자각choiceless awareness'이라고 알려진 경지가 있음을 가르치고 있다. 처음 보기에는 이 말이 포기한다는 것과 같은 뜻처럼 보인다. 당신은 선택을 하는 것이 아니라, 어느 한쪽을 편드는 것을 포기하는 것이다.

확실히 해 두어야 한다. 선택 없는 자각이란 당신이 원하는 것을 포기하는 것에 관한 것이 아니다. 그것은 자존심이 원하는 것에서 우주가 원하는 것으로 당신의 충실함을 바꾸는 것에 관한 것이다. 선택 없는 자각의 경지에서 당신은 의식으로 하여금 모든 결정을 내리도록 한다. 달리 말하자면 당신이 바라는 것은, 당신이 바랄 수 있는 최상의 것이기도 하다는 것이다. 고대의 현자들에 의하면, 그러한 자각의 경지(상태)에서는 내면 또는 외부로부터의 저항이 존재하지 않는다. 자연은 '다르마dharma'라고 알려진 우주적인 섭리를 통해 당신의 욕망을 받든다. 그것은 매우 유동적인 용어다. 인도의 평범한 사람들에게 자신의 다르마를 따른다는 것은 당신이 적합한 직업을 찾았고 또한 옳은 것을 당신의 행동으로 옮길 수 있음을 의미한다. 다르마란 미덕 또는 올바른 삶이다. 더 심오한 경지에서는 당신의 다르마를 따른다는 것은 당신이 영적으로 옳은 길 위에 있음을 의미한다. 당신이 믿는 종교의 가르침을 따르면서도, 그 와중에 함정에 빠지지 않는 것이다.

하지만 이러한 상태들 중 어떤 것도 '내가 원하는 것'과 '내가 해야 하는 것' 사이의 갈등을 해소해 주지 못한다. 욕망과 필요성은 여전히 전쟁을 벌이고 있는 상황이다. 어느 쪽인가 하면, 의로운 사람들은 스스로가 평범한 사람들보다 훨씬 더 많은 책무와 의무에 속박되어 있음을 발견하게 된다. 모든 종류의 종교들은 수많은 요구를 하고, 또 온갖 욕망을 억제하려고 들기 때문이다. 오직 선택 없는 자각만이 그 갈등을 끝맺을 수 있다. 왜냐하면 당신이 이러한 의식의 수준에 도달할 때에는 당신이 원하는 것이 동시에 당신의 선과 세상의 선을 위해 필요한 것이기도 하기 때문이다.

선택 없는 자각 안에서는 그 누구도 당신에게 다르마의 규칙을 말해 줄 필요가 없다. 그 대신 당신은 다르마와 완전히 동화된 상태일 것이다. 당신은 "내가 세상 속에 있는 것이 아니라 세상이 내 안에 있는 것이다."라는 격언을 고스란히 삶 속에 옮긴다. 그러한 경지를 유지하기 위해서는 헌신적인 인격적 성장이 필요하다. 그러나 모든 사람이 다음과 같은 시간들을 겪어 보았을 것이다.

- 당신은 만사태평하다.
- 죄의식과 자기비판이 존재하지 않는 경지가 있다.
- 당신은 올바름이라는 느낌을 경험한다.
- 외부의 조건들은 당신을 가로막지 않는다.
- 다른 사람들이 저항하지 않고 협력한다.
- 당신이 만든 행동의 결과는 긍정적이다.
- 욕망은 충만감과 만족감을 느끼면서 끝을 맺는다.

보다시피, 이것은 요소들 간의 특별한 조합이다. 하지만 당신이 다르마의 힘과 하나가 되면, 이것이 당신의 통상적인 상태가 된다. 단순히 당신이 원하는 것을 가지는 것만으로는 충분하지 않다. 충분한 힘과 재산을 가지고 있는 사람이라면, 대개의 경우 별다른 노력 없이도 자신의 가볍디가벼운 변덕을 충족시킬 수 있다. 하지만 만족감과 충족감을 느끼는 것은 그보다 훨씬 드문 일이며, 대개 권력과 재력의 행사는 사람들의 욕망을 부추기는 것이기 때문에 더욱 깊은 불만족으로 이어지게 된다. 당신의 에고가 원하는 모든 것을 주는 것만으로는 그것을 만족시킬 수 없다. 왜냐하면 에고는 오로지 축적하기 위해 존재하기 때문이다. 그것은 돈과 소유물, 사회적 지위, 사랑, 권력 그리고 그 밖의 갖가지 것들을 더 많이 원한다. 기계는 한 자리에 고정되어 있다. 고쳐 쓰는 것이 도저히 불가능한, 설정되어 있는 프로그램에 따라 그것은 작동한다. 에고의 욕망은 피상적인 것이다. 당신의 진정한 자아에 에고는 없다. 당신은 이득을 겨냥하고 있지 않으므로 상실을 두려워하지 않는다. 당신은 대가로 무엇을 얻게 될지를 비밀리에 계산하면서 헌신하는 것이 아니다.

에고의 관점이 아니라 에고를 초월한, 전체성이 존재하는 관점에서 세상을 볼 수 있는 또 하나의 방법이 있다는 것은 우리에게 행운이다. 에고의 영향력이 약해지면서 '(나는) 하고 싶다.'와 '(나는) 해야 한다.'의 미묘한 융합이 일어난다. 다르마—신의 뜻—대로 행동하기 위해서 당신은 완전히 자연스럽게 행동하게 된다. 당신은 단순히 당신 자신이 되면 되는 것이다.

수용 대對 거부

해결책: 무한한 자각

거부당할 것이라는 두려움은 수백만 명에 달하는 사람들을 병들게 한다. 그것이 짝사랑을 모든 문화에서 이해되는 비극으로 만드는 것이다. 정신적으로 스스로를 거부하지 않는 한, 당신은 거부당할 수 없다. 나는 이것만큼이나 많은 오해를 받아 온 메시지는 없다고 생각한다. 다른 누군가가 당신을 거부하면 고통스러운 느낌을 받게 되고, 당신은 희생자가 되기 때문이다. 그러므로 거부라는 것이 어떻게 작용하는지 밝혀내려면, 비판이라는 행동의 문제 전체를 더욱 깊게 들여다볼 필요가 있다. 이것이 새로운 주제는 아니다. 하지만 새로 덧

붙일 것은 존재한다. 모든 비판은 당신 자신을 향한 비판으로 귀결된다. 자기비판은 실패에 대한 공포, 피해의식, 자신감의 총체적인 부족 등등의 많은 형태를 띤다. "난 충분히 훌륭하지 못해." 또는 "내가 얼마나 많은 것을 성취하든 간에 나는 사실 엉터리일 뿐이야."라는 막연한 느낌만 있을 때가 대부분이지만 말이다.

많은 사람은 잘못된 해결책을 떠올린다. 그들은 이상적인 이미지를 만들고는 그 이미지에 부응하려고 하며, 자신들이 누구인지를 세상에게 납득시키려 한다(그러므로 독신 전용 바에 있는 여자들에게 항상 효과적이라는 작업멘트의 전설은 이미지 하나만으로 인연을 만들 수 있을 거라는 절박한 환상일 뿐이라고 할 수 있겠다). 이상화되어 버린 자기 이미지는 너무나 그럴싸한 나머지 당신 자신까지 납득시킬 수 있을 정도다. 무모한 탐욕의 결과로 2008년에 세계 경제가 거의 무너질 뻔했다. 투자 은행가 중에 얼마나 많은 사람이 계속해서 그들 자신이 죄가 없을 뿐만 아니라, 그들이 발생시킨 엄청난 재난보다 더 많이 우월하다고 여겼을까?

이상화되어 버린 자아라는 것은 수용의 본보기처럼 들린다. 그것이 당신에게 무엇을 얘기하는지에 귀 기울여 보라. "너는 옳은 일을 하고 있다. 네가 통제권을 쥐고 있다. 누구도 네게 상처를 줄 수 없다. 그냥 계속해서 네가 하던 대로 해라." 이러한 방패막이 속에서 당신은 잘못을 저지를 일이 없다. 그리고 만약 잘못한다 하더라도 당신의 잘못들은 재빨리 감추어지고 잊혀진다. 당신 자신에 대한 이상적 이미지를 가진다는 것의 장점은, 바로 당신 스스로에 대해 정말로 좋은 기분이 든다는 것이다. 그 이미지는 고통스러운 현실의 대체재가 되어 준다.

당신이 지금 예상하는 바와 같이 그림자도 이 문제에 대해 하고 싶은 말이 있는 모양이다. 어떤 고결함의 우상, 대개 전도사 또는 공적인 도덕주의자public moralist들은 주기적으로 스캔들에 빠지고는 한다. 이 사람들은 예외 없이 그들이 남들에게 지적하던 바로 그 죄를 저질렀는데, 그중 가장 전형적인 것은 부적절한 성적 방종이다. 우리는 이런 위선적인 종교가들Elmer Gantrys이 악취가 진동하는 위선자로서 은밀히 악을 추구하기 위해 공적 미덕이라는 가식을 보여 주는 것이라고 냉소적으로 생각한다.

사실 타락한 우상들은 이상화되어 버린 자아의 극단적인 사례들이다. 그들의 부정하는 힘은 초인적인 것이었다. 그림자는 그들을 건드릴 수 없었다. 그림자가 그 후 실제로 표면 위로 떠올랐을 때, 엄청난 양의 죄책감과 수치심이 함께 떠올랐다. 이러한 '직업적' 성자들이 타락하면, 그들은 대중이 벌이는 속죄의 극단적인 모습을 탐닉하게 된다. 심지어 참회를 하는 중에서조차 그 어떤 것도 사실이라고 느껴지지 않는다.

하지만 당신이 그 장면에서 발을 뺐다면 전체 드라마는 피할 수 있었을 것이다. 이상화된 자아 이미지는 실행 가능한 해결책이 아니다. 오직 진정한 자기 수용만이 해결책이 될 수 있다. 그리고 진정한 자기 수용이 일어나면, 타인들이 거부할 것은 아무것도 없게 된다. 이것이 당신이 전우주적으로 사랑받게 될 것이란 의미는 아니다. 여전히 누군가는 떠나버릴 수 있다. 하지만 그런 일이 일어난다 하더라도, 당신은 거부당했다는 느낌을 받지는 않을 것이다. 그것은 감정적인 상처가 되지도 않을 것이다. 이상화된 자아 이미지인, 잘못된 자아감에 당신이 빠져 있지 않다는 사실을 어떻게 알 수 있을까? 다음과 같은 태도를 붙잡고 있을 것이다.

"나는 저 사람들과는 달라. 나는 더 나은 사람이야."
"나는 단 한 번도 방황한 적이 없어."
"신께서는 나를 자랑스러워한다."
"범죄자들과 범법자들은 인간도 아니다."
"모든 사람이 내가 얼마나 좋은 사람인지를 안다. 그렇다 하더라도, 그들에게 다시금 되새겨 줄 필요가 있어."
"나는 나쁜 생각을 하지 않는데, 왜 다른 사람들은 하는가?"
"나는 내가 누구인지도, 내가 무엇을 해야 하는지도 이미 알고 있어. 나는 갈등을 겪고 있지 않아."
"나는 롤모델감이야."
"미덕 그 자체가 보상이 되는 건 아니지. 나는 내 선행들이 인정되었으면 한다."

당신 자신에 대한 이상적인 이미지를 해체하는 것은 쉽지 않은 일이다. 왜냐하면 그것은 단순한 부정보다 훨씬 교묘한 방어기제이기 때문이다. 부정하는 것은 맹목적인 것과 같다. 이상화된 자아 이미지는 순수한 유혹이다. 탈출구는 바로 모든 이미지를 지나쳐 가는 것이다. 진정한 당신을 감싸고돌 필요는 없다. 당신의 진정한 자아는 당신이 너무나 좋은 사람이기 때문이 아니라, 당신이 완전하기 때문에 받아들여질 수 있는 것이다. 모든 인간적인 것은 당신 안에 있다.

당신이 가진 가장 중요한 동료는 바로 자각이다. 비판은 옥죄이는 것이다. 당신 자신이나 다른 누군가를 나쁘다거나 잘못되었고 열등하며 무가치하다는 등으로 규정지으면, 당신은 좁은 렌즈를 통해 보고 있는 것과 같다. 시야를 확장하면 얼마나 흠이 있든 간에 모든 사람은 가장 깊은 경지에서 완벽하고 완전하다는 것을 깨닫게 될 것이다. 더 많이 자각할수록 당신은 스스로를 더 많이 수용하게 된다. 이것은 단번에 이루어지지 않는다. 당신은 그동안 애써서 부정하고, 억누르고, 감춰 왔던 모든 감정을 살피는 데 시간을 써야만 한다. 다행히도 그 감정들은 일시적이다. 당신은 그것들을 넘어설 수 있다. 거부할 것은 아무것도 없다. 단지 해야 할 일이 많을 뿐이다. 이것이 바로 예수나 붓다와 같은 인물이 누구에게나 자비를 베풀 수 있었던 방법이다. 빛과 어둠의 놀이 뒤에 있는 전체성을 봄으로써 그들은 탓할 것이 아무것도 없음을 깨달았다. 당신이 따라가고 있는 영적인 길도 마찬가지다. 당신이 스스로를 보다 완전하게 볼수록, 당신은 자신의 잘못에 대해 연민적인 마음을 갖게 될 것이고, 그것은 곧 완전한 자기 수용으로 이어질 것이다.

하나 대對 다수

해결책: 존재에 항복하라

마침내, 우리는 당신의 영혼 속에서 벌어지는 전쟁에까지 다다랐다. 이번 단계에서는 갈등이 매우 미묘하다. 이것이 이상하게 들리는 이유는 우리가 신과 사탄의 우주적인 전투를 매우 거대한 것으로 생각하는 경향이 있기 때문이다. 사실, 그것은 매우 섬세하다. 스스로의 진정한 자아에 더 가까이 다가설수록 당신은 자신이 모든 것의 일부라는 느낌을 받기 시작할 것이다. 경계는 부드러워지고 사라진다. 통합이라는 더없이 행복한 기쁨이 있다. 이렇게 아름다운 경험에 대하여, 마지막 한 가지 저항이 돌연 일어난다. 에고는 이와 같이 말한다. "내가 어때서? 나는 죽고 싶지 않다." 마치 "내가 녹고 있다! 내가 녹고 있어!"라는 유언을 남긴, 『오즈의 마법사The Wizard of OZ』의 사악한 마녀Wicked Witch처럼 말이다. 지금까지 에고는 굉장히 유용했다. 그것은 당신에게 무한한 다양성의 세계로 안내해 주었다. 이제 당신은 하나됨을 경험할 참이다. 에고가 치명적인 위협을 느끼는 것은 놀랄 만한 일이 아니다. 에고는 자신의 유용함이그리고 자신의 지배력도 끝을 맞이하게 되었음을 보게 된다.

에고는 항복한다는 것을 죽음과 혼동한다. 전체가 된다는 것은 항복을 수반한다. 당신이 스스로를 보는 한 가지 방법을 포기한다면 그 자리에는 새로운 방법이 열린다. '항복하는 것'은 에고에게 반가운 말이 아니다. 왜냐하면 그것이 실패와 통제의 상실, 수동적인 성향과 힘의 종말이라는 뜻을 내포하고 있기 때문이다. 논쟁에서 졌을 때, 당신은 승자에게 굴복하는 것이 아니던가? 당연히 그러하다. 승패의 조건에서 묘사된 상황들은 어떤 상황이든지 항복하는 것을 나약하고 부끄러우며, 우울하고 무가치한 것으로 보이게 한다. 그러나 이것들은 모두 에고 차원에서의 감정들이다. 에고 없이 본다면, 항복하는 것은 자연스럽고 바람직한 것이 된다. 자녀들에게 필요한 것을 주는 어머니는 그 무엇도 잃은 것이 아니다. 그녀가 자식들을 위해 스스로의 욕구를 포기했다고 할 수는 있을지라도 말이다. 그런 것은 잘못된 관점일 것이다. 사랑으로 스스로를 헌신할 때, 당신은 아무것도 잃지 않는다. 사실, 사랑에서 우러나온 포기는 이득과 같다. 당신의 자아감은 에고—넘치는 욕구와 욕망—를 넘어 팽창하는데, 이와 같은 것은 결코 사랑으로 이어지지 않는다.

항복은 마음으로 하는 것이 아니다. 생각만 해서는 그곳에 도달할 수 없다. 그 대신 말이나 생각이 떠오르기 전에 당신은 순수한 의식 속으로 여정을 떠나야만 한다. 갈등 너머를 의미하는, 생각하는 정신 너머로 한 사람을 데려가는 것, 바로 그것이 명상의 진정한 목적이다. 요즈음은 모든 사람이 명상하는 방법을 안다고 해도 믿을 수 있을 정도다. 만약 당신이 명상을 시도해 보다가 수행을 그만둔 적이 있다면, 나는 당신에게 다시금 명상으로 돌아가도록 권하고 싶다. 모든 명상이 비슷하게 만들어진 것은 아니다. 어쩌면 당신은 휴식이나 스트레스 해소의 일환, 또는 고요함으로 통하는 길로써 명상을 배웠을지도 모르겠다. 그것은 모두 사실적인 결과들이지만 지나치게 단기적인 목표를 겨냥하고 있다. 명상의 가장 심오한 효과는 바로 당신의 의식을 변화시키는 것이다. 만약 당신이 의식을 확장하고 있는 것이 아니라면, 내면으로 향하는 진정한 목적을 놓친 것이다.

특정한 종류의 명상을 틀린 것으로 규정하자는 말은 아니다. 하지만 당신에게 어울리는, 친숙하고 올바른 명상이 틀림없이 있을 것이다. 나는 조용히 앉아 자신의 심장에 주의를 집중하는 간단한 심장 명상을 이용하여 매우 빠르게 발전한 사람들, 그리고 눈을 감고 앉아 조용히 들숨과 날숨을 따라가는 것으로 이득을 얻은 사람들을 본 적이 있다. 결국에는 진정한 자아를 완전히 경험하고자 자연스럽게 기대하게 된다. 두 가지의 검증된 방법만 말해 보자면, 베다 시대의 인도에서 유래된 만트라 명상이나 불교의 위빠사나 수행을 통해서 성취할 수 있다. 당신이 무엇을 하든 전체성에 대한 비전에 깨어 있도록 하라. 당신은 둘 다 좋은 기분이나 그저 습관에 불과할 뿐인데도, 자신이 평온하다거나 고요를 찾았노라고 당신의 마음이 스스로를 납득시키는, 또 다른 조건화로 명상을 바꿔 놓고 싶지는 않을 것이다(그 특유의 직설적인 방식으로, 크리슈나무르티는 영적인 길에서 할 수 있는 최악의 일은 바로 자신이 기대하는 것을 가져다주는 것이라고 경고한 바 있다. 그 길은 진리에 도달하는 대신 당신을 단순히 보다 좋게 느끼고, 더 좋아 보이는 사람으로 '개선'된 예전의 자아로 바꾸어 놓을 뿐이다).

그림자는 부정과 저항, 감추어진 두려움 그리고 억눌려진 희망의 산물이다. 그러므로 만약 명상이 효과가 있다면 이러한 것들은 줄어들기 시작할 것이다. 당신은 다음과 같은 것들을 영적인 길에서 경험하고 있어야 한다.

삶이 쉬워지고, 힘든 것은 없어진다.
당신은 더욱 자발적으로 느끼고 행동하게 된다.
세상은 더 이상 부정적인 반응을 몰고 오지 않는다.
당신의 욕구는 더욱 쉽게 충족된다.
당신은 존재의 단순함에서 행복을 찾는다. 이 세상에 있는 것으로 충분하다.

당신은 자기 인식을 얻게 되고, 스스로가 진정으로 누구인지를 알게 된다.

당신은 삶의 전체성이 포함되어 있다고 느낀다.

만약 이것들이 이상적인 목표처럼 들린다면 그것들은 고귀한 목표이기도 하며 완전히 달성할 수 있는 것들이다. 사실, 몇 달이 지났는데도 이러한 것들이 점점 늘어가는 것이 느껴지지 않는다면 한 발짝 물러서서 당신의 길을 재검토할 필요가 있다. 당신의 수행이 잘못되었다거나 결함이 있다는 의미가 아니다. 인격의 진화가 잠시 주춤할 때나 지연되는 경우는 누구에게나 일어난다. 왜냐하면 어떤 문제들은 해결하는 데 시간이 걸리기 때문이다. 해결의 대부분은 시야의 밖, 무의식의 보다 깊은 심층 속에서 이루어진다. 예술가들은 이 사실을 잘 알고 있다. 그들의 여신은 시간 계획표에 응답해 주지 않는다. 반면에, 진정한 자아가 펼쳐지지 않는 다음과 같은 심각한 이유가 있을지도 모른다.

과도한 스트레스

감정적 압박

집중을 방해하는 것들

우울감과 불안감

절제력의 부족과 전념을 다하지 못하는 것

상반되는 의도들—한 가지 이상의 생활 방식을 찾는 것

영적인 길은 모든 것을 내어 준다. 그것은 모든 갈등을 해소시킬 수 있다. 하지만 우리는 만병통치약을 달라고 하는 것처럼 너무 많은 것을 바란다. 영적으로 펼쳐지는 것은 섬세하다. 당신의 정신이 지나치게 격앙되어 있거나 스트레스나 그 밖에 다른 외부 압력들에 의해 주의가 압도되어 있다면 그것에 도달할 수 없다. 다시 말해, 전체성은 만병통치약이기는 하지만 즉각적인 효과가 있는 약은 아니다. 당신은 내면으로 들어가기에 적합한 조건을 준비해야 한다. 그러기 위해서는 내가 나열했던 각각의 장애물들이 해결되어야만 한다. 스트레스와 우울감, 불안감 그리고 주의를 산만하게 하는 것들은 당신이 눈을 감고 30분 정도 앉아 있다고 해서 갑자기 사라지지 않는다. 이 말이 지나치게 직설적으로 들리지 않기를 바란다. 왜냐하면 명상을 위한 토대를 준비하기 위해 당신이 작은 걸음이라도 디디게 된다면, 다른 어떤 방법으로도 얻을 수 없는 결과를 얻을 수 있기 때문이다. 이것이 바로 의식으로 통하는 지름길이며, 의식은 전체다.

요 약

시작했을 때와 마찬가지로 진단과 처방 그리고 예후에 대한 의사의 직감으로 마무리할 것이다. 그림자는 많은 접근방식보다 한 수 위에 있고 더 오래 지속해 왔다. 그럼에도 불구하고 예수나 붓다와 같은 위대한 사람들뿐만이 아니라 몇몇 사람들 또한 성공을 거두었다. 진화의 힘은 진화를 가로막는 장애물보다 한없이 강력하다. 당신은 단지 주변을 살펴보고 자연계를 보기만 해도, 아름다움과 가지런함,

질서 그리고 성장발전이 수십억 년의 세월 동안 살아남았다는 증거를 볼 수 있게 된다. 당신의 그림자를 다룰 때는, 스스로 그와 똑같이 무한한 힘과 하나가 되어야 한다. 모든 것을 고려해 볼 때, 요구되는 조건들은 복잡하지 않다.

1. 당신의 그림자가 삶 속에 부정적인 성향을 가져올 때, 그것을 인정하라.
2. 당신의 그림자를 포용하고 용서하라. 원치 않는 장애물을 당신의 동료로 바꾸어라.
3. 어떠한 조건들이 그림자를 생기게 하고 있는지를 스스로에게 질문하라. 그것들은 다음과 같다. 스트레스, 익명성, 해를 끼쳐도 된다는 허가, 또래 압력, 수동적인 성향, 비인도적인 환경, '우리 대對 그들'의 사고방식.
4. 심리치료사나 믿음직한 친구, 이야기를 잘 들어주는 사람, 상담사 또는 절친한 친구와 함께 당신의 감정을 나누어라.
5. 운동과 에너지의 방출, 요가 호흡법과 직접 힐링요법을 행하는 것 등 신체적인 요소를 포함시켜라.
6. 집단을 바꾸려면 스스로를 바꾸어라. '그들'을 악행을 일삼는 자들로 투사하고 단정 짓는 것은 그림자의 힘을 키울 뿐이다.
7. 그림자 너머에 있는 순수한 의식을 경험하기 위해서 명상을 실천하라.

나는 그림자에 대한 해결책으로 통합에 대한 비전을 제시했다. 삶이 선과 악으로 분리된 그 순간, 자아도 그것을 따라 한다. 분열된 자아는 자기 자신을 전체로 만들 수 없다. 거기에는 분명 이미 전체로서의 또 다른 삶의 수준이 있을 것이다. 보이지 않는 세계에 시선을 쏟았던 인도의 현자들은 그것이 말로는 다 할 수 없는 것이라는 사실을 깨달았다. "그것을 아는 자들은 그것에 대해 말하지 않는다. 그것을 말하는 자들은 그것에 대해 알지 못한다."라는 말을 최초로 선언했던 것은 수천 년 전의 베다 경전들이었다.

하지만 당연하게도 사람들은 이러한 가르침을 듣고 흥분하지 않았다. 그들은 자신들의 일상적인 문제에 대한 도움을 원했던 것이었다. 어떤 비전을 실행으로 옮길 수 없다면, 그것은 무미건조하고 쓸모가 없는 것이다. 고대의 현자들이 청중들을 좌절시키려고 했던 것은 아니다. 그 반대에 가깝다. 그들은 신뢰할 만한 지도를 주려던 것이었고, 그 지도가 안내하는 곳은 의식을 통합하는 것이다. 이 책에서 나의 목표는 그와 똑같은 지도를 생생하고 현대적인 색채로 그려내는 것이었다. 이제 그 지도를 따라가는 것은 당신에게 달려 있다. 그림자는 두려운 상대가 아니라 가치 있는 상대다. 그것이 강력한 만큼 전체성의 힘은 그것보다 한없이 커진다. 그리고 창조의 기적에 의해, 그것은 당신의 손 안에 놓여 있다.

Part 2
우리 자신, 타자 그리고 세상과 화해하기

데비 포드Debbie Ford

인간과 인간 정신에 대한 이야기는 우리의 존재가 시작된 이래 끊임없이 검증되고, 연구되고 글로 쓰여 왔다. 비록 그것이 뛰어난 사상가들에게 의해 연구되고 해부되고, 위대한 지성들에 의해 탐색되고 설명되었다 할지라도 우리 대부분은 친구와 가족, 우상 그리고 대개는 자신의 행동에 의해 당혹해하면서 여전히 어둠 속에서 살고 있다. 자신이 처한 삶의 조건에 실망하면서도, 우리는 우리의 더 어두운 충동과 나쁜 행동들이 기적적으로 사라지기를 바라며 매일매일 앞으로 나아간다.

떨쳐버릴 수 없을 것 같은 결함들에 의해 계속해서 상처받으며, 우리는 미루는 버릇, 과소비, 초콜릿, 분노 혹은 날이 선 혀를 포기할 수 있는 용기를 구하면서 묵묵히 기도한다. 하지만 우리는 계속해서 더 낮은 충동에 굴복하고, 우리 자신의 욕망을 파괴하고, 우리의 미래를 방치한다. 불만족을 감추려는 시도로 행복한 얼굴을 띠고, '만사가 다 괜찮아' 보이게 하려고 애쓰면서, 끊임없이 자존감을 손상시키고, 잘 세운 계획을 망치는 행동을 한다.

아이들을 기르고, 성공을 추구하고, 휴가나 은퇴를 위해 충분한 돈을 비축하느라 고군분투하는 과정에서, 우리의 성장을 도울 바로 그 질문들에 대한 답변은 교묘하게 피해 간다. 자신을 이해하고 싶은 더 깊은 바람은, 매일의 뉴스와 가족의 문제, 건강의 위기 혹은 흔한 감기 속에 묻혀 버린다. 분개한 이웃, 불만스러운 옛날 애인 혹은 자기 길을 잃어버린 아이는 우리들로 하여금 우리가 원하는 것을 결코 가질 수도 없고 갖게 되지도 않을 것이라는 일그러진 믿음을 갖게 하면서 말 그대로 우리의 시간을 잡아먹고, 우리의 은행 잔고를 바닥낼 것이다. 우리는 때때로 지금 가진 것과 다른 것을 원했었다는 사실을 까먹기까지 한다. 해로운 기억의 반복은 우리가 수년간 거의 똑같은 것을 받아들이고 자신의 기대조차 만족시키지 못하는 그저 그런 존재로서 시간을 허비하도록 유혹할 수 있다.

불행히도 이런 생존의 방법은, 우리가 살도록 예정되어 있는 그 삶을 살 능력을 우리에게서 빼앗는다. 일상의 삶의 일부로서 표면화되는 감정적인 고통은 우리로 하여금 과거가 없었기를 바라게 하고, 미래에 대해 할 수 있는 것이 아무것도 없다는 태도를 갖게 만든다. 만일 우리가 속았다거나 기만당했다고 느낄 때, 혹은 자기답지 않은 행동을 했다고 느낄 때, 우리는 과거의 희생양이 되고, 다가올 것에 대해 아무런 희망도 갖지 못하게 된다. 냉소적이고 회의적인 채로 우리는 판단에 사로잡히게 되어, 자신의 문제에 대한 답을 찾기 위해 내면을 들여다보는 대신, 다른 사람에게 손가락을 겨누는 것을 선택한다. 자기 중심적인 자아의 로봇 같은 성질은 우리의 결백을 주장하고 다름을 선언함으로써 우리가 불안전감과 수치심을 느끼는 것을 극복하도록 돕기 위해 떨쳐 일어난다. 우리는 어떤 한 사람 또는 한 가지만 바꿀 수 있다면 기분이 나아질 것이라고 생각한다. 우리는 불평을 계속하는 그 한 가지 문제만 해결할 수 있다면, 혹은 분투해 온 그 한 가지만 얻을 수 있다면 행복할 것이라고 믿는다. 우리가 생각하는 자신과 진정으로 되고 싶은 자신 사이에 있는 장벽을 꿰뚫을 시간을 갖기보다는 마음속에 존재하는 자아의 미혹한 삶이 좌지우지하도록 허용한다.

삶에 대한 이러한 접근의 문제는, 그것이 우리가 진정한 자아를 발견하지 못하도록 막아 버리고, 그것이 우리에게 가장 중요한 삶의 영역들을 위험에 빠뜨린다. 우리가 어둠 속에 도사리고 있는 악마로부터 자신을 보호하느라 정신이 없을 때, 우리는 기쁘고, 충만한, 그리고 우리가 사랑하는 대상들과 깊이 연결되어 있는 느낌을 놓쳐 버리고 만다. 인간 본성의 더 어두운 반쪽을 숨기려는 의도 때문에 우리는 온전한 잠재력에 도달하고 삶의 깊이와 풍요로움을 경험하는 데 실패한다.

우리는 전체로 태어났지만 우리 대부분은 부분적인 인간으로 살고 있다. 우리 각자는 하나의 거대한 전체의 중요한 일부가 될 역량을 가지고 있다. 우리에게는 이 세계를 우리가 발견했던 것보다 더 나은 장소로 물려줄 수 있는 역량이 있다. 우리는 진정한 본성을 발견하게 되어 있다. 그것은 우리가 자신으로부터 영감을 얻고, 밝아지고, 흥미를 느끼고, 자신이 어떤 사람인지에 대해 신바람이 나는 존재의 상태다. 우리는 역경을 극복하게 되어 있다. 그리고 환상에서 나온 자아가 아닌, 자신의 가장 위대하고 독특한 영혼을 드러내게 되어 있다. 우리의 삶에 대한 크고 과장된 환상들은 실현되지 못한 잠재력의 고통에서 나온다. 하지만 진정한 꿈들은 우리가 기꺼이 그것을 위해 일하려고 하고, 싸우려고 하고, 밤늦도록 깨어 있으려고 하는 실제reality다. 이것은 우리가 가 닿을 수 있는 곳 안에 있는 미래다. 그리고 우리에게서 그 미래를 빼앗을 수 있는 단 하나의 것이 있다. 그것은 우리의 그림자이며, 우리의 어두운 곳, 비밀, 억압된 느낌 그리고 숨겨진 충동들이다.

스위스의 위대한 심리학자 융C. G. Jung은, 그림자란 우리가 되고 싶지 않는 그 사람이라고 말한다. 그림자는 우리가 가족 가운데 가장 많이 판단하는 사람, 우리가 비난하는 행동을 하는 공무원, 역겨워서 고개를 가로젓게 만드는 유명인 속에서 보일 수 있다. 만일 이것을 제대로 이해한다면, 우리는 그림자가 다른 사람들이나 자신에 대해 우리를 짜증 나게 하고, 두렵게 하고, 혹은 역겹게 하는 모든 것이라는, 놀랄 만한 그리고 때로는 정신이 번쩍 들게 하는 깨달음에 도달하게 된다. 그러한 깨달음을 가지고, 우리는 그림자는 우리가 사랑하는 사람들로부터 숨기려고 노력하는 모든 것, 그리고 다른 사람들이 우리에 대해서 알게 되기를 원치 않는 모든 것을 보기 시작한다.

우리의 그림자는 받아들이기에 너무 고통스럽고 창피하고 불쾌한 생각, 감정 그리고 충동들로 이루어져 있다. 그래서 우리는 그것들을 다루는 대신에 억누르게 된다. 그것들이 주는 부담과 수치심을 느끼지 않도록 우리 정신의 어느 부분에 밀폐한다. 시인이자 작가인 로버트 블라이Robert Bly는, 그림자를 우리가 각자의 등에 지고 다니는 보이지 않는 가방이라고 묘사한다. 우리는 자라면서 가족이나 친구들에게 받아들여질 수 없는 자신의 부분들을 그 가방에 넣어 둔다. 블라이는 우리가 삶의 처음 몇십 년은 그 가방을 채우는 데 보내고, 남은 생애 동안에는 우리가 숨겨 왔던 모든 것을 끄집어 내는 데 보낸다고 믿는다.

결코 충실히 지킬 수 없는 가식적인 규칙들의 모음과 미사여구로 가득 찬 그림자는, 우리가 어떤 사람들은 미화하고 다른 사람들은 악마로 만들게 한다. 그것은 우리를 어리석다고 한 선생님, 우리를 놀리고 괴롭혔던 사람 혹은 우리를 버린 첫사랑에게서 시작되었다. 우리는 고통으로 가득 차고 수치심으로 가득 찬 순간들을 감추고 억눌러 왔다. 그리고 이 감정들은 오랜 시간 동안 우리의 그림자로 딱딱하게 변해 간다. 이것들은 표현되지 않은 두려움, 끔찍한 수치심, 신경을 갉아먹는 죄책감이다. 이것들은 우리가 결코 마주하지 않은 과거의 모든 문제다. 우리의 그림자는 어느 결정적인 한순간에서 생겼을 수 있고 대부분은 그렇다. 하지만 여러 해 동안의 부정으로 인해 축적되어 왔을 수도 있다. 그림자가 형태를 갖추게 되면, 우리는 우리의 진정한 본성의 근본적인 부분으로 통하는 통로를 잃어버리기 시작한다. 우리가 단절해 온 우리의 위대함, 자비 그리고 진정성은 우리 자신의 밑바닥에 묻히게 된다. 그때 우리의 그림자는 우위를 점한다. 그것은 우리를 속여 자신이 너무 무가치하고, 무능력하며, 자격이 없고, 사랑스럽지 않다거나 스스로의 삶의 슈퍼스타가 되기에는 너무 어리석다는 것을 믿게 만들 수 있다.

우리를 진정한 자아로부터 차단시키는 것은 바로 우리의 어두운 측면, 우리 성격의 억압되고 단절된 영역들이다. 사실 수치심으로 감추어진 것이나 두려움으로 부정되어 온 것이 무엇이든, 그것은 우리의 한계로 인해서 만들어지거나 치유되지 않은 과거의 상처가 아니다. 오히려 우리가 자랑스럽게 느끼고, 우리에게 영감을 주고, 위대한 비전과 목적을 가지고 행동하도록 나아가게 하는 자아를 여는 열쇠를 쥐고 있다. 바로 이것 때문에 우리는 그림자를 탐색해야만 한다. 바로 이것 때문에 우리는 우리의 진정한 본질인 전체적인 자아를 드러내고 되찾아야만 한다. 바로 이것 때문에 우리는 자기 삶의 기초를 살피기 위하여 내면을 들여다보아야 한다. 여기 감추어진 것은 청사진이고, 견본이고, 진정한 자아의 비전이다.

그림자에 대한 나의 연구는 내가 어설픈 사춘기 이전의 시절을 거쳐 예쁜 10대 소녀로 이행할 때 시작되었다. 혼란스럽고 외로웠던 나는 어울리기 위한 여정을 시작했다. 친구가 되거나 여자 친구가 되는 것에서부터 여동생이 되거나 딸이 되는 것에 이르기까지, 모든 것에 대해 불안전함으로 가득 차 있었다는 사실에도 불구하고 나는 스스로에 대해 좋게 느끼기 위해 열심히 노력했다. 나는 내 존재에 대해 왜 그렇게도 기분이 좋지 않았는지를 이해하기 위해서 싸웠다. 나를 능가하는 것 같았던—심지어 열두 살이라는 어린 나이에—내 머릿속의 목소리는 어두운 생각들과 부정적인 피드백의 끊임없는 고리들, "너는 왜 그런 말을 했어?" "어리석게 굴지 마. 그 애는 결코 너를 좋아하지 않을 거야." "너는 바보야." "너무 자신만만하게 보이지 마. 사람들이 너를 질투할 거야." 등으로 나를 채웠다. 나는 내 머릿속에 있는 이런 목소리를 듣는 것이 이상하고 혼란스럽다고 느꼈다. 왜냐하면 그것들은 어느 순간 내게 버릇없고 형편없는 애일 뿐이라고 말했다가, 다음 순간에는 다른 누구보다도 더 낫고, 더 예쁘고, 더 똑똑하고, 더 재능이 있다는 확신을 심어 주었기 때문이다.

내 정신 안에서 내면의 전쟁이 계속되었다. 맨 처음 그것은 "너는 대단해!"라고 했다가 그다음에는 "너는 조그만 거짓말쟁이에 불과해."라고 하거나, "모두가 너를 좋아해. 왜냐하면 네가 친절하고 따뜻하기 때문이야."라고 했다가, 몇 분이 지나서는 "너는 어떤 친구도 가질 자격이 없는 인정 없는 애야."라고 말했다. 이러한 목소리들은 내가 누구인지에 관해 나를 완전히 혼란에 빠뜨렸다. 긍정적인 메시지와 부정적인 경고의 공존은 내 안에 너무 큰 혼란을 일으켜서, 나는 발작적으로 울고 있거나 아니면 나의 사랑을 기꺼이 받으려고 하는 그 누군가에게 좋은 느낌을 퍼뜨리기 위해 길을 나서고 있었다. 그즈음에 사람들은 그것을 호르몬이라고 불렀다. 변덕스러운 행동은 내 또래의 여자애에게 예상되는 것이었지만, 내 경우는 좀 더 멜로드라마 같았고, 그것은 내게 동네의 호들갑 떠는 애라는 별명을 가져다주었다. 마침내 나는 미인 대회에서 당선되었다. 다만, 이 왕관은 가족들의 많은 부정적인 투사, 그리고 나의 개인적인 수치심을 공유하도록 허락된 친지들의 숱한 웃음과 함께 왔다. 내가 분명 무엇인가 잘못되었고 그것을 고치기 위해 내가 할 수 있는 것은 아무것도 없다는 결론에 이르게 될 때까지 나는 내 안의 소리들에 대해 점점 무력하다고 느끼기 시작했다. 나는 내가 정말로 괜찮다고 스스로를 확신시키려고 노력함으로써 이 목소리들을 침묵하게 하고 잠재우기 위해 나의 온 힘을 다 했다. 좋은 노래를 듣거나 친구들과 노는 데 푹 빠질 만큼 충분히 운이 좋지 않은 한, 나의 평화와 행복의 순간들은 점점 더 줄어들게 되었다. 하지만 샤워의 고요함 속에서, 혹은 학교에 가느라 서두르는 이른 아침에, 마음속에서 괴롭히는 것들의 올가미로부터 자유로워지는 것은 점점 더 어려운 일이 되었다. 그것들의 목소리는 음정이 맞지 않는 교회의 성가대 소리처럼 들렸다. 자신에게 자비롭고 친절하고 부드럽게 느끼는 대신, 나는 희망이 없다고 느꼈고 적대적이고 화가 나 있었다.

내면의 불안이 일어날 때 나는 그 보기 싫은 좁은 마음을 고요하게 하고 스스로에 대해 더 낫다고 느끼게 만들 어떤 것을 찾기 시작했다. 기분 좋은 순간들에 대한 나의 탐색은 특정한 음식과 함께 시작되었고, 사라 리의 브라우니와 1리터의 콜라가 효험이 있는 것 같았다. 나는 저녁 식사 시간에 부모님의 방에 슬그머니 들어가 지갑을 뒤지고 매일매일의 해결책을 사는 데 필요한 동전을 훔치는 법을 배웠다. 그것은 아주 쉽게 시작되었다. 왜냐하면 세븐 일레븐이 플로리다 할리우드 46번가의 우리 집 건너편에 있었기 때문이다.

몇 달이 흐르면서 그러한 해결책으로는 충분하지 않았다. 내면의 시끄럽고 어두운 목소리들은 설탕이 만들어 낸 기분 좋은 순간들로 살그머니 들어오는 법을 배웠다. 나는 이 원치 않는 침입들에 대처하고 내 얼굴에 미소를 되찾아 줄 다른 것을 찾아야만 했다. 비록 그 미소들이 때때로 "네 얼굴에서 그 미소 따위는 걷어치워."라고 위협하는 내면의 목소리들을 만나게 된다 할지라도…….

기분 좋게 느끼고 싶은 내면의 허기는 곧, 남들이 좋아하는 사람이 되어야 할 필요 혹은 착하거나 '괜찮은 젊은 숙녀'로 인식되어야 할 필요보다 훨씬 더 커졌다. 나는 내가 어떻게 느꼈는지를 바꾸어야만 한다는 충동에 사로잡혔다. 나의 설탕 중독은 내가 첫 번째 담배를 꺼내 들었을 때와 처음으로 마약을 시도해 봤을 때 재빨리 더 큰 것으로 바뀌었다. 그리고 내게 결코 맞지 않았던 마리화나는 알약이나 진정제로 대체되었다. 이것들은 다시 환각물질로 악화되었고 결국 나를 또 다른 약물 과잉에 이르게 했다. 내가 약물을 통해서, 그 당시 거의 모든 팝송의 만트라였던 완전한 평화의 순간들을 만드는 데 성공했을 때, 나는 기분이 좋기 위해서는 기분을 더 낫게 만들 무엇인가를 바깥에서 찾아야만 한다고 말하는 사고와 행동 방식이 내 정신 속 깊이 스며들게 했다.

시간이 흐르면서 나는 내 행동에 자주 나타나는 무서운 충동들은 살피고 표현되어야 하는 것이 아니라, 어떤 대가를 치르더라도 감춰지고 억압되어야 하는 것이라는 사실을 배웠다. 나는 한때 나였던 순진무구한 아이의 겉모습에서 서서히 멀어져 갔고 자신감과 성공을 발산하는 외향적인 페르소나를 만들었다. 내가 나를 사로잡는 어떤 어둠 속에 빠져 있을 때 수치심과 무가치함이라는 느낌을 감추려는 나의 충동은 더욱 더 강해졌다. 나는 매력적이고, 다정하고, 세상 이치에 밝고, 바깥세상에서 요령 있는 사람이 됨으로써 나의 약점을 과잉보상하기 시작했다. 비록 교실에서 선생님의 말보다는 마음속에 있는 미치광이에 귀를 기울이느라 너무 바빠서 학교생활에 아주 어려움을 겪긴 했지만, 나는 똑똑해 보이는 외양 속에 나 자신을 포장했고, 자기 의견을 고집하며 모든 것을 다 아는 척했다. 그리고 나를 포함한 모든 사람을 다 속여서 내가 린다 포드와 마이클 포드의 멍청한 동생이 아니라는 것을 믿게 할 수 있기를 바랐다.

나는 부잣집 여자애들이 어떤 옷을 입는지를 보고 부모님에게 짝퉁을 사 달라고 조르거나 아니면 내가 갖지 못한 것을 훔치기 위해 토요일 아침에 쇼핑몰에서 아이들을 만났다. 그래서 그 누구도 내가 중산층 유대교 가정 출신이라는 것을 알지 못하게 했다. 나는 유대인 소녀라는 것이 멋있는 일이라고 생각하지 않았고, 유대인 소녀에 대한 험악한 농담을 충분하고도 남을 만큼 들었다. 그래서 나는 동네의 쉭사들shikas*이 어떻게 행동하는지를 연구했고, 그들의 특징이나 행동의 일부를 본떠서, 내 내면의 결함과 불전체성을 감추기 위해 세심하게 고안된 가면의 일부로 만들었다.

그것은 당시 내가 하고 있다는 것을 알지도 못했던 게임이었다. 만일 에고ego의 이상에 받아들여질 수 없는 어떤 것을 나에게서 발견했다면, 나는 어떤 사람이 받아들여질 수 있었는지를 보기 위해 바깥세상을 살펴보았다. 그리고 진정한 예술가의 감수성으로 새로운 나를 빚어냈고, 나는 되는 것이 두려웠던 사람이 아닌 되고 싶었던 사람이라는 환상을 심어 주었다. 문제는 내가 두려워하고 수치스러워했던 나 자신의 부분들을 상쇄하기 위해 아무리 애를 써도, 마음의 고요 속에서는 공적인 가면 아래 있는 나의 진실을 알고 있었다는 것이다.

---

*역자 주 – 대개 북미 유대교 문화에서 유대인이 아닌 소녀나 여성을 폄하하여 일컫는 말이다.

비록 어떤 사람들은 내가 꾸며 미화된 행동을 꿰뚫어 볼 수 있었지만 대부분의 경우 나는 성공적인 사람이 되었다. 왜냐하면 내가 주변 사람들을 속일 수 있었기 때문이다.

나는 사람들을 속여 교묘한 속임수로 꾸며 낸 나의 행동을 믿게 만들었다. 미소를 짓고, 내가 그 날 이룬 많은 것에 대해 반복해서 말함으로써 나는 내 행복한 삶에 사람들이 들어오게 할 수 있었다. 아니면 내가 가장 좋아하는 또 하나의 이야기, "문제는 나야."로 그들을 초대할 수 있었다. 거기에서 나는 도움이 필요한 여자의 역할을 했다. 어느 쪽이든 나는 다른 사람들로부터, 무엇보다도, 나 자신으로부터 숨는 데 도사가 되었다. 나는 내가 누구인지 혹은 내가 진정으로 원하는 것이 무엇인지를 알지 못했다. 나는 무엇이 나를 진정으로 행복하게 하는지 혹은 무엇이 나를 텅 비고 아무 감정도 없는 것처럼 느끼게 하는지를 알지 못했다. 모든 오만 속에서, 내가 통제를 잘하고 있는 사람이라고 믿고 있었지만, 실은 나의 그림자가 나를 지배하고 있었다. 나의 페르소나가 부서질 때까지 정말 나의 어두운 면이 승리했다.

내가 스물일곱 살이 되었을 때 나는 땅바닥에 넘어져 다시는 일어서지 못하는 동요 속 주인공처럼 "난 모든 것을 한꺼번에 가졌어."라며 똑똑한 체하는 페르소나를 다 빼앗기고, 약물치료센터의 바닥에서 울부짖는 모습으로 남겨졌다. 내가 진정한 데비 포드—재능, 강인함 그리고 깊이 숨겨진 내면의 요구들뿐만 아니라 모든 결함, 약점, 단절했던 자질들을 다 갖고 있는—와 얼굴을 마주하게 된 것은 바로 그곳이었다. 나는 바로 그곳에서 내가 상상할 수 있었던 사람 이상이라는 것, 나도 역시 자신의 어두운 면 그리고 인간의 취약성과 화해하기 위해 분투하는 60억의 사람들 가운데 한 사람일 뿐이라는 사실을 알게 되었다.

내가 누구였고, 무엇이었는지를, 그리고 내가 했던 것들을 왜 해야 한다고 충동을 느꼈는지를 배우는 데 전념했던 시간은 나 자신과의 매우 겸허한 만남을 주었다. 내가 인간의 그림자와 그것이 나와 나를 둘러싼 사람들의 삶에 미친 영향을 이해하기 시작한 것은—단지 책 속의 이론으로서가 아니라 자신의 원치 않은 느낌들과 깊은 불안전함에 맞서 힘든 시간을 보낸 한 여자로서—내 인생에서 바로 그 중요한 시기였다.

내가 누구인지 혹은 왜 여기에 있는지를 이해하지 못하는 데서 온 깊은 외로움에 이끌려, 나는 나의 어두운 측면, 그림자 자아와 친밀해지는 여행을 시작했다. 이 성찰의 순간은 나의 상상을 초월해서 삶을 사는 데 큰 영향을 미쳤다. 그것은 나 자신의 인간 행동만이 아닌 수십만의 사람들의 행동을 연구하고, 고심하고, 거기에 머물도록 나를 이끌었다. 나는 개척되지 않은 자아의 영역과 아직 살아보지 못한 삶의 눈부시게 아름다운 발견으로 사람을 안내하는 특권을 누려 왔다.

지난 일곱 권의 책들에서 내가 나누어 온 지혜로 나를 이끈 것은 나의 빛이 아니라 어두운 면과의 싸움(그리고 내면의 전쟁에서의 궁극적인 투항)이었다. 그것은 나의 길잡이가 되어 왔고 지속적으로 나에게 영감을 주었다. 내가 도망치면서 내 인생의 첫 부분을 보낸 것은 바로 그 어둠이었다. 이제는 그 어둠이, 인간 정신을 통한 이 마술 같은 여행 속에서 다른 사람들을 이끌어 그들의 가장 위대한 표현의 빛 속에서 살게 하는 나의 열정이고 에너지다. 그것은 정신적인 부름이고 내가 사람들에게 이런 질문을 던지게 하는 더 높은 음성이다. 당신은 자신의 모든 것, 빛과 어둠, 착한 자아와 사악한 자아라는 쌍둥이를 되찾기 위한 이 여행을 시작할 준비가 되었는가? 당신은 일관성이 없는 인간의 에고ego의 재단하기 좋아하는 불안 속에 갇혀 있는 대신, 진실하고 전체적이며 진정한 자아의 사랑으로 돌아갈 준비가 되었는가?

자신의 그림자와 친밀해지는 것은 당신이 시작할 수 있는 가장 멋지고 보람 있는 탐구 가운데 하나. 그것은 당신이 가장 진정한 자아를 찾도록 당신을 이끌어 주는 신비로운 여행이다. 그곳에서 당신은 있는 그대로의 자신을 편안하게 느끼고, 단점과 강점을 인지하고, 당신의 재능을 누릴 수 있고, 당신의 불완전함을 인정하고, 당신의 위대함을 감탄할 수 있다. 당신의 인간적인 페르소나의 가면 아래 숨어 있는 이 자아는 당신이 열광적으로 되고자 하는 자아이고, 당신이 되고자 하는 자아가 어떤 자아인지를 알고, 인간적인 여행을 찬미하는 자아다. 당신의 숨겨지고 부정된 측면들을 더 많이 포용할수록 당신이 발견하게 될 이 자아는, 당신에게 진실을 말하고 당신이 진정으로 중요한 것을 추구할 수 있는 자신감을 준다. 진정한 삶을 살 용기를 찾기 위해서 가장 진정하지 않은 자아의 어두운 방으로 들어가야만 한다는 것은 역설적이다. 당신이 추구해 왔던 것을 발견하기 위해 당신은 자신이 가장 두려워하는 부분들을 마주해야만 한다. 왜냐하면 당신이 어둠을 감추게 만든 메커니즘은 빛을 숨기게 만든 것과 똑같은 메커니즘이기 때문이다. 당신이 숨겨 왔던 바로 그것이 사실은 당신이 얻기 위해서 그토록 애써 왔던 것을 줄 수 있다.

그림자의 영향

그림자는 우리의 정신 깊은 곳에 있는 보이지 않는 집에 있으면서, 우리 삶에 막강한 힘을 행사한다. 그림자는 우리가 할 수 있는 것과 할 수 없는 것을 결정하고, 저항할 수 없이 이끌리는 것과 회피하기 위해서라면 거의 어떤 것이라도 다 하게 만드는 것들을 결정한다. 그림자는 우리의 이끌림과 혐오의 신비를 설명하고, 우리가 무엇을 사랑할 것인지, 무엇을 판단하고 비판할 것인지를 결정한다. 우리의 그림자는 우리가 어떤 인종과 계급의 사람들을 인정하고 관계를 맺을지, 종교적일지 아니면 무신론자일지, 어떤 당을 찍을지, 어떤 명분을 지지하고 어떤 명분을 무시할지에 영향을 미친다. 그림자는 우리가 얼마만큼의 돈을 벌 자격이 있는지를 말해 주고, 그것을 지혜롭게 쓸 것인지 아니면 낭비해 버릴 것인지를 결정한다. 우리가 얼마만큼의 성공을 거둘 자격이 있는지 혹은 얼마나 많은 실패를 겪을 운명인지를 결정하는 것은 우리의 그림자, 숨은 자아다. 그림자는 우리가 자기 몸을 얼마나 많이 보살피거나 소홀히 할지, 배 둘레에 얼마나 많은 살을 출렁이게 하며 다닐지, 그리고 어느 정도의 즐거움을 느끼고, 주고받도록 자신에게 허락할지를 결정한다. 그림자는 일에서 사랑에 이르는 모든 것에서 우리가 맹목적으로 따를 이미 정해진 역할을 던져 준다. 그림자는 우리가 모르는 사이에 쓰여진 대본의 작가다. 그 대본은 두려움, 고통 혹은 갈등의 시간에 또는 우리가 그저 자동적으로 우리의 일을 하고 있을 때 갑자기 행동하기 시작한다. 만일 살피지 않은 채 남겨두면, 그림자는 가장 뜻밖의 순간에, 우리가 그것을 가장 원하지 않을 때 어둠 속에서 나와 우리의 삶을 방해한다.

그림자는 우리가 아이들을 존중할 것인지 아닌지, 그들이 독립적이고 유능한 성인으로 자랄 것이라고 믿을지 말지, 또는 우리가 이루지 못한 모든 것을 그들이 대신 이루도록 그들을 만들려고 애쓸 것인지 말지를 결정한다. 막다른 상황에 몰릴 때 우리는 분노로 날뛸 것인가? 아니면 앙심에 가득 찬 침묵으로 물러날 것인가? 그림자는 우리의 모든 행동을 예측할 수 있고 오늘의 우리를 만든 것이 무엇인지를 드러낼 수 있는 현자다. 그것은 우리가 생산적이고 사회에 영감을 주는 구성원일지 아니면 보이지 않는 길 잃은 영혼일지를 결정한다. 우리가 우리의 어두운 면을 드러낼 때, 우리는 우리의 개인적인 역사가 어떻게 우리 주변 사람들을 대하고, 또 우리가 우리 자신을 다루는 방식을 좌우하는지를 이해하게 된다. 바로 이것 때문에 그 어두운 면의 가면을 벗기고 그것을 이해하는 것이 꼭 필요한 것이다. 이렇게 하기 위해서 우리는 숨겨 온 것을 드러내고, 우리가 혐오하는 바로 그 충동, 특성들과 친구가 되어야 한다.

우리의 그림자는 우리가 행복하고 성공적이고 스트레스가 없는 삶을 살 것인지 또는 살림살이, 관계, 경력, 성질, 성실성, 자기 이미지 혹은 중독 같은 것들로 고충을 겪을 것인지를 결정한다. 주역I Ching은 "우리가 아무런 자기 기만이나 환상 없이, 사물을 정확히 있는 그대로 직면할 수 있는 용기를 갖게 되는 오직 그때, 한 줄기 빛이 사건들로부터 솟아나고, 그것에 의해 성공으로 가는 길이 인식될 것이다."라고 말한다. 자기 발견의 문은 오직 우리의 악마를 직면하는 일에 흔들리지 않고 전념하며 현존하는 곳에서만 열린다.

어두운 면에 들어가는 여행은 잠깐 몸을 담그는 것이나 오후의 정사 같은 것으로 할 수 없다. 그림자를 완전하게 이해하기 위해서는 우리가 안다고 생각하는 것을 기꺼이 내려놓을 필요가 있다. 그것은 우리에 갇힌 사자가 우리 스스로 아주 오래전에 걸어 잠근 지하실 방을 열어젖히고 나오는 힘을 필요로 한다. 아주 좋은 소식은 우리가 진화하고, 성장하고, 열리고, 확장하고, 전체적으로 되려는 불타는 욕망을 갖고 태어났다는 것이다. 그리고 나는 더 큰 존재가 되고, 더 많이 갖고, 더 많이 경험하기를 비밀스럽게 열망하는 그런 곳을, 우리 모두가 최소한 하나씩은 갖고 있다는 것을 주장하려고 한다. 우리가 무의식적인 마음의 어둡고 후미진 곳으로부터 우리의 힘을 되찾기를 바라는 우리 자신의 그림자가 참을성 있게 기다리고 있는 곳이 바로 여기다.

우리가 처음으로 어두운 면과 접촉하게 될 때, 첫 번째 본능은 고개를 돌리는 것이고, 두 번째 본능은 그냥 내버려 두어 달라고 그것과 타협하는 것이다. 우리 가운데 많은 사람은 단지 그렇게 하기 위한 노력 속에서 엄청난 시간과 돈을 써 왔다. 역설적이게도 가장 많은 관심을 필요로 하는 것은 이런 숨겨진 측면들과 거부된 느낌들이다. 우리가 좋아하지 않는 자신의 그런 부분들을 가두어 버렸을 때, 우리는 알지 못하는 사이에 자신의 가장 가치 있는 선물을 밀폐해 버린 것이다. 그림자 작업의 이유는 전체가 되기 위한 것이고, 고통을 멈추기 위한 것이며, 자신으로부터 숨는 것을 그치기 위한 것이다. 우리가 한 번 이렇게 하고 나면 나머지 세상으로부터 숨는 것을 멈출 수 있다.

우리는 투명한 삶을 사는 자유로움을 알기 위해서는 우리의 그림자를 포용해야만 한다. 우리가 드러내지 않으려고 열심히 노력해 왔던 바로 그 사람을 노출시킴으로써 우리는 우리의 공개적인 페르소나가 드러날 것이라는 두려움에 사로잡히지 않고, 다른 사람들을 우리의 삶속으로 초대할 만큼—다른 사람으로 하여금 우리의 살림살이, 여가 그리고 관계에 대해 알게 함—충분히 자유로움을 느끼게 된다. 우리의 귀중한 에너지가 자기 파괴적인 충동으로부터 숨거나 그것을 보상하려고 지나치게 애쓰는 데 매여 있지 않을 때, 우리는 고무적인 미래를 위해 흔들림 없는 토대를 구축하는 데 필요한 명료함과 동기를 갖게 될 것이다.

이원적인 자아

그림자는 잠복해 있고, 기만하고, 숨는다. 그리고 우리가 할 수 있는 것과 할 수 없는 것을 믿도록 속인다. 그것은 우리가 담배를 피우고 도박을 하고 술을 마시게 만든다. 그리고 다음 날 아침 기분이 나빠지게 만들 음식을 먹게 한다. 우리의 그림자는 가식적인 행동을 낳고, 그것은 우리가 자신의 개인적인 경계와 진실성을 침해하게 만든다. 그것은 오직 자각awareness의 빛 속으로 가져와서, 우리가 무엇으로 만들어졌는가를 조사해야만 하는 무시할 수 없는 힘이다. 우리는 인간의 모든 특성과 감정을 가지고 있다. 그것이 능동적인 것이든 잠재적인 것이든, 의식적인 것이든 무의식적인 것이든……. 거기에 우리가 아닌 것이라고 지각할 수 있는 것은 아무것도 없다. 우리는 좋다고 생각할 수 있고 나쁘다고 생각할 수도 있는 모든 것이다. 만일 우리가 두려움을 알지 못했다면 어떻게 용기를 알 수 있겠는가? 만일 우리가 슬픔을 한 번도 경험해 보지 않았다면 어떻게 행복을 알 수 있겠는가? 우리가 어둠을 알지 못했다면 어떻게 빛을 알 수 있겠는가?

이 모든 반대되는 것들의 짝은 우리 안에 존재한다. 그 까닭은 우리가 반대되는 힘들로 이루어진 이원적인 존재이기 때문이다. 이것은 다른 사람에게서 볼 수 있는 모든 자질이 우리 안에도 있다는 것을 의미한다. 우리는 대우주의 소우주다. 그것은 우리의 DNA 구조 속에 모든 특성이 각인되어 있음을 뜻한다. 우리는 가장 위대한 무아의 행위와 가장 파괴적이고 자기 처벌적인 행위를 다 할 수 있다. 완전한 자각의 빛 속에서 관찰하면, 그림자는 우리의 인간적인 자아와 성스러운 자아에 대한 이원성과 진실을 드러낸다. 왜냐하면 이 둘은 하나의 전체적인 진정한 인간 존재의 필수적인 구성요소라는 사실이 증명되었기 때문이다.

우리는 우리 자신에 대한 모든 것—성격의 좋고 나쁜 점, 밝은 면과 어두운 면, 이타심과 이기심, 정직한 부분과 정직하지 않는 부분—을 드러내고, 소유하고, 포용해야만 한다. 이 모든 부분을 가져야 하고, 전체적으로 되는 것은 우리의 타고난 권리다. 그러나 그렇게 하기 위해서는 반드시 우리 자신을 정직하게 바라보아야 하고, 판단하는 마음에서 벗어나야 한다. 우리는 여기서 우리의 가슴을 여는, 즉 삶을 바꾸는 인식의 변화를 갖게 된다.

좋은 소식은 우리 자신의 모든 측면은 선물을 함께 가지고 온다는 것이다. 우리가 가지고 있는 모든 감정과 특성은 우리를 도와 하나됨으로 돌아가는 길을 보여 준다. 우리의 어두운 면은 우리의 어느 부분이 불완전한가를 알려 주기 위해 존재하고, 다른 사람뿐만 아니라 우리 자신을 향한 사랑과 연민, 그리고 용서를 가르쳐 주기 위해 존재한다. 그림자가 수용될 때, 그림자는 우리의 가슴을 치유하고, 새로운 가능성, 새로운 행동 그리고 새로운 미래로 향할 수 있도록 길을 열어 준다. 우리가 그림자와 숨겨진 감정, 그리고 생명을 잠식하는 믿음들을 의식적인 자각의 빛 속으로 가져올 때, 그것은 우리 자신과 타인 그리고 세상을 바라보는 우리의 방식을 변화시킬 것이다. 그때 우리는 자유롭다.

그림자를 다루는 것은 콤플렉스지만 사랑으로 돌아가는 것을 보장하는 여행이다. 단지 다른 사람에 대한 사랑뿐만 아니라 당신과 내 안에 있는 각각의 모든 특성에 대한 사랑까지도……. 그 사랑은 우리가 인간성의 풍요로움과 신성의 고귀함을 포용하도록 허락하는 것이다. 우리 내면의 악마를 직면하고 나면, 다른 사람들에게도 존재하는 어두운 측면의 현존에 대해서도 우리의 마음은 평화와 연민으로 채워지게 된다. 우리는 비하하는 판단과 성난 가슴을 용서하고 내려놓을 수 있다. 우리는 간디의 겸허함과 마틴 루서 킹의 관용에 다가갈 수 있고, 우리를 사로잡는 문제를 다룰 강인함과 용기를 얻을 수 있다. 우리가 인간성이라는 보편적인 렌즈를 통해 사악함을 바라볼 수 있을 때, 그것은 전혀 새로운 의미를 띠게 된다. 어두운 면을 탐색하는 것은 우리가 하는 그 행위를 왜 하는지, 때때로 우리가 왜 의식적인 마음의 욕망과 정반대되는 방식으로 행동하는지, 그리고 왜 셀 수 없는 시간과 날들과 달들, 혹은 해들을 다른 사람에 대해 판단하고, 두통과 아픈 가슴과 병만 가져오는 원망에 집착하는지를 이해할 수 있는 관문이다.

우리 모두에게는 스스로 견디기에는 감정적인 고통이 너무 커서 그것을 그림자의 어둠 속에 억눌러 두었던 과거의 어느 순간이 있다. 이것은 피할 수 없는 삶의 부분이다. 우리는 달릴 수 있지만 숨을 수는 없다. 우리의 그림자는 언제나 어떤 외상의 경험이나 고통스러운 순간들이 모인 것에 연결되어 있다. 우리가 진정으로 자신의 그림자와 그것의 선물을 이해할 때, 거기에는 비난할 일도 없고, 탓할 부모나 스승, 과거도 없다. 왜냐하면 우리의 그림자는 특별한 미래로 가게 하는 통로이기 때문이다. 우리의 그림자가 어떻게 형성되었는지를 이해하는 것은 엄청난 개인적 힘과 깊은 지혜로 가는 문을 연다.

그림자의 탄생

그림자의 탄생은 우리가 어렸을 때, 즉 우리의 논리적 사고가 부모나 양육자, 그리고 가장 크게는 세상으로부터 받아들이는 메시지를 걸러낼 수 있을 만큼 충분히 발달하기 이전에 일어난다. 심지어 가장 훌륭한 양육자와 함께 있더라도 우리는 어떤 특성을 보였다는 것 때문에 피할 수 없이 수치심을 느낀다. 우리는 어떤 점이 잘못되었다거나, 어떤 면에서 우리가 나쁘다는 메시지를 받는다. 우리가 아이였을 때, 우리는 너무 시끄럽다는 말을 들었을 수도 있다. 그때 연약하고 아직 형성되지 않은 우리의 에고ego는 시끄럽게 해도 괜찮을 때가 있다는 사실을 알고 목소리를 낮추는 대신, 그 지적을 부끄러운 줄 모르는 자기표현은 잘못되었고 다른 사람에게 숨겨야 하는 것임을 의미한다고 받아들였을 것이다. 우리는 또 접시에 담긴 쿠키를 자기 몫보다 더 많이 챙겼기 때문에 이기적이라는 말을 들었을 수도 있다. 쿠키는 함께 나누는 것이라는 것을 이해하는 대신, 우리는 그 말을 우리의 이기심은 나쁜 것이고 제거해야만 되는 것으로 받아들였다. 혹은 우리가 초등학교 시절에 신바람이 나서 정답을 소리쳐 말했을 때 갑자기 모든 아이가 웃으면서 우리를 쳐다보았을 수도 있다. 우리는 그들과 함께 웃는 대신, 그것이 우리는 어리석었고 다시는 위험을 감수해서는 안 된다는 의미로 받아들였다. 이러한 부정적인 메시지들은 마치 컴퓨터 바이러스처럼 우리의 무의식 속에 각인되어, 우리 자신에 대한 인식을 바꾸고, 자신이나 타인이 받아들일 수 없다고 여기는 성격의 측면들을 스스로 닫아 버리게 만들었다.

우리의 어떤 행동이 거친 비판이나 무분별한 처벌을 받을 때마다 우리는 무의식적으로 우리의 진정한 자아, 우리의 진짜 자아로부터 분리되었다. 일단 이러한 부정적인 여과 장치들이 한번 견고하게 자리 잡으면 우리는 기쁨, 열정 그리고 다정한 가슴으로부터 분리된다. 정서적인 생존을 확실히 하기 위해서 우리는 받아들여질 수 있다고 믿는 종류의 자아가 되기 위해 진실한 자아를 덮으려고 노력하는 과정을 시작했다. 매번 거절될 때마다 우리는 더 부드럽고 더 예민한 가슴을 보호하기 위해서, 점점 더 두꺼운 보이지 않는 벽을 만들면서 더욱더 내면적인 분리를 만들어 냈다. 우리는 매일매일, 거듭되는 경험 속에서 알지 못하는 사이에, 우리의 거짓된 자아가 된 보이지 않는 요새를 구축했다. 제한된 표현이라는 이 요새는 우리의 본질을 가리고 우리의 취약성, 감수성을 감춘다. 그리고 종종 우리가 누구인지에 관한 진실을 알고 볼 수 있는 능력을 감춘다.

영향을 잘 받는 우리의 자아가 좀 더 경직된 에고ego의 이상으로 단단해지기 전에는 우리에게 인간성의 모든 측면을 표현할 수 있는 자유가 있었다. 우리에게는 삶의 어느 사건에든 여러 가지의 감정적 반응이 있었다. 수치심이나 판단으로 인한 부담 없이 우리는 자신의 모든 부분에 접근할 수 있었다. 이 자유는 우리가 언제든 스스로 원하는 사람이 될 수 있다는 것을 의미했다. 우리에게는 많은 사람이 원하는 관심의 대상이 되는 것이나, 질투로 가득 찬 사악한 이복동생의 역할을 하는 것을 가로막는 그 어떤 내면적인 구속도 없었다. 어떤 자질이 다른 것보다 더 낫다고 판단하는 것을 배우기 전에 우리는 우리 안에 깃든 표현의 전체 범위에 아무런 제한 없이 접근할 수 있었다. 그리고 옷을 갈아입는 것만큼이나 쉽게 우아함, 고상함, 용기, 창의성, 정직, 진실, 단호함, 섹시함, 힘, 탁월함, 탐욕, 겁박함, 게으름, 거만함 그리고 무능함에 다가갈 수 있었다.

우리가 자신의 모든 부분이 존재할 수 있도록 허락해 줄 때, 삶은 놀이였고 매일매일은 온전한 자기표현의 기회였다. 그리고 무엇보다도 만일 우리 삶의 이야기가 전개되는 방식이 마음에 들지 않았을 때, 우리가 해야 할 일은 방으로 가서 어깨에 망토를 두르고 새로운 캐릭터를 출현시키는 것이었다. 그리고 우리는 대본을 다시 쓸 수 있었고, 멋진 결말이나 전혀 새로운 이야기를 만들어 낼 수 있었다. 우리는 드라마를 코미디로 혹은 지루한 서사극을 환상적인 모험담으로 바꿀 수 있었다. 거기에는 셀 수 없는 가능성이 있었고 우리는 그 모든 것을 탐색하는 것에 호기심이 있었다.

그런데 그림자가 한번 탄생하면, 우리의 자기표현은 숨이 막히게 되고 더 심각한 것이 된다. 우리는 부모님과 선생님, 친구들과 사회로부터 사랑과 수용을 얻기 위해서는 미리 써진 특정한 대본을 따라야만 한다고 배웠다. 우리가 학교와 여러 매체에 노출되고 더 큰 반경의 사람들과 상호작용을 할 때, 우리는 어떤 행동의 특성들은 악마처럼 여겨지거나 비판되고 사랑과 수용이 거부되는 반면 다른 특성들은 우상화되고 집중적인 관심을 받는 것을 보았다. 이때부터 우리는 사회의 표준이나 자신의 에고ego의 이상에 맞지 않는 부분들로부터 스스로 거리를 두었다. 그리고 온갖 이유들로 점점 더 많은 부분들을 거부했다. 어떤 것들은 그것들이 너무 대담해 보여서, 다른 것들은 그것들이 너무 어리석거나 바보 같아서…….

우리는 이런 원치 않는 페르소나의 부분들을 없앨 방법을 찾기 위해 노력했다. 어느 날 우리가 너무 산란해져서 그것들이 존재한다는 것조차 잊을 때까지……. 우리의 많은 얼굴 가운데 세상에 어떤 것을 보여 주어야 할지에 대해서 모든 사람이 다른 메시지를 주는 상황에서, 우리에게는 자신의 진정한 본성을 신뢰하는 것보다 권위의 목소리를 듣는 것이 더 안전한 것이 되었다. 우리는 곧 오직 제한된 범위의 감정들만 가진 자신을 발견하게 되었다. 우리의 자기표현은 숨이 막혔고, 한때는 우리 앞에 있던 끝없는 가능성들이 이제는 단지 몇 개로 좁혀졌다. 우리는 삶을 닫아버릴 방법을 배웠고, 실제로 그렇게 하는 것이 편해졌다. 결국 우리는 주변 사람들에게 가장 잘 받아들여질 수 있다고 믿었던 내면의 특성과 자신을 동일시하게 되었다. 그리고 아마도 우리는 그 역할 가운데 어떤 것을 오늘도 여전히 하고 있을 것이다. 우리는 여기저기에서 약간의 변화를 도모할 수 있을 것이다. 하지만 정직한 시선으로 바라볼 때 우리가 자신을 완전히 새롭게 만든 적은 결코 없다는 것을 볼 수 있을 것이다. 아마도 우리는 대부분의 사람들과 같을 것이다. 우리는 자신을 조금 고치고, 우리 삶에서 잘 안 돌아가는 부분들을 땜질하고, 지금까지보다는 좀 더 새로운 종류의 자신을 만들어 낸다. 우리가 30대를 지나갈 때쯤, 우리 삶의 한 영역이나 더 많은 영역에서 우리가 선택할 것의 대부분은 이미 결정되어 있다. 심지어는 우리가 입는 옷, 먹는 음식, 찾는 오락의 종류 같은 것까지도……. 우리가 환상을 품는 것들은 반복적이고 단조롭기까지 하다.

우리가 더 현재에 머물고 더 깨어 있을 때, 우리는 스스로 만들어 낸 페르소나 안에 자신이 얼마나 갇혀 있는지, 얼마나 로봇 같은지를 보기 시작한다. 그리고 우리를 구속하는 그림자에 주도적으로 대처할 방법들을 선택할 수 있고, 그것으로부터 자유로워지려고 노력할 수 있다. 만일 우리가 이 그림자들을 다루지 않고 아무 실수도 하지 않는다면, 그것들이 우리를 휘두를 것이다. 그것들은 우리의 관계에 나타나서 사랑하는 사람에게서 우리를 떼어 놓을 것이고, 몇 년 전에 흥미를 잃은 직업이나 삶의 방식에 우리를 계속 붙들어 둘 것이다. 혹은 우리의 성공과 행복을 방해할 중독이나 습관으로 우리를 이끌 것이다. 그것들은 우리를 눈멀게 하고, 폭력적인 관계나 나쁜 거래

같은 것을 경고하는 신호를 보지 못하게 할 것이다. 그것들은 우리를 계속해서 부정하는 상태 속에 있게 함으로써, 우리가 사랑하는 사람들이 우리를 가장 필요로 하거나 그들이 자신의 악마를 직면하고 있을 때, 우리는 그들을 도울 수 없게 될 것이다.

우리 모두는 에고ego에 기반을 둔 정체성을 구축해 왔다. 그 안에서 우리는 자신이 받아들일 수 있는 어떤 역할을 스스로에게 부여했고, 그것이 결국은 우리의 온전한 자기표현을 질식시킬 것이다. 우리는 진정한 자신이 되기보다 우리가 '되어야만 한다'고 생각하는 그 사람의 캐릭터를 구축했다. 우리의 억눌린 자기 지각은 오랜 시간에 걸쳐 그림자가 뿌리를 내리게 하는 완전한 온상이 된다. 이 역할이 자신 안에 있다고 믿는 어떤 부적절함을 보상하기 위해 만들어졌든, 부모나 양육자 또는 친구들의 기대를 충족시키기 위한 전략으로서 만들어졌든, 우리가 누릴 수 있는 가능성이 있는 다른 모든 역할들을 배제한 체 자아의 역할을 완수하기 위해 애를 쓴다면 우리는 결국 깊이도, 모험도, 의미도, 맛도 없는 삶을 만들어 내고 말 것이다. 우리가 주어진 역할을 너무 심각하게 받아들이기 시작할 때, 그것들은 우리의 자아 구조 속에 밀봉되고, 우리는 우리가 만들어 낸 정체성에서 거의 벗어나지 않는다. 왜냐하면 우리는 부정이라는 미혹한 상태로 빠져들고, 우리가 바로 그 정체성이라고 믿기 시작하기 때문이다. 우리 자신의 삶을 둘러보면, 우리 대부분은 우리가 하는 역할이 얼마나 제한되고 반복적인가를 인식할 수 있을 것이다.

물론 자신이 하는 역할을 알아차리는 것보다는 친구나 가족이 하는 역할을 알아차리는 것이 훨씬 쉽다. 우리는 학부모회에서 자원을 하고 공평한 자기 몫보다 더 많은 일을 떠맡는(그리고 나중에는 그것을 불평하는) 순교자, 혹은 훌륭한 아빠인 척하면서 아내를 속이고 바람을 피우는 이웃집 남자를 알아볼 수 있다. 우리는 누가 남 얘기를 일삼는 사람의 역할을 하고 싶어 하는지, 누가 모든 사람과 모든 일에 대한 안 좋은 얘기를 알고 있는지(그리고 그것을 나눌 온갖 기회를 찾는지)를 안다. 우리는 동네의 호들갑쟁이에 익숙하다. 그 사람은 언제나 어떻게든 희생양이 된다(가벼운 사고에 말려들었기 때문이든, 지난달에 그녀의 남편이 집에 충분한 돈을 가져오지 않았기 때문이든). 언제나 파티에 생명을 불어넣는 영원한 낙천주의자, 늘 침묵 속에 앉아 있는 인기 없는 사람을 알아보는 것은 쉽다. 경이로운 것은 우리가 자신에게 부여한 역할이 설령 지루하고, 끔찍하고, 반복적이거나 기쁨이 없는 것일지라도, 우리가 필사적으로 그것에 매달린다는 것이다. 그러면서 내내 우리는 왜 이미 존재하는 모습 이상일 수 없는지, 우리가 지금 가진 것보다 더 가질 수 없는지를 합리화한다. 우리는 자신도 모르게 해마다 동일한 캐릭터의 어떤 모습을 행하도록 스스로에게 고정된 역할을 준 바로 그 사람들이다. 그리고 아주 드물게—만일 있다면—우리는 스스로에게 익숙하지 않은 역할이나 아직 알지 못하는 차원의 자기표현을 감행하도록 허락한다.

우리가 만일 반드시 억눌러야 하고, 죽어야 하고, 가두어 두어야 하는 신화 속에서 산다면, 그리고 우리를 흥미롭고 독특하게 만드는 모든 자질을 감추어야 한다면, 우리는 열정과 평화를 경험할 수 있는 권리를 버리게 된다. 완벽한 삶, 완벽한 역할 그리고 완벽한 페르소나의 탐색은 설령 우리가 그것을 얻는다 할지라도 우리를 언제나 충족되지 않은 채로 남겨둘 것이다. 그것은 에고의 이상ego ideal에 딱 들어맞는 한 줌의 작은 자질들보다 우리가 훨씬 더 크다고 하는 단순한 이유 때문이다. 다른 사람들이 틀림없이 받아들여 줄 것이라고 믿는 그런 측면만을 표현하려고 애를 쓰는 과정에서, 우리는 자신의 가장 가치 있고 흥미로운 모습 가운데 어떤 것들을 억누르고, 닳고 닳은 똑같은 대본의 똑같은 드라마를 재연하는 삶을 자신에게 선고한다.

이렇게 안전과 예측 가능성을 추구하는 것 속에서 우리가 자기를 표현하는 범위는 줄어들고, 그러면서 우리의 선택도 줄어든다. 내일 우리가 어떤 사람이 되고 무엇이 될 것인지는 대체로 어제 우리가 어떤 사람이었는지의 한 형태다. 왜냐하면 우리는 보여 주어도 괜찮다고 동의된 자아의 자원과 행위들에만 접근할 수 있기 때문이다. 우리가 우리 안에 숨어 있다고 두려워하는 어둠을, 그것이 파괴를 가져올 수도 있다고 무서워하며 닫아 버리는 것 속에서, 우리는 표현을 갈망하는 자신의 유능하고, 강렬하고, 성공적이고, 섹시하고, 재미있고 탁월한 부분들까지도 닫아 버린다. 이것이 바로 삶의 한 영역이나 많은 영역들에서 우리가 종종 느끼는 지루함의 근본 원인이다.

우리가 자기 성격의 어떤 측면들과의 관계를 끊어 버릴 때, 우리는 자극, 흥분, 열정 그리고 창조성에 대한 자신의 접근을 거부한다. 인간으로 존재하는 것의 가장 신나는 점 가운데 하나는 문자 그대로 수백 가지의 영감을 주는, 유용하고 강렬한 우리의 부분이 누워서 잠자고 있다는 사실과 그들이 그림자에서 벗어나서 전체적 자아 속으로 통합되고 싶어서 안달하고 있다는 사실이다. 우리에게는 몸을 통해서 새로운 감각과 새로운 차원의 행복, 기쁨, 즐거움을 가져다줄 기회를 기다리는 하나의 전체적인 무리의 아주 멋진 느낌들이 있다. 우리는 자신의 거대함을 진정으로 누릴 수가 없다. 왜냐하면 제한된 내면의 장벽이라는 경계와 정서적 세계에 부과된 제약을 넘어서 존재하는 자신을 우리가 잊어버렸기 때문이다.

삶의 어떤 영역에서든 다시 영감을 얻기 위해서는, 그림자의 어떤 측면이나 특성이 보이지 않는 곳으로 내던져졌는지를 알기 위해 그저 바라보고, 그것들이 자신들을 표현할 수 있는 안전하고 적절한 방법을 찾고, 다시 한 번 무대 위로 그것들을 초대하기만 하면 된다. 우리는 자신이 인간성의 모든 얼굴을 받아들이도록 도전하게 해야 한다. 그렇지 않으면 무대 밖으로 쫓겨나고 지금은 억눌려 있는 특성들이 우리의 비밀스러운 삶의 고요한 오케스트라가 될 것이다. 오직 전체의, 검열되지 않는 자아의 현존 속에서 우리는 자신의 전체성과 독창성을 온전히 이해하고 감사할 수 있을 것이다. 우리는 모든 특성을 선하게 활용하는 것을 반드시 찾아야 한다. 그렇지 않으면 자신과의 전쟁 속에 그대로 남아 있게 될 것이다.

그림자와 친구 되기

그림자가 얼마나 필수적인 것인지를 파악하기 위해서, 아무런 갈등이 없는 이야기나 가치 있는 상대방에 의해 자신의 미덕이 시험된 적이 없는 영웅을 상상해 보라. 그 어떤 이야기 속의 영웅도 그에게 도전하는 악당이 없었다면 존재할 수 없었을 것이다. 만일 동양의 지혜 전통에 나오는 "죄인과 성자는 그저 서로 얘기를 나눈다."라는 말이 참으로 사실이라면, 우리의 더 높은 본성과 더 낮은 본성은 인간으로서 우리의 진화를 촉진하는 데 필요한 긴장을 유발한다. 훌륭한 문학을 이끄는 똑같은 개념, "영웅은 단지 그들의 악당만큼만 강하다."는 것은 실제의 삶에도 동등하게 적용된다.

우리의 진화의 드라마 속에서 그림자는 가장 흥미로운 캐릭터다. 그림자는 우리가 억압이라는 어두운 지하실 속에 그것을 가두어 둘 때만 위험하다. 그것은 우리가 그림자로 하여금 우리 앞에서 폭발하고, 우리의 식이요법을 망치고, 우리의 관계를 방해하고, 우리의 꿈을 깨뜨리게 하는 위험을 만드는 것이다. 그러나 우리가 그림자의 특성들이 우리의 전체적인 자아—선(善)을 위한 다채롭고 강렬한 힘—의 부분들로 통합되도록 허락한다면, 그것들은 우리를 더 풍요로운 경험, 더 참된 연결, 더 많은 웃음, 더 큰 진정성과 정직한 자아표현으로 안내할 것이다. 우리의 어두운 면과의 싸움은 결코 미움과 억압을 통해서 이길 수 없다. 우리는 어둠으로 어둠에 맞서 싸울 수 없다. 어둠을 이해하고 궁극적으로 어둠을 초월하기 위해서 우리는 연민을 발견해야 하며 우리 안에 있는 어둠을 끌어안아야 한다.

손자Sun Tzu는 영향력 있는 그의 저서인 『병법The Art of War』에서 "적을 알기 위해서 당신은 반드시 당신의 적이 되어야만 한다."고 말한다. 이 경우 적은 대개 우리가 이해하지 못하거나 어떻게 다루어야 하는지를 알지 못하는 우리 안의 어떤 충동이다. 우리가 이런 충동과 다른 숨은 충동들의 중요성을 부정하고, 억압하고, 최소화하는 한, 그리고 자신의 어두운 충동들이 결코 드러나거나 우리를 따라올 수 없다고 믿는 한, 그것들의 지혜는 계속 우리를 피해 갈 것이다. 그림자의 선물을 능동적으로 찾고, 그것이 하고자 하는 기여를 받아들임으로써 우리는 한때는 파괴적이었던 그림자의 힘을 우리 삶을 이롭게 할 수 있는 힘으로 전환시킨다. 그보다도 우리는 사람들이 사회가 규정하는 대본이나 그들의 에고ego의 이상에 순응하지 않는 그들의 부분들을 건강하게 발산하는 방법을 발견할 수 있도록 일종의 역할 모델이 된다.

우리는 자기 안에 살고 있는 죄인에게 스스로를 표현할 자유를 줌으로써 성자가 될 수 있다. 나쁜 행동을 탐닉함으로써가 아니라 그러한 충동이나 자질이 하나의 전체로서 우리 자신과 사회에 어떻게 기여할 수 있는지를 봄으로써……. 우리가 더 어두운 충동들을 위한 더 많은 수용과 안전한 표현을 찾을수록 그것들에 의해 눈이 멀어지는 데 대한 걱정도 줄어든다. 나는 당신이 두려워하고 혐오하는 당신의 일부가 어떻게 당신에게 실질적인 도움이 될 수 있는지에 대해 당신이 의아해할 수도 있다는 것을 안다. 하지만 나는 당신이 그 과정을 거쳐 가면서, 모든 자질, 느낌 그리고 경험 안에는 캐낼 수 있는 선물이 있다는 것을 알게 되리라고 약속한다.

그림자로 격하시켰던 자신의 부분들을 다시 되찾는 것은 인간으로서 우리의 모든 잠재력을 실현하는 가장 믿을 만한 길이다. 한번 친구가 되면, 그림자는 우리가 살게 되어 있었던 삶에, 원래 예정되어 있었던 자신들의 모습에, 그리고 우리가 하게 되어 있었던 공헌에 다시 우리를 연결시켜 주는 성스러운 지도—우리가 제대로 읽고 따라하게 되면—가 된다. 우리 내면의 야수를 끌어안는 것은 자유로 가는 티켓이다. 그것은 우리의 모든 위대함을 만날 수 있게 하는 매개체다. 그것은 내면의 삶을 풍요롭고 의미 있게 만들고, 외면의 삶을 더 즐거운 것으로 만든다. 그것은 우리가 교묘한 속임수에 의해 만들어진 자아의 제한에 갇히지 않고 전체성을 누릴 수 있도록 허락한다. 왜 교묘한 속임수라고 표현하는가? 만일 우리가 받아들일 수 있다고 여기는 자질들만으로 공적인 이미지나 페르소나를 만든다면, 가장 중요하고, 잠재력이 있고, 풍미가 있는 우리의 부분들을 배제시킬 것이기 때문이다.

그림자 가면

억누르도록 배워 온 자신의 부분들을 드러내는 것은 우리가 왜 삶의 어떤 영역에서는 자유를 누리고 다른 영역에서는 로봇처럼 행동하는지를 이해할 수 있는 열쇠다. 있는 그대로의 진짜 우리 자신을 숨기기 위해서 무수한 가면들 가운데 하나를 쓰고 페르소나—말하자면 의상—를 구축하도록 우리를 설득하는 것은 두려움이다. 우리는 외부의 허울을 만들어서 그 누구도 우리의 어두운 생각, 욕망, 충동 그리고 역사를 알아내지 못하도록 지치지 않고 작업을 한다. 우리가 세상에 보여 주는 그 얼굴—가면—을 만들어 내도록 몰고 가는 것은 과거의 그림자다. 우리는 다른 사람들을 즐겁게 하는 자가 될 것인가? 아니면 고립되고 멀어지고 홀로 있음으로써 세상으로부터 해방을 구할 것인가? 혹은 과잉성취자로 인식되기 위해 쉼 없이 일할 것인가? 아니면 TV 앞에 누워 있거나, 남 얘기를 늘어놓는 인터넷 사이트를 뒤지며 몇 시간을 보내는 것으로 만족할 것인가? 우리의 페르소나는 우연히 만들어진 것이 아니었다. 그것은 우리가 가장 바람직하지 못하다고 여겼던 자신의 부분들을 위장하기 위해서, 그리고 가장 깊은 결함이라고 믿는 것들을 과잉 보상하기 위해서 만들어졌다.

이 거짓된 자아는 오직 하나의 임무로 가득 차 있다. 그것은 원치 않고 받아들일 수 없는 자신의 모든 부분을 감추는 것이다. 만일 우리에게 정서적으로 예측 불가능한 부모 밑에서 자란 상처가 있다면, 우리는 고요하고 잘 통제되는 이미지를 만들어 내기 위해 아주 열심히 노력할 것이다. 만일 우리가 자라면서 학습장애를 겪었다면, 따뜻하고 지나치게 다정한 성격으로 우리가 장애라고 인식하는 것을 다른 사람들이 알아차리지 못하게 만들지도 모른다. 만일 우리가 생활보호 대상자인 어머니 밑에서 자랐다는 사실에 수치심을 느낀다면, 언제나 완벽하게 옷을 입고 말을 잘하고 성취동기가 아주 높은 사람이 될 수도 있을 것이다. 우리가 만들어 내는 공적인 이미지는 상처받고, 혼란스럽고, 고통으로 가득 찬 우리의 어떤 부분들에 의해 고안된 것이다. 비록 그것이 다른 사람과 심지어는 자신까지도 당분간은 속일 수 있을지라도 결국 우리는 감추기 위해서 만들어진 이 가면의 상처를 마주해야만 할 것이다.

결함이 있고 불완전한 자아가 발견되거나 노출되지 않을 수 있는 확실한 방법으로, 우리는 영리하게도 우리가 숨기려고 애쓰는 것과 반대되는 자질들을 계발하기 시작했다. 우리는 받아들일 수 없다고 믿었던 자신의 부분들을 과잉 보상하기 위해서, 그리고 그들과 연결되어 있는 나쁜 느낌들을 우리에게서 떨쳐 버리기를 바라면서 열심히 노력했다. 만일 우리가 불안으로 가득 차 있었다면, 자기에게 엄청난 자신감이 있다는 것을 다른 사람에게 확신시키기 위해 거만하고 아는 척하는 페르소나를 계발했을지 모른다. 우리가 실패인 것처럼 느꼈다면, 대단한 일을 성취한 사람들이 우리를 둘러싸게 하거나, 실제보다 더 성공적으로 보이기 위해 우리가 노력하는 범위를 과장했을 수도 있다. 만일 삶에 대해 무력하다고 느꼈다면, 우리는 아마도 우리를 더 힘 있어 보이게 하는 경력이나 배우자를 선택했을 수도 있다.

우리의 페르소나는 우리 자신에 대해서 우리는 모르는 것이 아무것도 없다고 우리를 설득한다—우리는 실제로 거울에 비춰진 사람이고 거울 속에 있는 그 사람이 우리 자신이라고 믿도록 설득한다. 그런데 이것이 가지고 있는 문제는 일단 우리가 "이것이 바로 나다."라고 하는 이야기를 믿기 시작하면, 다른 모든 가능성의 문을 닫아 버리고 우리가 될 수 있는 모든 가능성에 대한 접근을 부정한다는 것이다. 우리는 선택할 수 있는 능력을 잃어버린다. 왜냐하면 우리가 하는 역할의 한계 바깥에 있는 것은 어떤 것도 할 수가 없기 때문이다. 이제 우리가 만들어 낸 예측 가능한 페르소나가 통제권을 쥐고 있기 때문에 우리는 삶의 엄청난 가능성을 보지 못하게 된다. 우리가 나 아닌 것을 나인 척하는 것을 멈출 때—우리가 자신의 약점이나 선물을 감추거나 보상하기 위해 더 이상 지나치게 애쓸 필요를 느끼지 않을 때—에만 진정한 자아를 표현하는 자유를 알게 될 것이고, 진정으로 원하는 삶에 기반해서 선택할 수 있는 능력을 갖게 될 것이다. 우리가 그와 같은 최면 상태에서 벗어나서 더 이상 짜 맞추거나, 남들이 우리를 어떻게 생각하는지, 또는 우리 스스로 자신에 대해 어떻게 생각하는지에 사로잡혀 있지 않으면, 우리가 우리의 이야기 줄거리 안에 갇혀 있거나 쓰고 있는 가면 뒤에 숨어 있었다면 그냥 지나치고 말았을 기회들을 개방하고, 그것을 이용할 수 있게 된다.

우리는 진짜 우리 자신과 다른 존재가 되기를 바라는 에고 이상ego ideal에 의해서 탈진된다. 우리는 더 크고, 더 강하고, 더 거칠고, 더 안전해지기 위해 싸운다. 그것을 깨닫지 못한 채 우리는 자신이 더 크고, 더 낫고, 나머지 사람들과는 다르다는 것을 증명하기 위해서 스스로를 자리매김한다. 아니면 맞추고, 보이지 않게 함으로써 안 보이는 채로 머물러 있으려고 노력한다. 우리는 자신이 절실하게 필요로 하는 인정과 인식을 가져다줄 것이라고 믿는 바로 그 페르소나를 간신히 만들어 낸다. 아니면 대안적으로 우리가 온 힘을 다하지 않거나, 원하는 삶을 살지 않는 것에 대한 변명거리를 자신에게 돌려준다. 그러고 나서 의식적으로나 무의식적으로, 다른 사람들의 사랑, 존경, 동정을 가져올 것이라고 믿는 생각이나 느낌, 인상을 그들에게 남기도록 행동하기 시작한다. 어느 날 그 벽이 무너져 내릴 때까지…….

아만다는 대학교를 졸업하지 않았다는 사실에 대해 깊은 수치감을 느꼈다. 그리고 외가 쪽 친척들 대부분이 빈민촌 출신이고 교육을 받지 않았다는 것을 굴욕스러워했다. 그녀는 자신의 창피함을 감추기 위한 페르소나를 만들기 위해 열심히 노력했고 그녀가 인상을 남기고 싶은 사람들에게 잘 보이기 위해 애를 썼다. 그녀는 자신이 똑똑하고, 도움이 되고, 없어서는 안 되는 존재라고 여겨지는 특화된 분야에서 자신의 틈새를 발견했다. 하지만 아만다는 아무리 많은 독서를 하고 직장에서 아무리 많은 기여를 해도, 대부분의 날을 '~보다 못하다'라고 느끼면서 하루를 마쳤다. 고통을 해결하려는 시도 속에서 그녀는 학위를 따는 것이, 이동 주택 주차 구역 출신의 교육받지 못한 여자에서 세련되고 세상을 많이 아는 여자로 자신을 변화시켜 줄 것이라고 희망하며 학교로 돌아가기로 결정했다.

어느 날 저녁 그녀는 전문적인 페르소나로 무장한 채 심리학 강의실로 걸어 들어갔다. 그녀는 자랑스럽다고 느꼈다. 왜냐하면 그 수업에서 벌써 똑똑한 여자라는 명성을 일구어 냈기 때문이다. 교수가 그 주의 과제를 상세히 설명할 때 수치심으로 가득 찬 그림자가 압도해서 아만다는 움츠러들기 시작했다. 그녀는 수업의 프로젝트가 가족 구성원의 교육 배경과 이력을 보여 주는 매우 상세한 가계도를 만드는 것이라는 것을 아는 순간 몸 전체가 굳어지는 것을 느낄 수 있었다. 그녀가 그 과제를 수행하기 시작했을 때, 약물 중독자였고, 재정적으로 불안정했고, 교육받지 못했던 가족의 모든 구성원에 주목하면서 그녀는 가족사의 고통과 창피함에 직면해야만 했다. 충분히 좋지 못하다는 압도적인 감각은 갑자기 너무 크게 느껴져서 그 어떤 페르소나로도 감출 수가 없었다. 그 주의 후반부에, 자신의 과제물을 읽고 종합적인 가계도를 살펴보았을 때, 그녀는 자신이 한 과제에 대해 자랑스러움을 느끼는 대신 수치심으로 가득 찼다. 자신의 그림자를 넘어서고 그것을 감추기 위해 몇 년 동안 노력한 끝에 아만다의 페르소나가 폭로되는 데는 오직 하나의 과제만이 필요했다.

우리 가운데 어떤 이들은 아만다처럼, 심지어 어린 나이에도 자기가 아닌 그 어떤 사람이 되기 위해 노력하고 있다는 것을 자각하고 있었다. 우리는 자기 자신 대신 존경하는 어떤 사람처럼 되고 싶어 했다. 그래서 무의식적으로 다른 사람의 모습을 띠고 있었다. 그것이 우리가 보고 있었던 진정한 자아가 아니라는 사실을 깨닫지도 못한 채……. 하지만 어느 쪽이든, 우리가 자유, 안전 그리고 진정성을 찾는 가운데서, 20년, 30년, 심지어는 40년 전에 썼던 가면의 어떤 형태를 지금도 쓰고 있다는 것을 인식하는 것은 반드시 해야 할 일이다. 그리고 이제 진정한 자아가 우리의 주의를 끌기 위해서 지금 소리를 치고 있는데, 그 가면 뒤에 깊이 숨겨져 있는 거짓된 자아는 진정한 본성인 것처럼 가장하고 있다.

상상해 보라. 당신이 어린아이였을 때 할머니로부터 작은 선물—아마도 마술 동전—을 받았다. 안전하게 보관하고 싶은 마음에 당신은 아무도 찾지 못할 어딘가에 그것을 감추었다. 수십 년이 지난 지금 당신은 그것을 어디에 감추었는지 기억할 수 있겠는가? 상처받지 않은 당신의 진정한 자아의 경우도 마찬가지다. 당신은 그것을 그토록 오랜 시간 동안 감추어 왔기 때문에 당신의 그러한 부분이 애초에 존재했었다는 사실조차 잊었을 것이다.

우리가 선택하는 모습의 본질은 우리의 배경, 부모, 주변 환경 그리고 우리가 선한 행동과 나쁜 행동이라고 여기는 것에 따라 다르다. 하지만 오늘날 우리 사회에서 흔히 볼 수 있는 가면들은 100년 전의 그것들과 다르지 않다. 오늘날 우리는 최신 판의 유혹하는 여자, 매력적인 사람, 사람들을 즐겁게 하는 사람, 영원한 낙천주의자, '멋있는' 사람, 순교자, 착한 여자, 좋은 남자, 거친 남자, 학대하는 사람, 괴롭히는 사람, 조용한 뱀, 지성인, 구원자, 우울증 환자, 농담을 좋아하는 사람, 외로운 사람, 희생자 그리고 과잉성취자를 본다. 그들은 현대에 등장하는 반복적이고 원형적인 표현들이다. 이러한 가면들, 이런 페르소나들 안에 사는 것의 문제는 결국 우리가 진정 누구인지, 우리 삶에서 무엇이 가능한지에 대한 관점을 잃어버린다는 것이다. 우리의 어둠을 없애면서 우리는 무의식적으로 우리의 진정한 힘, 창조성 그리고 꿈들을 소멸한다.

비밀스러운 삶 드러내기

우리에게 비밀이 있을 때 우리의 그림자는 번창한다. 하나 혹은 더 많은 자신의 측면의 문을 닫는 그 순간 우리는 비밀스러운 삶을 작동시킨다. 어떤 12단계의 프로그램에는 "당신의 비밀은 당신을 계속해서 아프게 만든다."라는 말이 있다. 사람들과 함께 몇 년 동안 작업해오면서, 나는 이것이 진실이라는 것을 확인할 수 있었다. 그것은 전혀 수치스러워할 일이 아니다. 왜냐하면 우리들 대부분은 공적인 삶과 비밀스러운 삶을 갖고 있기 때문이다. 우리에게는 세상에 보여 주는 공적인 페르소나와 계속해서 감추어 두는 비밀스러운 삶이 있다. 우리는 마주하기 가장 수치스러운 부분들을 감추기 위해 비밀스러운 삶을 만들어 낸다. 그것은 어떤 수치심을 갖고 있는 우리 삶의 한 영역이거나, 우리가 사랑하는 사람들에게 받아들여질 수 없을 것이라고 두려워하는 어떤 방식으로 행동하는 영역이다. 어쩌면 그것은 통제 불능인 우리 삶의 어떤 영역, 우리가 어려움을 겪는 습관 혹은 중독 또는 큰 소리로 말하기가 두려운 환상일지도 모른다. 우리의 행동이 우리가 쓰고 있는 가면들과 일치하지 않을 때 우리는 그것들을 숨기기 위해 애를 쓸 것이다. 우리는 낮 동안에 접촉하는 모든 사람에게는 정말로 살뜰하고 다정하게 굴다가, 밤에 집에 가서는 아이들에게 소리를 지를지도 모른다. 우리는 동료들과 함께 있는 동안에는 탁월한 지성인의 이미지로 있다가도, 집에 가서는 몇 시간 동안 머리 쓸 필요가 없는 TV 프로그램을 보고 비디오 게임을 할지도 모른다. 우리는 미래를 약속한 관계 속에 있으면서 비밀스럽게 바람을 피우고 있을 수도 있고, 실제로 부모의 도움에 의지해서 살면서 자수성가한 것처럼 행동할 수도 있다.

해결되지 않은 수치심은 우리로 하여금 행동으로 분출하게 만든다. 종국에는 우리가 감추려고 노력해 온 삶의 부분들을 가리고 있는 덮개를 벗겨 버리는 행동으로 표출되기 마련이다. 우리는 감춰진 충동들이 표면으로 나오지 않도록 통제하기 위해 밤낮으로 노력할 수 있다. 그러나 그것은 일시적인 방편에 지나지 않는다. 우리는 매 순간 자기 존중을 해치는 방식으로 행동할 수 있는 위험에 항상 노출되어 있다. 만일 우리가 진실성 없이 행동하면서 우리 삶의 일부를 감추어 왔다면, 그것은 부도 수표를 발행하거나 세금 환급을 속인 경우처럼 결국에는 드러나고 말 것이다. 만일 우리가 외로움을 일상적으로 감추어 왔다면, 그것은 고요한 밤에 공허감을 채우기 위한 설탕이나 술, 진정제에 대한 갈증으로 드러날지도 모른다. 만일 우리가 수

십 년 전에 시달렸던 분노가 다루어지거나 해소되지 않았다면, 그것은 우리를 잔소리하는 부모나 다투는 배우자로 만듦으로써 표현될 길을 찾을 수도 있다. 바람피우는 부모에 대한 혐오감은, 우리가 신뢰할 수 없고 정서적으로 학대하는 파트너에게 계속 이끌리도록 만들지도 모른다. 어린 시절에 정상적인 성적 호기심이 닫혀 버린 까닭에 불법 포르노나 위험한 섹스에 대한 결코 충족시킬 수 없는 매혹이 생겨났을 수도 있다. 하지만 우리가 비밀스러운 삶을 살게 만드는 통제 불가능한 강박증에서 스스로를 자유롭게 하기 위해서는 억압된 측면들을 표현할 건강한 길을 찾아서 우리 삶을 파괴할 수 있는 행동으로부터 안전해질 수 있어야만 한다.

매슈는 유명한 의과대학의 책임자였다. 그는 동료들의 칭송을 받았고 사랑스러운 아내와 건강한 세 아이를 두고 있었다. 비록 바깥세상에는 사회의 기둥처럼 보였지만, 그는 자신의 지성 그리고 성공과 함께 온 온갖 영예에 지루함을 느끼는 자신을 발견했다. 어느 날 밤 매슈는 회진을 하고 집에 돌아와 한밤중의 TV를 보기 시작했다. 그는 어떤 영화에 나온 한 젊은 배우에 반한 나머지, 온라인에 접속해서 그녀에 대해 알아보기로 했다. 한 사이트가 또 다른 사이트로 이어졌고, 한 포르노 사이트에 접속하고 있는 동안 그는 그 지역의 스트립 클럽의 광고를 눌렀다. 그가 본 이미지들은 그를 흥분으로 가득 채웠다. 그의 마음은 방황하기 시작했고, 그다음 쉬는 날 그 클럽에 들르는 상상을 했다. 약간의 흥분과 두려움을 느끼며 그는 자기의 결정을 합리화했다. 그리고 그 클럽이 도시의 반대편에 있기 때문에 야구 모자를 눌러쓰면 그를 아는 사람들이 알아보는 것을 피할 수 있으리라고 생각했다.

오래지 않아 이 스트립 클럽을 방문하는 것은 매슈의 규칙적인 일상이 되었다. 그는 그 여자들 가운데 한 사람에게 지나치게 집착하고 있는 자신을 발견했고 결국 만날 약속을 잡았다. 그가 아내에게 하는 이야기들은 점점 더 깊은 수준의 속임수로 인해서 갈수록 더 복잡해져 갔다. 그는 잘 알려지지 않은 곳에서 열리는 의학 세미나에 참여하려고 물색하면서 들킬 염려 없이 주말의 방탕을 즐길 수 있게 되기를 바랐다. 아내와의 잠자리가 점점 줄어들고 시들해지면서 그는 더 모험을 즐기게 되었고, 더 큰 위험을 감수하기 시작했다. 그는 심지어 그의 여자들이 자신을 확실히 흥분시키게 하기 위해 야외에 갈 때 가지고 갈 섹시한 란제리와 옷들을 사는 습관까지 갖게 되었다.

어느 주말 매슈의 아내 마리아는 테니스 수업에 아이들을 데려다주기 위해 그의 차를 가져갔다. 그리고 장비를 꺼내기 위해 트렁크를 열었을 때, 전에 한 번도 본 적이 없는 의료용 가방을 발견했다. 아이들을 수업에 데려다준 다음 주차장으로 돌아온 그녀는 즉시 가방을 열었다. 그녀는 그 작은 가방 속을 가득 채운 란제리, 콘돔 그리고 온갖 섹스 용품들을 발견하고 충격을 받았다. 그녀는 남편의 부정이 어느 정도인지를 이해하고 싶어서 그의 신용 카드 영수증, 컴퓨터의 인터넷 방문 기록, 휴대전화 영수증들을 샅샅이 살피기 시작했다. 몇 주 동안 그의 행동을 살펴본 후, 그녀는 매슈가 살아 온 비밀스러운 삶이 얼마나 큰지를 발견했다. 그것은 스트립 클럽, 돈을 받고 함께 가 주는 여자들, 그리고 셀 수 없는 하룻밤의 정사들로 드러났다.

몇 주 동안 침묵의 고통 끝에 마리아는 자신이 밝혀낸 모든 증거들과 함께 매슈와 정면으로 마주하기로 결심했다. 아무 할 말 없이 자신의 숨겨진 행동들이 환히 드러나자, 매슈는 공적인 페르소나와 사생활 사이에 그토록 커다란 차이를 만들어 내도록 이끈 충족되지 않은 욕구들을 드러내는 과제에 직면했다. 자신의 비밀스러운 삶이 충격적인 결과로 명백하게 드러났을 때, 그는 자신의 그림자가 자기가 결코 할 수 있을 것이라고 상상해 본 적이 없는 행동들을 하도록 그를 유혹했다는 사실에 역겨움을 느꼈다. 대부분의 성 도착증의 경우처럼 매슈는 도움이 필요했다. 그리고 머지않아 그가 찾던 것이 단순한 섹스가 아니라 관심과 존경 그리고 신바람이었다는 것을 발견했다. 만일 그가 이런 비밀스러운 욕망들을 보고 인정할 수 있었다면, 그의 행동이 통제할 수 없도록 악화되기 전에 자신이 필요로 했던 지지를 찾을 수 있었을 것이다. 대신 그의 그림자는 결혼과 위엄을 잃게 만들었다.

나는 여러 해 동안 나의 세미나에서 셀 수 없는 사람들이 비슷한 이야기를 하는 것을 들어 왔다. 아무런 생각도 없이 그들은 결코 원한 적이 없는 어떤 사람이 되었다. 핵심은 만일 우리가 우리의 그림자라는 측면, 우리의 충동과 억압된 느낌들을 다루지 않는다면 그것들이 우리를 다루게 될 것이라는 사실이다. 나의 친구 찰스 리처즈Charles Richards 박사는 『그림자 효과The Shadow Effect』라는 책에서 "우리의 억압된 그림자를 무시하는 것은, 어떤 사람이 우리의 주의를 끌기 위해 뭔가 극단적인 행동을 해야만 할 때까지 그를 지하실에 가두어 두는 것과 같다."고 말하고 있다. 만일 우리가 그들을 기꺼이 드러내지 않는다면, 내가 그림자 효과라고 부르는 불길의 위험 속에 우리 자신이 처하게 만드는 것이다. 억압된 우리 자신의 부분들에게 아무런 구원도 보이지 않으면, 그들 스스로가 자신의 삶을 떠맡는다. 우리 삶의 일부가 어둠 속에 갇혀 있을 때, 우리는 자신이 지고 다니는 죄책감과 수치심을 해방시킴으로써 지하실의 문을 열고 우리의 비밀스러운 삶을 진정한 삶과 교환할 수 있다.

* * *

우리가 어두운 면을 표현할 수 있는 안전한 출구를 자신에게 허락하지 않거나 그 존재 자체를 인정하기를 거부한다면, 그것은 점점 더 크고 강력한 힘이 되어, 우리 주변 사람들뿐만 아니라 자신의 삶을 파괴할 수 있다. 우리가 받아들일 수 없다고 여기는 성격의 측면들을 억누르기 위해 노력하면 할수록 그것들은 자신을 표현할 수 있는 해로운 방법들을 더 많이 찾을 것이다. 그림자 효과는 자신의 억눌린 어둠이 우리로 하여금 무의식적이고 예상치 못한 방식으로 행동하도록 몰고 감으로써 그 존재를 알린다. 그것은 외부 세계의 어떤 것이 내면에 숨어 있는 어둠으로 하여금 밖으로 나오도록 강요할 때 일어난다. 그리고 우리는 갑자기 비밀스러운 삶 속에 감추어 왔던 성격의 특질, 행동, 느낌들을 직접 대면하게 된다. 그림자 효과는 우리가 계획한 어떤 것이 아니다. 그것은 사실 우리 대부분이 피하려고 많은 시간과 에너지를 쏟는 것이다. 하지만 이 현상을 이해할 때 우리는 자기 파괴self sabbotage의 신비를 풀 수 있다.

그림자 효과

당신이 무시하고, 숨기고, 절연하려고 노력하는 모든 자질, 감정, 어두운 생각들은 마치 비치볼을 물속에 붙들어 두려고 하는 것과 같다. 당신은 이기적인 자아를 붙잡고 화가 난 자아를 붙잡는다. 또 너무 훌륭한 자아, 충분히 좋지 못한 자아, 어리석은 자아, 자만심이 강한 자아 등 모든 자아를 움켜잡는다. 그리고 당신은 갑자기 자신이 감당하려고 애를 쓰는 이 모든 비치볼에 압도된다. 젊을 때 당신에게는 많은 에너지가 있고, 그렇기 때문에 많은 비치볼을 감당할 수 있다. 당신은 원치 않는 많은 자질을 억누를 수 있다. 하지만 당신이 고단할 때, 마음에 상처를 입었을 때, 아플 때 그리고 더 이상 신나는 미래의 가능성을 믿지 않을 때, 자신의 방어가 작동하지 않을 때, 자신이 눈앞에 두고 있는 어떤 커다란 승진이나 가족에 주의가 쏠려 있을 때, 당신이 한 번에 너무 많은 술을 마셨을 때, 갑자기 쿵! 당신이나 당신 주변의 누군가가 아무 생각 없이 뭔가를 하고, 밑에 잠겨 있던 하나나 그 이상의 비치볼이 떠올라 당신의 얼굴을 때린다. 이것이 그림자 효과다.

운전 중의 분노는 무엇인가? 그것은 표면으로 분출하려는 억눌린 화라는 비치볼 이상의 그 어떤 것인가? 우리는 그것을 매체에서 항상 본다. 심오한 기독교 영화를 만드는 한 영화제작자가 갑자기 술에 취해 취중의 분노 속에서 반기독교적인 말을 외친다. 훌륭한 소통가가 직업인 한 라디오 스타는 단 한순간에 그의 이력과 명성을 파괴하는 인종적 비방을 했다. 야심 찬 한 젊은 교사는 열네 살 학생과의 섹스로 그녀의 미래를 날려 버렸다. 거의 모든 것을 누릴 수 있는 능력을 가진 영화계의 어떤 스타는 가게의 물건을 훔치다가 잡혔다. 우리가 다스리려고 하는 모든 억눌린 충동과 숨겨진 욕망은 폭발하기를 기다리는 시한폭탄과 같은 것이다.

그리고 우리가 예측할 수 있는 것은 그림자 효과가 가장 적절하지 않은 시기에 일어난다는 사실이다. 우리가 막 경제적 성공을 이루려고 하는 때나 매력적인 새 파트너와 한창 연애 중일 때다. 혹은 은퇴를 며칠 앞두고 있을 때, 아니면 우리의 삶을 영원히 바꾸어 줄 거래를 막 성사시키려고 할 때다. 이것은 의식적으로나 무의식적으로 자신의 성공을 파괴하는 때다. 무의식의 몽롱한 상태 속에서 만들어진 하나의 선택이, 수년 동안 일해 온 것의 진전을 무너뜨린다. 모든 자기 파괴적 행위는 무의식적인 마음의 어둡고 구석진 곳에 숨어 있는 내면적인 수치심이 밖으로 드러난 것이다. 우리가 죄책감, 두려움, 수치심 때문에 억눌렀던 것들과 화해할 수 있는 지혜와 용기 또는 수단이 없기 때문에 그것은 강제로 밖으로 터져 나오게 된다. 그럼으로써 우리가 잃어버린 자아를 되찾고 끌어안을 수 있도록, 그리고 우리의 전체적 자아의 투명한 상태로 돌아갈 수 있도록…….

자기 파괴적인 행위가 더 이상 비밀이 아닐 때까지 그리고 우리가 객관적인 눈으로 자신과 주변 사람들에게 끼친 해악을 볼 수 있을 때까지 우리는 변화의 동기를 발견하지 못한다. 아이들이 학교에서 집으로 돌아와 전기가 끊어진 것을 발견할 때까지 우리는 도박 중독을 있는 그대로 직면하려고 하지 않는다. 자신의 음주가 통제 불능으로 빠져들었다는 사실로부터 스스로 깨어나기 위해서는 음주 운전으로 인한 체포가 필요하다. 친구들과 저녁 식사를 하러 갔는데, 종업원이 신용 카드가 거절되었다고 말할 때 우리는 비로소 자신의 소비가 통제 불능이라는 사실을 직면하게 된다. 우리가 회사의 비용 처리 구좌에 손을 대다가 발각될 때, 마침내 우리는 우리의 권리라는 문제를 다루어야 한다는 것을 깨달을 것이다. 직장에서 혹은 자신의 식이요법에서 우리는 스스로가 잘하고 있다며 자신을 속일 수 있다. 연간 보고를 받거나 저울 위에 올라갈 때까지……. 그림자 효과는 우리의 내면세계가 위험할 정도로 불균형 상태라는 사실의 강력한 외적 반영으로서 일어난다. 하지만 이런 진실의 순간들이 고통스러울 수 있는 만큼, 그것들은 무심결에 진화의 과정을 시작하는 데 이바지할 수 있다. 우리가 자신의 그림자에 직면하고 있는 순간에 우리가 중요하게 여기는 사람들이 그것을 보았다면, 우리는 부정하는 것을 멈추고 그것에 대해서 뭔가를 해야만 된다는 사실을 인식할 수 있기를 바란다.

만일 우리가 자신을 정확하게 볼 수 있다면 그것은 더 쉬운 과제가 될 것이다. 하지만 우리는 그럴 수 없다. 그림자 효과 때문에 부정이라는 최면상태—"내가 거짓말을 하고 있다는 것을 알아차리지도 마!"라고도 알려진—에 빠져들기가 매우 쉽다. 거짓말은 자신과 함께 시작된다. 만일 우리가 자신의 어두운 충동들과 친밀하다면—만일 우리가 이기심, 미움, 탐욕, 편협함이 우리에게 전달할 중요한 메시지를 가지고 있다는 것을 안다면—우리는 우리의 삶에서 마치 문을 두드리고 있는 신뢰하는 친구처럼 그들의 존재에 주의를 기울일 것이다. 그러나 우리가 그림자를 소외시킬 때, 두려움 때문에 그림자가 전달하려고 하는 메시지를 인정하거나 수용하는 것을 거부할 때, 우리는 뭔가를 하거나 아니면 우리의 숨겨진 어둠을 표면으로 가져오는 어떤 일에 관여하게 될 것이 분명하다. 이런 때는 문을 두드린다는 속담이 오히려 머리를 두드린다는 것처럼 느껴진다. 하지만 우리가 절연한 우리의 어둠을 만나는 순간은 삶에서 가장 고통스러운 시간의 일부일 뿐만 아니라 가장 비옥한 시간이기도 하다.

만일 우리가 그림자 효과의 분노를 피하고 싶다면 매일 자신의 현실을 점검해야만 한다. 그래서 우리가 가족이나 경력, 건강 혹은 자기 존중을 수치스럽게 하거나, 창피하게 하거나, 파괴할 수 있는 방식으로 행동하고 있는지를 보아야 한다. 우리는 깨어나야 하고 자신이 비밀스러운 삶을 감추고 부정하는지 생각해 보아야 한다. 우리는 습관이나 행동, 다른 사람들에게 비밀로 하는 존재 방식을 자각해야 한다. 만일 가족이나 동료, 친구들이 우리의 이메일을 살펴보거나, 우리 컴퓨터에서 가장 최근에 방문한 사이트의 기록을 확인하거나, 우리 마음속에 있는 판단하기 좋아하는 나쁜 생각들을 읽을 때 무슨 일이 일어날 것인지 두렵다면, 우리는 이것들을 어떤 신호, 깜박이는 빨간 불로 인식해야만 한다. 부정은 우리의 비밀스러운 삶을 원래 그대로, 눈에 보이지 않게 유지하는 원인이다. 그리고 그것은 우리가 자신의 무분별한 행동 이외의 것에만 계속 집중하게 만든다.

우리의 그림자를 끌어안고 그림자 효과가 우리를 낙담시킬 가능성을 무산시키기 위해서, 우리는 자신의 인간다움 그리고 자기 자신이라고 믿는 그 사람의 표면 뒤에 숨어 있는 것에 관한 더 큰 진실에 열려 있어야만 한다. 우리의 마음이 우리의 가식적인 인간행동을 탐구할 때, 우리는 더 깊고 더 의미 있는 진리에 열리게 된다. 그 진리는 우리 자신의 모든 부분이 보이고, 들리고, 포용할 수 있는 권리가 있다는 것이며, 모든 측면은 우리가 볼 수 있는 것보다 훨씬 더 큰 선물을 가지고 있으며, 모든 느낌은 건강하게 표현될 권리가 있다는 사실이다. 그들이 어둠 밖으로 나와서 빛에 노출될 때, 그들은 우리가 건강한 관계를 만들고, 정신의 건강을 다시 얻고, 잠재력을 실현하도록 지지할 것이다.

그림자 효과는 완벽하게 만들어진 우리의 페르소나를 산산이 흩뜨리고, 자신을 지금까지의 사람이 아닌 다른 누군가로 다시 창조할 수 있게 한다. 자기 파괴는 우리가 우리 자신에게 부과한 역할을 더 높은 우리의 자아 부분이 계속해서 역할하는 것을 원치 않는 것에 불과하다. 이상적으로 우리는 관계를 끊은 우리의 측면들을 기꺼이 끌어안는다. 우리가 자신의 페르소나에 집착하기를 고집한다면, 그 결과는 고통스럽고 골치가 아플 것이다. 그 예는 도처에 있다. 브리트니 스피어스, 착한 여자의 가면을 썼던, 전형적인 미국의 미키 마우스 클럽 멤버였던 그녀는 자기 파괴로 빠져들었고 악명 높은 나쁜 여자가 되었다. 타이거 우즈, 과잉 성취한 좋은 남자의 가면을 쓴 최고의 골프 선수였던 그는 궤도에서 벗어난 행동을 하고 하루아침에 최고의 영웅에서 자기 파괴적인 사기꾼이 되었다. 인간의 페르소나라는 가면이 너무 꽉 조일 때, 거기에 더 자라거나 숨을 쉴 공간이 더 이상 없을 때, 그것은 스스로를 폭발시키고, 그렇게 함으로써 자신을 새롭게 재탄생시킬 수 있다. 그림자 효과라는 현상을 분명하게 드러내는 예는 오랜 세월 동안 말 그대로 수백만 개가 있었다. 하지만 다른 사람들의 이런 크고 작은 무분별한 행동이 밝혀질 때 우리는 머리를 흔들며 그들의 행동에 당혹스러워하고, 그것을 품위 실추라고 부른다. 하지만 그것은 과연 품위 실추인가? 품위는 사랑하는 사람들에게 우리의 비밀스러운 삶이 숨겨져 있는 동안, 그저 세상에 보여 주는 잘 꾸며 낸 행동 아닌가?

가면 벗기기

우리가 다른 사람들의 그림자라는 측면에 집착하는 자신을 발견할 때, 그 이유는 오직 그것들이 우리의 그림자 가운데 하나를 건드렸기 때문이다. 우리는 거울을 들여다보지 않으면 자기를 볼 수 없다는 생각에 익숙하다. 하지만 이것은 오직 한 차원에서만 진실이다. 사실은 우리가 다른 사람 속에서 관찰하는 것을 기록함으로써 살아 있는 색깔 속에 있는 자신을 볼 수 있다는 것이다. 우리는 자기 안에서 볼 수 없는 자질들을 다른 사람에게 투사하게 되어 있다. 그것은 나쁜 것이 아니다. 우리는 언제나 그렇게 한다. 투사는 에고ego의 무의식적인 방어 체계다. 우리는 좋아하지 않는 자기 안의 자질들을 인정하는 대신 그것들을 다른 누군가에게 투사한다. 우리는 그것들을 어머니나 자녀들, 친구들에게 아니면 훨씬 더 좋은 경우, 한 번 만나 본 적도 없는 유명한 공인에게 투사한다. 우리가 다른 사람에 대해 판단하고 비난하는 것이 무엇이든, 그것은 궁극적으로 절연되거나 거절된 자신의 일부다. 투사의 한가운데 있을 때, 그것은 마치 우리가 다른 사람을 보고 있는 것 같지만 실제로는 자신의 숨겨진 측면을 보고 있는 것이다. 우리가 투사하는 사람들은 자신의 주인 없는 빛의 조각들뿐만 아니라, 주인 없는 어둠의 조각들도 갖고 있다. 그와 동시에 우리는 자신의 위대함뿐만 아니라 무가치함을 두려워하면서, 이런 자질들을 스스로 소유하는 대신 무의식적으로 다른 사람에게 전이한다.

당신은 삶에서 이미 투사의 힘을 수천 번 경험했다. 당신은 어떤 방으로 걸어 들어가고 갑자기 누군가에게 매혹을 느낀다. 당신은 그녀와 대화를 시작한다. 그리고 그녀는 당신의 것과 딱 들어맞지는 않는, 자기가 좋아하는 것과 좋아하지 않는 것에 대해서 말하기 시작한다. 갑자기 그 사람은 당신에게 달라 보이기 시작한다. 투사의 환상trance이 풀리고, 당신은 그녀를 전혀 다른 빛 속에서 본다. 만약 바로 다음 순간에 그녀가 우연히, 당신이 보기를 갈망해 온 경기의 코트 바로 옆자리 표를 구해 줄 수 있다는 말을 하거나, 당신의 가장 최근 프로젝트를 순조롭게 출발하도록 도와줄 사람을 알고 있다고 말할 때, 당신은 그녀를 다시 호의적인 빛 속에서 바라보게 되고 그녀가 더 흥미롭게 느껴질 것이다. 마침내 대화는 제자리로 돌아온다. 하지만 바로 그다음 순간 그녀가 사람들의 이름을 언급하기 시작한다. 그리고 갑자기, 자랑을 일삼던 장인을 떠올리게 할 때 당신은 혐오감을 느낀다. 사실, 그녀에 대한 당신의 지각 외에는 이 사람에 대해 그 어떤 것도 바뀌지 않았다. 이것은 투사의 힘이다. 만일 당신이 이 현상을 이해한다면, 왜 당신이 한순간 어떤 사람을 사랑하고 바로 다음 순간 그 사람이 참을 수 없이 짜증스럽다고 느낄 수 있는지를 이해하게 될 것이다.

우리의 주인 없는 어둠은 우리 주변 사람들의 스크린에 지속적으로 나타난다. 우리는 어머니 속에서 우리의 복종을, 아버지 속에서 우리의 탐욕을, 남편 속에서 우리의 게으름을, 혹은 정치인 안에서 우리의 바름을 볼 수 있다. 투사는 이렇게 들린다. "그녀는 아주 자기중심적이야." "그는 자기 자신으로 온통 꽉 차 있어." "얼마나 바보인가. 그는 정말 패배자야." 투사는 다섯 명의 자녀들이 왜 같은 집에서 자라고도 부모에 대해 각자 다른 경험을 말하는지, 부모에게 다른 종류의 강점과 약점을 부여하는지, 그리고 다른 성격을 가진 사람들로 기억하는지를 설명한다.

자신의 나쁜 행동을 인식하는 것은 종종 어려운 일이다. 왜냐하면 우리가 계속해서 그것을 다른 사람들에게 투사하고 있기 때문이다. 우리가 다른 사람들의 잘못된 행위에 대해 더 확신하면 할수록 그와 똑같은 무분별한 행동에 대해 스스로 죄책감을 갖고 있을 가능성은 더 높다. A. J., 유명한 식당에서 바텐더로 일하는 그는, 긴 하루의 일과를 마치고 집으로 향했다. 그리고 아내, 가족과 함께 조용한 저녁을 보낼 것을 기대하고 있었다. 집에 도착하기 몇 분 전 그는 갑자기 뒤에서 우리 모두가 두려워하는 사이렌 소리가 계속 울리는 것을 들었다. 차를 갓길에 댔을 때, 그는 자기가 했을지도 모르는 어떤 일을 찾기 위해 기억을 더듬었지만 아무것도 떠오르지 않았다. 그는 창문을 내렸고, 경찰관은 면허증을 보자고 했다.

그가 신분증을 건네주고 난 후, 경찰관은 몸을 안으로 기울이고 물었다. "젊은 양반, 술을 마셨나요?"

A. J.는 "아닙니다, 경찰관님. 저는 일터에 있었습니다."라고 대답했다.

"젊은 양반, 나는 당신이 술을 마셨다고 믿습니다. 그리고 진실을 말하는 것이 당신에게 가장 유리할 것입니다. 당신은 일터 말고 어디 딴 곳에 있었지요?" 경찰관은 반어적으로 물었다.

A. J.는 흥분하고 약간 방어적인 기분이 들어서 이렇게 말했다. "아닙니다, 경찰관님. 저는 술을 마시지 않았습니다. 사실 저는 스포츠 바에서 당신에게 오후 내내 술을 제공하고 있었습니다."

놀랐음이 분명한 경찰관은 A. J.에게 운전면허증을 돌려준 다음 순찰차로 가서 차를 몰고 사라졌다. 이것은 투사의 완벽한 예다. 그 경찰관이 약간 술기운에 젖어서, 어쩌면 근무 중에 술을 몇 잔 한 것에 대해 조금 죄책감을 느끼고 '휴식'을 마친 다음 일로 돌아갔을 때, 무의식적으로 자기 자신을 찾기 시작한 것이다.

우리가 피하려고 노력하는 자신의 부분들은 아마 우리에게는 숨겨져 있을지 모르지만, 그것과는 상관없이 우리 에너지장의 일부로서 존재한다. 우리가 화해하지 못한 행동과 느낌들은 언제나 자신을 투사할 스크린을 찾을 것이다. 그리고 우리가 다른 사람 앞에서 흥분을 느낄 때, 이런 일이 일어나리라는 것을 확신할 수 있다. 당신의 가슴에 100개의 다른 전기 방출구가 있다고 상상해 보라. 각각의 방출구는 다른 자질을 대표한다. 당신이 인정하고 끌어안은 자질들은 그것들을 덮는 덮개판을 갖고 있다. 그것들은 안전하다. 그것들 속에는 그 어떤 전기도 흐르지 않는다. 하지만 당신이 괜찮다고 여기지 않는 자질들, 아직 자기 것이라고 하지 못한 자질들은 전하를 갖고 있다. 그래서 다른 사람이 와서 원하지 않는 자아의 이미지를 당신에게 되비출 때 거기에 반응하게 된다.

여기에 한 예가 있다. 나는 한때 내가 약간 뚱뚱하고 건강하지 못하다고 여겼던 어떤 남자와 데이트를 한 적이 있다. 몇 달간의 데이트 후에 나는 우리가 어디를 가든 그가 과체중인 남자, 배가 불룩 나온 남자, 혹은 바지가 너무 낮게 내려온 남자를 지적한다는 것을 알아차렸다. 어느 날, 낭만적인 휴가를 위해 공항을 가로질러 걷고 있을 때, 그는 결코 알지도 못하고 앞으로 다시 볼 일도 없을 다른 남자를 손가락으로 가리키며 이렇게 말했다. "대단한 게으름뱅이로군. 저 남자가 왜 자기 자신을 돌보지 않는다고 생각해?"

나는 마침내 더 이상 입을 다물고 있을 수가 없었다. 그리고 그가 자신의 체중 걱정을, 알지도 못하는 여러 명의 가여운 뚱뚱한 남자들에게 투사하고 있을 뿐이라는 말을 하기 위해 용기를 냈다. 나는 그들에게 손가락질을 하는 대신 그저 자기를 내려다보아야 한다고 그에게 제안했다. 나는 그가 마치 처음인 것처럼 불룩 튀어나온 자기 배를 보며 에스컬레이터에서 내리느라 발을 헛디딜 것이라고 생각했다. 자기도 역시 11kg의 원치 않는 체중을 끌고 다니고 있었다는 것을 깨달았을 때, 그는 고개를 숙였다. 창피한 나머지 그는 멋쩍어하며 자기가 정말로 다른 남자들처럼 보이냐고 물었다. 즐거운 주말여행을 망칠 것을 두려워하며 나는 거짓말을 했고 그가 다른 사람들만큼 나쁠 정도는 아니라고 말했다. 하지만 우리가 공공장소에 있을 때 그의 눈길이 향할 수 있는 수많은 다른 곳들이 있었을 것이라고 말했다. 그러므로 그것은 틀림없이 어떤 차원에서, 그가 진정으로 자기 몸에 책임을 지고 자기가 세상에 드러나는 방식을 바꾸기를 원했다는 것을 의미한다. 그렇지 않다면 그가 그렇게 민감하지 않았을 것이다.

그가 집중할 수 있었던, 문자 그대로 수백 가지의 다른 특성이 있었다. 다른 사람의 머리, 미소, 아름다운 눈 혹은 큰 코……. 하지만 그는 그러지 않았고 오직 다른 남자의 배에만 집중했다. 우리의 투사는 언제나 우리를 충격에 빠뜨린다. 우리가 다른 사람을 판단하고 있을 때, 사실은 자신에 대해서 말하고 있다는 것을 생각하지 못한다. 하지만 우리의 손가락질을 한 번 이해하면, 우리는 자신의 지각과 다른 사람에 대한 가혹한 판단에서 스스로를 풀어 주기 시작할 수 있다. 우리는 반드시 "당신이 본다면 이해할 수 있다."는 오래된 옛말을 기억해야만 한다.

만일 우리가 자신의 화를 부정하거나 그것에 대해 불편해한다면, 우리 눈은 자동적으로 모든 화난 사람을 찾고 발견해 낼 것이다. 만일 우리가 몰래 거짓말을 하거나 과거에 거짓말을 했다는 것에 대해 자신을 비판한다면, 우리는 다른 사람들의 부정직함에 대해 응당 기분이 좋지 않을 것이다. 내가 여러 해 동안 워크숍을 이끌면서 사람들에게 이 투사라는 개념을 제안하고, 다른 사람들 속에 있는 좋아하지 않는 자질들이 그들에게도 있다는 말을 했다는 이유로 사람들이 내게 화가 났을 때, 나는 놀랄 만큼 재미있는 순간들을 겪었다. 내가 가장 좋아하는 것 가운데 하나는 아름다운 20대 후반의 라틴계 여자가, 쉬는 시간 동안 나에게 다가와서 자기가 사귀었던 남자를 인정하지 않았던 아버지와 자신은 전혀 닮지 않았다고 주장했을 때였다. 내가 그 이유를 아느냐고 물었을 때, 그녀는 그가 인종주의자이기 때문이라고 대답했다. 그녀는 자기가 오직 아시아 남자만 사귀었고, 아버지는 그들을 인정하지 않았다고 말했다. 내가 농담하듯이 그녀에게 어떤 라틴계 여자가 오직 아시아 남자만 사귀냐고 물었을 때, 그녀는 얼굴에서 화가 모두 사라진 채 온순하게 대답했다. "인종주의자인 사람?" 그녀는 그 순간 아버지처럼 자신이 약간 인종주의자였다는 사실을 깨달았다. 왜냐하면 그녀는 자신과 같은 배경을 가진 남자는 결코 사귀지 않을 것이었기 때문이다.

자신은 결코 판단을 일삼는 아버지와 같은 사람이 아니라고 주장했던 또 다른 여자가 있었다. 그녀의 아버지는 언제나 그녀에게 무엇이 잘못되었는지를 지적했다. 그녀는 아버지가 가식적이고, 형편없고, 비판적이고 화난 사람이라고 말했다. 내가 이 대화의 과정에서 방금 전에 그녀가 아버지에게 했던 것에 대해 물었을 때, 그녀는 자기가 아버지에게서 보았던 것처럼 재단하는 행동을 보여 주고 있었다는 것을 깨달았다. 또 다른 때, 한 남자가 일어나서 자기가 얼마나 마음이 닫힌 사람들을 미워하는지, 직장과 자기 동네에서 어떤 식으로 그런 사람들에게 둘러싸여 있는 것 같은지에 대해 말했다. 그러고 나서 어느 날, 그의 사랑하는 아들은 대학에서 돌아와 자신이 동성애자임을 선언했다. 이 남자는 역겨움으로 가득 찼다. 아내가 그를 진정시키려고 노력했을 때, 그는 바로 자기 자신이, 그가 언제나 경멸했던 마음이 닫힌 사람이라는 것을 깨달았다. 그리고 그것이 '그림자 과정'의 워크숍으로 그를 이끌었다. 우리의 투사를 인정하는 것은 용기 있고 우리를 겸손하게 하는 경험이고, 평화를 찾기 위해 우리 모두가 반드시 거쳐 가야만 하는 것이다. 그것은 다른 사람 안에서 좋아하지 않는 바로 그것을 우리가 할 수도 있고, 종종 하기도 한다는 것을 인정하게 만든다.

유명한 투사의 예가 많이 있다. 전 뉴욕 주지사 엘리엇 스피처는 매춘을 근절하기 위한 노력에 그의 이력을 바쳤다. 왜냐하면 그것은 결코 받아들일 수 없는 일이라고 여겼기 때문이다. 그러고 나서 그는 매춘부 스캔들에 빠지게 되었다. 전 하원 대변인 뉴트 깅리치는 계속해서 분노에 차서 손가락질을 했고, 성적으로 부적절한 행동을 했다는 이유로 빌 클린턴을 탄핵하기 위한 기소를 이끌었는데 나중에 혼외정사 사실이 발각되었다. 유명한 연설가 테드 해거드는 동성애의 부도덕성에 대해 욕했던 사람인데, 나중에 약물로 자극된 동성애 관계를 맺은 것이 드러났다. 그리고 라디오의 저명 인사였던 러시 림버는 자신의 라디오 쇼에서 공개적으로 약물 중독자를 수치스럽게 만들고 조롱했던 사람인데, 나중에 자신이 처방 약물에 중독되었다는 것을 시인했다. 나는 자신들이 지금 보여 주고 있는 그 행위를 공개적으로 악마 취급하고 경시하는 사람들의 예를, 문자 그대로 수천 가지 들 수 있다. 당신은 이 사람들이 정말로 자신의 삶과 경력을 망치고 공개적으로 자신에게 굴욕감을 주고 가족을 수치스럽게 하기로 작정하고 나섰다고 생각하는가? 이것이 과연 그들의 의도였는가? 아니면 그들은 실제로 자신의 행위에 놀라고 깊이 실망했는가? "악마가 내가 그렇게 하도록 만들었다."는 정말로 그림자의 위장인가?

셰익스피어가 탁월하게 말했던 것처럼 "그 여자는 너무 많이 아니라고 한다." 자신이 정당하게 부정하는 자질이나 행동 혹은 느낌이 어떤 것이든 그것은 바로 우리가 정신 속 깊은 곳에 품고 있는 것임을 확신할 수 있다. 우리는 다른 사람에 대해 비판하는 것과 똑같은 것을 대부분 자신이 하고 있다는 사실을 발견하기 위해서 멀리 보지 않아도 된다. 그것은 전혀 다른 방식으로 나타날지도 모른다. 하지만 우리의 행위 뒤에 있는 영향력은 사실 똑같다. 우리 안에 있는 영향력을 확인하는 것은 때때로 힘든 일일 수도 있다. 왜냐하면 우리가 투사하고 있는 사람의 행동과 똑같은 것을 보여 주고 있지 않을 수도 있기 때문이다. 하지만 그것은 우리 안에 있다. 우리가 그것을 덮을 덮개판(여러 개의 전기 방출구라는 이전의 이미지를 쓴다면)이 없는 어떤 특징을 갖고 있을 때, 우리는 스스로 그 부정된 측면을 인정하고 치유하고 끌어안는 것을 돕기 위해 사람들과 사건들을 삶에 끌어들인다.

만일 우리가 자신을 괴롭히는 다른 사람들의 자질을 끌어안는다면, 그것들에 의해 더 이상 방해받지 않을 것이다. 우리는 어쩌면 그것들을 알아차릴지도 모르지만 그것들은 우리에게 영향을 미치지 않을 것이다. 그런 방출구 위에는 덮개판이 있을 것이기 때문에 거기에는 더 이상 전하가 없을 것이다. 우리가 다른 사람의 행동 때문에 감정적으로 자극되는 것은 오직 우리가 자신에게 거짓말을 하고 있거나 자신의 어떤 측면들을 미워하고 있을 때다. 존경받는 철학자이자 심리학자인 켄 윌버Ken Wilber는 다음과 같이 크게 구분한다. 그가 말하기를 만일 주변 사람이나 사물이 우리에게 정보를 준다면, 그리고 우리가 일어나고 있는 어떤 일을 정보나 흥미로운 것으로 받아들인다면 우리가 투사를 하고 있는 것은 아닐 것이다. 만일 그것이 우리에게 영향을 미친다면, 그리고 우리가 판단하면서 손가락질을 하고 있고 거기에 관계되어 있다면, 우리는 자신의 투사의 희생양일 가능성이 높다.

우리가 투사해 온 다른 사람들의 모든 부분을 다시 받아들일 수 있을 때까지 우리가 받아들이기를 거부하는 것은 그 무엇이든 계속해서 우리 삶에, 자신의 행동 속에 혹은 우리와 가까운 다른 사람의 행동 속에 나타날 것이다. 우리가 그림자를 다루지 않을 때 그것은 우리의 관계에 부정적인 영향을 미칠 것이다. 그것은 주변에 있는 사람들의 선물에 우리가 온전히 현존하는 것을 앗아갈 것이다. 왜냐하면 우리가 다른 사람들이 누구인지를 진정으로 보는 것으로부터 스스로를 눈멀게 하는 판단이라는 방어벽을 세울 것이기 때문이다. 그것은 전체로서의 관계에서 우리의 주의를 딴 데로 돌릴 것이다. 대신, 다른 사람들에 대해 잘못되었다고 믿는 것으로 우리의 눈과 주의가 향하도록 강요할 것이다.

필라의 행동은 투사라는 현상의 완벽한 예다. 자신이 착한 딸이라는 사실을 자랑스러워하는 40대 초반의 여성 필라는, 모으는 것에만 관심이 있다는 이유 때문에 아버지에게 계속 화가 났다. 일요일마다 아버지를 방문하기 위해 그의 집으로 차를 몰고 갈 때, 그녀는 불안하고 기분이 상하기 시작했다. 아버지와 딸이 함께하는 오후의 시간을 갖기 위해 그의 거실로 걸어 들어갈 때, 그녀는 아버지에게 어떻게 지내는지를 묻거나 자기 삶의 근황을 알려 주는 대신, 바닥에 쌓여 있는 온갖 신문 더미들과 그의 작은 삶의 공간 여기저기에 흩어져 있는 수백 가지의 추억 어린 물건들에 대해 잔소리를 늘어놓기 시작한다. 물건들을 내다 버리지 못하고 모든 것을 쓰레기통에 내버리라는 그녀의 말을 듣지 못하는 아버지에 대한 답답함 때문에 필라는 쓸데없는 물건들을 못 버리는 그의 무능력함을 지적하는, 업신여기는 대화를 시작한다. 이처럼 판단하는 분위기 속에 앉아 있으면서 두 사람 모두 슬픔을 느끼고, 그들의 만남은 단조롭고 서로의 생명력을 빼앗는 것으로 끝이 난다. 필라는 언제나 자신에 대해 기분이 좋지 않은 채 차를 몰고 떠나고, 그의 아버지는 속으로 그녀가 더 이상 오지 않기를 바란다. 비록 그런 말을 하기에는 너무 친절하고 외로운 사람이긴 하지만…….

어느 날 남편 에밀리오과 함께 쓰는 집 안의 사무실에서 일하고 있는 동안, 필라는 자신에 대해 무언가를 깨달았다. 에밀리오는 그녀가 쓰고 있는 서랍 가운데 하나를 비워 줄 수 있는지, 그래서 그가 서류들을 넣어 둘 공간을 더 가질 수 있는지 물었다. 그녀는 기분이 상해서 8개의 서랍 중에서 6개가 자기의 중요한 서류들을 위해 필요하다고 재빨리 대답했다. 그리고 그에게 공간이 더 필요하다면 창고를 빌릴 수 있을 것이라고 말했다. 함께 나누어 쓰지 못하는 아내에게 화가 난 에밀리오는 아내의 수납장 서랍들을 확 잡아당겨서 하나씩 열고는, 신문과 잡지 조각들로 가득 찬 수백 개의 파일들을 내놓기 시작했다. 그녀는 에밀리오가 고함치는 소리를 들었다. 비록 더 이상 그가 말하고 있는 내용을 듣고 있지는 않았지만……. 그녀는 놀랐다. 여기, 바로 그녀 앞에 아버지의 나쁜 습관이 고스란히 있었다. 그녀는 이 모든 오려 낸 조각들이 에밀리오에게는 쓸모없는 쓰레기일 뿐이라는 것을 볼 수 있었다. 그녀는 이런 오려 낸 조각들을 오래 간직해 왔다. 심지어는 20년 전 대학에 다닐 때의 쿠폰들까지도…….

불현듯 그녀는 마음을 돌려서 여전히 그녀의 서랍 속에 있는 것의 반절은 필요 없는 것들이라고 주장하고 있는 방으로 돌아와서, 큰 소리로 웃기 시작했다. 단 몇 분 만에 그녀는 자기 그림자가 드러났을 때 메스꺼움을 느꼈던 상태에서 투사의 환상을 깬 자유로운 존재로 이동했다. 그녀는 자신이 어떻게 아버지와 똑같은 자질을 보여 주고 있었는지를 보았다. 비록 그것이 닫힌 수납장 서랍에 숨겨져 있었을지라도……. 그녀는 자신이 모아 두기만 하는 사람이었다는 사실을 수용했고, 남편에게 그녀가 오려 두었던 조각들을 치우고 버릴 수 있도록 도와달라고 부탁했다. 왜냐하면 스스로 그렇게 하는 것이 어려울 것이라는 것을 알았기 때문이다. 그녀는 아버지가 자신의 물건들을 사랑했던 것처럼 그녀의 온갖 종잇조각들을 사랑했다.

에밀리오가 한 개만이 아니라 세 개의 서랍을 갖게 되고 나서 며칠이 지난 후, 필라는 아버지에게 자신의 이야기를 들려주고, 그렇게 비판을 잘했던 자기를 용서해 달라고 청하기로 마음먹었다. 아버지와 딸은 함께 웃었고 서로를 안아 주었다. 그것은 그들이 일상적인 인사로 늘 해 오던 것이었지만 사랑과 존경의 진정한 표현이었던 적은 한 번도 없었다. 그녀가 죄책감을 시인한 것은 필라와 아버지 사이에 다정하고 존경이 깃든 새로운 관계를 열어 주었고, 그가 조금씩 자신의 과거를 내려놓을 수 있는 데 도움이 되었다. 심지어 그는 매주 일요일마다 몇 개의 쓰레기통을 치우는 일을 그녀가 돕도록 허락했다.

여기에 아주 가슴 뛰게 하는 일이 있다. 당신이 투사를 이해할 때 다시는 결코 똑같은 방식으로 세상을 보게 되지 않을 것이다. 이 홀로그래피의 세상에서 모든 사람과 모든 것은 거울이다. 그리고 당신은 언제나 자신을 바라보고 있고, 자신에게 말을 하고 있다. 만일 스스로 선택한다면 당신은 이제 자신에게 감정적으로 영향을 미쳤던 것을 경고로, 자신의 그림자를 드러내기 위한 단서로, 자신의 숨겨진 측면을 되찾을 기회를 주는 성장의 기폭제로 바라볼 수 있다. 당신이 끌어안는 그림자의 모든 측면은 당신으로 하여금 더 많은 사랑과 더 많은 자비, 더 많은 평화 그리고 더 큰 의미의 자유를 경험할 수 있게 해 준다.

그리고 우리의 투사를 인정하는 것에는 더 좋은 소식이 있다. 투사를 인정할 때 우리 삶 속에 있는 사람들은 더 많은 자유로움을 경험하고 그들의 행동을 변화시킬 기회를 갖게 된다. 우리가 어떤 자질, 행동 그리고 느낌들과 관계를 끊고, 그것들을 다른 사람의 것으로 돌릴 때 그 특성들은 우리가 아닌 다른 사람들 속에 실제로 존재하는 것처럼 나타난다. 하지만 나는 몇 번이고 계속해서 사람들이 투사의 환상으로부터 깨어날 때, 그들이 투사해 온 사람들이 변하는 것을 보아 왔다. 그들은 자유롭게 다르게 나타난다. 우리가 그것들을 있는 그대로 볼 수 있을 때, 자신의 판단과 흐려진 지각으로부터 그것들을 해방시킬 때, 새로운 실재가 나타난다.

우리는 궁극적으로 존재하는 모든 자질들을 드러내고, 인정하고 포용하는 곳으로 가야만 한다. 그래서 우리가 더 이상 우리의 단절된 측면들을 다른 사람들에게 투사하지 않을 수 있어야 한다. 그래서 투사의 미혹한 렌즈가 아닌 넓은 연민의 렌즈를 통해서 사람들을 볼 수 있는 자유를 누릴 수 있어야 한다. 우리가 자신뿐만 아니라 세상에서 보는 모든 사람을 사랑하는 자유를 누리게 되는 것은 바로 그때다. 우리가 진정한 자유를 경험하는 것은 바로 그때다.

그림자의 가면 벗기기

주인이 없는 우리 자신의 부분들을 찾기 위한 또 하나의 효과적인 방식은 우리가 여러 해 동안 어려움을 겪어 온 반복적인 행동 패턴들을 탐색하는 것이다. 주인 없이 우리 자신의 거부된 부분들에서 나온 이 행동 패턴들은 우리의 피할 수 없는 벌이 된다. 우리는 종종 받아들이기 어려운 우리의 행동 자체가 그 행동을 하게 된 근본 원인을 찾는 것보다 더 문제라고 믿도록 스스로를 속인다. 우리는 여러 해 동안을 한결같이 10파운드 살을 뺀다거나, 혹은 담배나 여색에 빠지는 일, 또는 과소비를 하는 행동과 싸우면서 보낼지도 모른다. 그리고는 결국 시작했던 곳에 그대로 있거나 심지어는 더 나쁜 상황에 있는 자신을 발견한다. 하지만 우리가 만약 우리의 행동패턴들이 억눌린 느낌들 또는 절연되거나 수치스러운 그림자의 측면으로부터 형성되었다는 사실을 이해한다면, 우리는 행동의 근본 원인으로 가서 그 패턴을 해체할 수 있다.

모든 습관적인 행동은 우리가 자신에 대해 특정한 해석을 하게 만든 과거의 경험들로부터 나온다. 어떤 생각들은 그런 해석에서 생겨났고, 또 그 생각들은 우리 자신에 대해 특정한 방식, 흔히 부정적인 방식으로 느끼도록 만든다. 이런 원치 않는 느낌들에 관여하고 싶지 않은 욕망은, 우리가 스스로를 더 기분 좋게 만들 방법을 찾게 만든다. 그렇게 해서 자기를 파괴하는 우리의 행동이 탄생한다.

아네트가 여섯 살이나 일곱 살쯤이었을 때 그녀의 엄마는 처음으로 자기가 외출할 테니 저녁 동안 혼자 있으라는 말을 했다. 하늘이 어두워지자 아네트는 빈 아파트를 돌아다니며 엄마가 자신을 사랑하지 않는다는 판단을 내렸다. 그녀는 엄마에게 뭔가 나쁜 일이 일어날 것이고, 자기는 영원히 혼자 남겨질 것이라는 생각에 사로잡혔다. 이것은 그녀가 외롭고, 두렵고, 공황 상태 같다고 느끼게 만들었고, 그 무엇보다 엄마가 집에 있고 저녁밥을 해 주는 다른 아이들과는 다르다고 느끼게 만들었다. 아네트는 이런 느낌을 잠재우기 위해 엄마가 남겨 놓은 커다란 분홍색 도넛 박스가 있는 주방으로 여러 번 향하고 있는 자신을 발견했다. 그녀는 그 간식이 최소한 잠깐 동안은 자신의 고통스러운 느낌을 그다지 나쁘지 않은 것으로 만들어 준다는 것을 배웠다.

우리가 만일 자신의 행동 양식들—특히 우리가 반복하기를 원하지 않는 것들—을 탐색한다면, 숨기거나 덮으려고 노력하고 있는 자신의 그림자라는 측면을 항상 발견하게 된다. 그러고 나서 우리는 단단히 은폐하는 가운데, 자기에게 우리가 찾는 구원을 주는 대신 결국은 상처를 강화시킬 행동 양식을 만들어 낸다.

헬레나는 계속해서 압도되고 불안해했다. 그 까닭은 그녀가 직장의 프로젝트, 집안일 그리고 차의 오일을 가는 것이나 치과 예약 같은 것을 미루는 자신을 발견했기 때문이었다. 미루는 버릇의 결과를 대면하게 될 때마다 그녀는 스스로 변화하리라는 강한 다짐을 했다. 헬레나는 이런 유형의 행동이 감정적으로 기운을 떨어뜨리고 힘이 빠지게 하는 것임을 분명히 알고 있었다. 후회로 가득 찬 헬레나는 내게 전화를 걸어 단 하루도 더 이상은 견딜 수 없다고 선언했다. 그녀가 소리치는 것을 듣고 난 후 나는 그녀에게 이 유형의 근본 원인, 그녀에게서 평화롭고 기쁜 삶을 앗아가 버린 그림자라는 부분을 찾을 준비가 되었는지 물었다. 두려움과 약간의 체념으로 그녀는 그렇다고 했다.

그래서 나는 첫 번째 질문을 던졌다. 어떤 종류의 사람이 미루는가? 갑자기 그녀는 쾅쾅 울리는 텔레비전과 함께 소파에 누워 있던 의붓아버지의 이미지를 보았다. 그는 자신이 집에서 해야 할 일을 해놓지 않았고, 그녀의 엄마는 잔뜩 화가 나 있었다. 그 상처의 뿌리를 찾았을 때, 그녀는 의붓아버지가 가졌던 것과 똑같은 원치 않는 자질들을 자신이 갖고 있었다는 사실을 깨닫고 수치스럽고 창피함을 느꼈다. 내가 의붓아버지에 대해 어떤 해석을 하느냐고 물었을 때, 그녀는 비록 그가 이력에서는 매우 성공적이었다고 해도, 게으르고 쓸모없는 사람이라고 생각했다고 말했다. 그 당시 열세 번째 생일을 맞이하기 조금 전일 뿐이었던 헬레나는 그날부터 결코 의붓아버지처럼 게으르지 않으리라고 다짐했다. 사실 주변 사람들은 그녀에 대해 그와 정반대라고 말했을 것이다. 그녀는 뭔가를 하는 사람이었고, 매우 효율적이고 생산적이며, 추진력이 있고 에너지가 넘쳤다. 하지만 헬레나는 언제나 자기 삶에서 어떤 것이 안 된 채로 남아 있고 그녀가 나서서 대처해 주기를 기다리는지 알았다. 그녀는 자신의 의붓아버지에게 고함 소리와 함께 퍼부어지던 "당신은 아무 짝에도 쓸모없는 게으른 인간이야."라는 이름을 기억했다. 그리고 쉽게, 자신을 계속 사로잡은 그 내면의 대화와 동일시했다. 의기소침하게 만드는 진실은, 이 똑같은 말을 그녀가 해마다 점점 더 스스로에게 반복하고 있다는 사실이었다.

그러나 이제 성인으로서, 그녀는 자신이 비록 매일 엄청나게 많은 일을 하느라 매우 바쁘기는 하지만, 그래도 성공적인 자기 삶에 정말로 중요한 것을 하지 못했다는 사실을 알았다. 비록 자기가 의붓아버지처럼 게으른지도 모른다는 생각에 깜짝 놀라서 잠시 앉아 있었지만, 그녀는 자신이 그토록 완벽하게 숨겨 온 이 그림자라는 특성이 자신의 삶에 뿌리를 내렸었고, 이제 이 자기 패배적인 패턴에서 스스로 자유로워지려면 뿌리를 뽑아야 한다는 사실을 볼 수 있었다. 실제로 자기 자신에 관한 일에서는 게을렀다는 사실을 그녀가 받아들이는 데는 그렇게 오랜 시간이 걸리지 않았다. 이제 자기 행동의 진정한 원천을 앞에 두고, 그녀는 자신의 게으른 부분과 화해하는 과정을 시작할 수 있었다. 그렇게 함으로써 그것이 매일 그녀의 선택을 약화시키지 않고 그녀에게서 자기 존중과 꿈을 앗아가지 않도록 했다.

마음의 평화와 행복, 안전을 위협하는 어떤 행동을 발견할 때마다 우리는 내면세계에 주의를 기울이고 우리 행동의 근본적인 원인을 탐색하라는 간청을 듣는다. 그렇게 할 때 우리는 자기 그림자의 어떤 측면을 드러내게 될 것이다. 그렇게 하는 데 1년이나 평생이 걸릴 필요는 없다. 우리의 과거에서 온 어떤 유형을 드러내는 데는 5분간의 근본적인 정직함이면 된다. 만일 알지 못한 채 숨겨 온 충동들이 우리 안에 있다는 것을 발견하면, 그것을 자각의 빛 속으로 가져오고 우리가 경험한 고통에 대해서 자기 자신과 다른 사람들을 용서할 수 있는, 그리고 자기 패배적인 행동에서 자유로워질 수 있는 권리와 능력을 갖게 된다.

자기를 소홀히 하는 것은 당신이 반드시 마주해야만 하는 행동의 한 유형일 수 있다. 당신은 다른 사람을 위해서는 그곳에 있으면서도, 자신을 위해서 거기 있는 법은 전혀 알지 못한다. 당신의 꿈은 남편과 아이, 형제와 친구들이 자신들의 필요를 충족시키는 것을 돕느라 미루어져 왔다. 마침내 당신은 자신과 자신의 욕망을 소홀히 하는 단 하루의 시간도 더 이상은 견딜 수 없다. 당신은 "어떤 종류의 사람이 자신의 꿈은 추구하면서, 다른 사람을 위해서는 함께 해 주지 않는가?"라고 질문함으로써 이 행동의 유형을 추적한다. 당신이 듣는 대답은 "이기적인 사람."이라는 것이다. 당신은 잠시 자기가 그런 이기적인 사람이 아니라는 사실에 행복함을 느낀다. 그것은 당신이 이기적인 사람을 싫어하기 때문이다. 과거를 돌아보면서, 당신은 종교적인 학교에서 여러 번 거듭해서 이기적인 것이 얼마나 나쁜지에 대해 들었던 것을 기억한다. 그래서 당신은 스스로 옳다고 믿었던 것을 결정했고, 그것은 결코 그런 사람이 되지 않으리라는 것이었다. 대신 당신은 그 반대가 되었다. 세상을 위해서라면 무엇이라도 할, 이기적이지 않고, 마음이 넓고, 다정하고 친절한 사람이 되었다. 그리고 그런 내면의 결심과 함께 사람들을 기쁘게 해 주는 것이 당신의 패턴이 되었다.

이런 고리를 끊고 화해하기 위해서, 이제 당신은 이기적이라는 개념에 대해 스스로가 느끼는 싫은 마음을 직면해야만 한다. 그리고 과거에 당신이 이기적이라고 생각했던 그 모든 사람에게 품었던 판단들을 드러내야만 한다. 당신은 '이기적'이라는 말에 부여했던 부정적인 암시를 인정해야만 한다. 그리고 그 말을 해석하는 자신의 방식이 제약을 가져오고, 힘을 빼앗고, 경직된 것임을 기꺼이 보려고 해야 한다. 이기적인 사람은 나쁘고 잘못되었다고 스스로 단정했거나 그런 말을 들었던 것이 언제였는지를 찾아보아야 한다. 당신은 자신의 이기적인 부분에 기꺼이 마음을 열어야 하고, 이기적인 것은 나쁘다는 것을 인식시켜 주었던 사람들을 용서할 수 있어야 한다. 인간으로 존재한다는 것은 어느 정도의 이기심과 똑같은 크기의 이타심이 함께 한다는 이원적 견해를 당신은 인정해야 한다. 만일 이기적이라는 것에 대한 긍정적인 견해를 찾을 마음이 없거나 그렇게 할 수가 없고, 그것을 계속 그림자 속에 두기를 고집한다면, 당신은 자신의 개인적 성장과 영혼의 욕구를 충족시키는 데 중요한 것을 계속 무시하게 만드는 행동패턴 속에 지속적으로 갇히고 옥죄이게 될 것이다.

우리를 갇혀 있게 만드는 것을 포용하기 위해서는 이기적인 자아의 선물을 찾으려는 용기를 내야만 한다. 만약 자기를 소홀히 하는 것이 하나의 패턴이라면, 이기적인 것은 우리의 진정한 자아를 찾기 위해 포용해야 할 결정적인 특질이다. 자신이 꿈꾸는 대로 살도록 다른 사람을 지지하는 것은 훌륭하다. 나는 우연히 그것을 직업으로 삼게 되었다. 하지만 내가 이기적인 행동을 결코 선택할 수 없었다면,

나는 책 쓰는 일을 절대 끝낼 수 없었을 것이다. 왜냐하면 나는 늘 전화를 받거나, 나의 도움과 관심을 원하는 수많은 사람 가운데 누군가를 돕느라 동분서주했을 것이기 때문이다. 만약 우리가 이기심과 이타심 사이에서 선택할 수 없다면, 우리는 삶의 마지막 순간에 자신에게 정말로 중요한 것을 지나쳐 가도록 내몰리게 될 것이다. 자유는 우리 삶의 어떤 순간에든, 우리가 되고자 하는 그 누구나 그 무엇을 선택할 수 있다는 것이다. 만일 좋아하지 않는 어떤 것이 되는 것을 피하기 위해 어느 특정한 방식으로 행동해야만 한다면, 우리는 덫에 걸려 있는 것이다. 우리는 스스로의 자유를 구속하고, 자신으로부터 전체성을 빼앗아 왔다. 만일 게으를 수 없고 화가 날 수 없다면, 우리는 자유로울 수 없다. 우리가 우리 자신의 이런 부분들을 다시 찾을 때, 우리가 우리의 진정한 위대함을 소유하기 위해서라는 사실을 기억하는 것은 지극히 중요하다. 그것은 "나는 선하기보다는 전체가 되고 싶다."라는 융C. G. Jung의 말에서 가장 잘 표현되었다.

과거로 가는 이 여행이 처음에는 약간 벅차게 느껴질지도 모른다. 하지만 사실 이 여행은 우리가 할 수 있는 가장 보람 있는 여행 가운데 하나다. 우리의 그림자를 드러내고 그것이 어떻게 뿌리 내렸는지를 보고, 후회하게 될 어떤 일을 하거나 의도하지 않은 말을 하기 전에 스스로를 알아차리는 것은 아주 흥미로운 일이다. 우리의 그림자는 우리를 위해서, 자신에 관한 가치 있는 통찰을 주기를 기다리면서 그곳에 있다. 우리는 자기 파괴적인 행동으로 몰고 가는 그림자를 포용하지 않고는 결코 그런 행동을 다스리거나 물리칠 수 없다. 만일 최초에 그림자라는 측면을 거부하게 만든 그 그림자의 뿌리와 정서적인 괴로움을 기꺼이 노출시키고자 한다면, 깨지거나 변화될 수 없는 행동패턴은 없다. 이런 행동을 자리 잡게 한 자신의 일부분을 연민적으로 포용할 수 있을 때, 우리는 자신의 행동에 대한 힘을 되찾을 수 있고 원치 않는 행동패턴들에 대한 자동적인 반응을 멈출 수 있을 것이다. 이 과정은 종종 어려운 문제를 일으킬 수 있다. 왜냐하면 우리는 인간으로서 안전하다고 느끼는 것을 원하게 되어 있고, 오래된 똑같은 행동을 되풀이하는 것은 대개 거짓된 의미의 안전을 가져다주기 때문이다. 새로운 결과를 탐색하기보다 과거를 반복하는 것이 왠지 쉽게 느껴진다. 하지만 스스로를 방해하는 반복적인 행동을 끊기 위해서 우리는 잠시 이 안전망이라는 환상을 포기해야만 한다. 그리고 기꺼이 그 이면에 무엇이 있는지를 느끼려고 해야 한다. 그리고 우리가 우리의 그림자의 한 측면이 현존하고 있는 것을 발견할 때, 우리는 원치 않는 행동의 신비를 벗겨 내고 변화를 시작할 수 있을 것이다.

우리가 똑같이 피곤한 옛 패턴들을 맴도는 것은 아무런 이득이 없다는 사실을 더 많이 자각할수록 우리는 용기 있는 자아를 향해 도움을 청하고, 숨겨진 우리 자신의 그림자 부분과 직면해서, 숨김없이 털어놓을 수 있게 된다. 우리는 자신의 내면적인 드라마를 구성하는 캐릭터들의 배역과 친밀해짐으로써, 우리는 평화를 만들고 원하는 삶을 지지하는 것을 배울 수 있다. 반면 우리가 이런 캐릭터들을 만들어 내는 상반되는 힘들을 인정하는 데 실패한다면, 부분적으로만 사실인 우리 자신에 관한 이야기를 믿는 덫에 쉽게 갇힐 수 있다. 그리고 온전히 표현된 인간이 될 수 있는 경이로운 기회에 대한 광경을 잃어버릴 수 있다. 만일 우리 안의 이원성에 대한 인정을 거부한다면 우리는 자기 안에서 가장 목소리가 큰 캐릭터와 자신을 동일시하면서, 그 캐릭터의 의제나 사명이 무엇인지 관계없이 거기에 갇히게 될 것이다.

그림자의 선물

그림자는 당신의 삶의 대본에서 본질적인 특성들을 포함하고 있다. 당신이 할 일은 그림자로부터 배우고, 그것을 통합시키고, 그림자가 당신의 생각을 진화시키도록 하고, 스스로가 만들어 낸 페르소나의 경계를 확장하는 것이다. 당신의 도전은 그림자의 가치를 발견하고 용서와 연민의 빛을 가져옴으로써 그림자가 당신의 삶을 파괴할 수 있는 힘을 약화시키는 것이다. 당신이 할 일은 그림자의 복잡한 특성들을 가져오는 것이고, 당신이 이 생에 예정되어 있던 존재가 되는 데 그것들의 힘과 가능성을 성스러운 연료로 이용하는 것이다.

만일 당신 안에 있는 악당이 화가 나 있다면, 자기 안의 이 부분을 용서해야 하고, 그 화는 당신이 어떤 불의나 억압에 맞서 싸우기 위해 혹은 학대하는 상황에서 자신을 벗어나게 하고 경이로운 삶을 만드는 길로 다시 돌아갈 수 있게 하기 위해 당신에게 필요한 것이라는 가능성을 고려해야만 한다. 만일 당신의 그림자가 자신이 누구인지, 그리고 자신이 무엇을 생각하는지에 대한 두려움으로 가득 차 있다면, 그리고 거짓되고 진실하지 못한 자아를 만들어 냄으로써 진정한 자신에게 가면을 씌운다면, 당신은 자신을 용서하고 그러한 특질들이 어디에서, 어떻게 쓰일 수 있는지를 찾아보아야만 한다. 아마도 당신의 이런 부분들은, 통제하려고 드는 파트너나 당신과 아이들의 관계를 무너뜨리겠다고 위협하며 괴롭히는 전남편에게 당신이 대처할 수 있도록 도와줄 것이다. 만일 당신 삶의 이야기 속 악당이 결코 채워질 수 없고, 언제나 그것의 공허함을 채우기 위해 뭔가를 찾고 있다면, 당신은 중독을 키우거나 계속 자기 학대를 하는 것으로 그림자의 욕망을 억누르지 않아도 된다. 대신 자신의 이 측면의 에너지를 동력으로 이용해서 당신의 삶에서 혹은 당신이 소중하게 여기는 누군가의 삶에서 긍정적인 변화를 만드는 데 쓸 수 있다.

핵심은 당신이 이 모든 인간적인 특질을 가지고 있다는 사실에 대해 자신을 용서하고 자신의 모든 측면을 위한 건강한 존경과 건강한 출구를 찾아야 한다는 것이다. 당신은 자신이 가두어 버린 어떤 부분을 언제 필요로 하게 될지 모른다. 당신은 스스로 가치 없다고 여겼던 자신의 어떤 부분이, 언제 자신과 다른 사람들의 변화를 위해 필요한 바로 그 능력을 가져다줄지 결코 알지 못한다.

나에게 제이슨이 떠오른다. 그는 서른 살이었고 강인하고 좋은 인상을 가진 사람이었는데, 온갖 위험한 것에 중독되어 있었다. 어린 소년으로서, 친구들과 가족들에게 '겁쟁이'라는 꼬리표를 얻은 후에 제이슨은 두려움이 그가 가장 원치 않는 것이라고 마음을 다잡았다. 그는 열한 살 때 하키를 시작했고 극렬한 스포츠를 좋아하게 되었다. 위험에 대한 그의 사랑은 완벽한 은폐였다. 산에 오르고 비행기에서 뛰어내리는 그 누군가를 겁쟁이라고 비난할 사람은 없었다.

혹독하기로 이름난 해외 원정 하나를 마치고 집에 돌아온 후, 제이슨은 이혼한 어머니를 찾아가서 그녀의 새 약혼자를 만나기로 마음먹었다. 그는 어머니의 미래의 남자인 잭이 그녀보다 거의 스무 살이나 어리다는 것에 충격을 받았다. 잭이 자기 직업의 이력과 사업에 관한 질문들을 교묘히 받아넘기는 것을 들으면서 저녁 시간을 보낸 후, 제이슨의 두려움은 어머니의 영역에 대한 평소의 존중을 압도했다. 그래서 그는 어머니의 새 남자 친구에 대한 모든 것을 캐내기 시작했다. 인터넷 검색은 아무것도 드러내지 않았다. 그래서 그는 비슷한 또래의 몇몇 아는 사람들에게 잭이 저녁 내내 암시한 백만 불짜리 사업에 대해 확인해 보도록 부탁했다.

며칠 만에, 제이슨의 의심은 잭의 최근의 부도와 형편없는 신용 기록, 소송 그리고 긴 빚 목록을 드러냈을 때 타당한 것으로 밝혀졌다. 잭에게 '수백만 불짜리 사업'을 위한 멋진 사무실 공간은 있었지만, 내세울 만한 어떤 사업을 갖는 것은 실패였다. 자신의 의심이 확인되었음에도 불구하고, 며칠이 지나도록 그는 여전히 아무것도 말할 용기를 낼 수가 없었다. 그의 어머니가 살림살이를 합치기 위해 잭이 곧 그녀의 집으로 와서 함께 살게 될 것이라고 말했을 때, 제이슨은 자신의 걱정을 말할 힘을 얻기 위해 내면을 들여다보았다. 하지만 그는 대신 오직 엄마의 사랑을 잃고 싶지 않은 두려운 작은 소년을 발견했을 뿐이었다. 그의 그림자는 이제 그가 말할 수 있는 것과 말할 수 없는 것을 지시하고 있었다. 제이슨은 그가 목소리를 내야 한다는 것을 알고 있었지만, 그 모든 몇 년 동안 사라졌던 두려운 자아의 현존 앞에서 마비된 것처럼 느꼈다. 제이슨은 오직 두려운 자아를 인정하고 마음을 그곳에—밀쳐 버린 그림자에—개방함으로써 마침내 어머니에게 그가 알았던 내용을 말할 용기를 얻을 수 있었다. 그는 어머니에게 잭이 어떤 사람인지에 대한 진실을 알아낼 때까지 그가 이사 들어오는 것을 다시 생각해 보라고 부탁했다. 어머니가 결국 하게 될 선택에는 집착하지 않으면서, 자기가 아는 것을 어머니에게 밝힐 용기를 가졌던 것에 대해 제이슨은 자랑스러움을 느꼈다. 그리고 이제 그의 두려운 자아를 향해 건강할 정도의 연민과 존경을 갖게 되었다. 어쨌든 그의 어머니를 괴롭힐 공산이 컸던 그 남자의 가면을 벗기도록 재촉했던 것은 그의 용기 있는 자아가 아니라 두려운 자아였다.

더 멀리 돌아보면서, 제이슨은 두렵고 의심하는 그의 자아가 여러 번 그를 도와, 문제가 있는 곳에 가지 않게 해 주었다는 것을 이해할 수 있었다. 그의 두려움의 선물을 발견한 다음, 제이슨은 늘 두려움 없이 위험을 감수하는 사람의 역할을 더 이상 할 필요가 없어졌다. 이제 그에게는 증명할 그 어떤 것도 남아 있지 않았다. 이 그림자 측면이 어둠 속에 숨겨져 있을 때는 존재한다는 사실을 결코 알지 못했던 깊은 힘을 그는 되찾았다.

전체적인 인간이 되기 위해, 우리는 모든 느낌, 인간의 특성, 경험의 존재를 인정해야만 한다. 그리고 우리의 자아가 인정하는 받아들일 수 있는 부분들뿐만 아니라 잘못되었거나 나쁘다고 여겼던 모든 것까지도 소중하게 생각해야 한다. 만일 어두운 면이 우리의 전체의 일부가 되도록 기꺼이 허락하려 한다면, 우리는 그것이 세상에서 훌륭한 일들을 하는 데 필요한 온갖 능력, 기술, 지성 그리고 힘을 갖추고 온다는 것을 발견하게 될 것이다.

어둠 속에서 금을 캐기 위한 여행. 우리 그림자의 선물을 찾기 위한 여행은 우리가 부정해 왔던 곳에 철저한 정직함으로 다가갈 것을 요구한다. 그리고 우리가 수치스러워했던 자신의 부분에 대한 용서와 연민, 과거의 어려운 경험에 대한 사랑과 수용, 그리고 우리가 취약성을 인정하기를 두려워했던 삶의 영역들에 대한 용기를 요구한다. 그것은 우리가 자신의 성공을 저해하는 일을 하는 것이 그렇게 큰 일이 아니라고 덮어 주거나, 은폐하거나, 가장하는 과정이 아니다. 사실 우리는 자신의 어떤 행위의 대가를 시인하는 것에 의해서만 과거라는 중력의 끌어당김에 맞설 수 있는 에너지를 열 수 있고, 진정한 자아의 무한한 가능성으로 들어갈 수 있다.

그림자와 대면할 때, 우리는 이 부분이 우리를 파괴하려고 노력하는 것이 아니라는 것을 곧 깨닫는다. 대신 그림자 자아는 전체로 다시 돌아가도록 우리를 이끌려고 노력한다. 나에게 <배트맨: 다크 나이트Batman: The Dark Knight>의 어떤 장면이 떠오른다. 거기서 조커는 배트맨의 목에 칼을 겨누고 있다. 배트맨은 조커에게 감히 "어서 해. 그리고 나를 죽여."라고 말했다. 조커는 얼굴에 당황하고 비틀린 표정이 역력한 채 "나는 너를 죽이고 싶지 않아. 너는 나를 완전하게 만들어."라고 대답했다. 그가 말하고 있는 것은 영웅적인 상대방 없이는 자기가 아무것도 아닌 존재일 것이라는 것이다. 만일 우리가 내면의 악당—우리의 비관주의자, 우리의 거만한 자아, 우리의 독재자, 우리의 희생자—을 자신의 최고의 자아의 대본에 등장시킬 만큼 충분히 현명하다면, 그리고 그것들이 적이 아니라 오히려 사랑과 수용을 절실히 필요로 하는 자신의 상처받고 길 잃은 일부라는 것을 인식한다면, 우리는 영혼의 가장 높은 사명에 맞게 살 수 있고, 이 세상에서 평화를 찾을 수 있다.

밝은 그림자 끌어안기

우리의 그림자는 단지 어두운 특질이거나 사회가 나쁜 것이라고 여기는 것만이 아니다. 그림자는 우리가 감추어 버린 모든 긍정적인 특질도 포함한다. 이러한 긍정적인 특질들은 종종 우리의 '밝은 그림자'라고 일컬어진다. 그것은 단지 우리가 묻어 둔 어둠이 아니다. 그것은 우리의 긍정적인 특징—우리의 강력하고, 다정하고, 아주 기분 좋은 부분들—이기도 하다. 여기에서 환상적이고 흥미로운 소식은 우리가 어둠만큼이나 많은 빛을 묻어 왔다는 사실이다. 우리는 천재성, 유능함, 유머, 성공 혹은 용기까지도 묻어버렸는지 모른다. 우리는 자기 자신감과 카리스마 혹은 힘을 감추어 왔을 수 있다. 우리의 완전한 자기 표현, 독창성 혹은 기쁨에 찬 자아는 "너무 건방지게 굴지 마." "자랑하지 마. 그렇지 않으면 사람들이 너를 좋아하지 않을 거야." 아니면 "정상의 자리는 외로워."와 같은 말을 들은 후에 묻혀 버렸는지도 모른다.

우리는 어두운 그림자를 찾는 것과 같은 방식으로 숨겨진 밝은 그림자를 찾는다. 우리는 다른 사람들에게 우리의 빛을 투사하고 있는 곳들을 찾으려고 주위를 둘러본다. 만일 모방하고 싶은 누군가를 본다면, 그것은 우리가 우리 안에 존재하는 특질들을 보고 있기 때문이다. 만일 우리가 다른 어떤 사람에 의해 마음이 사로잡힌다면, 그것은 우리가 사랑하는 그 사람 안의 어떤 측면이 우리 안에 존재하기 때문이다. 자신에게 없는 다른 사람 안의 특질에 우리가 반응하는 경우는 없다. 그것은 어쩌면 어떤 나쁜 행동 뒤에, 혹은 우리가 다른 사람에게서 보고 있는 것과 자신은 정반대라고 말하는 오래된 옛날 그림자의 믿음 뒤에 숨어 있을 것이다. 하지만 나는 만일 당신이 다른 누군가의 특질에 매료된다면, 그것이 얼마나 멋진 것이든 관계없이 당신의 내면에도 존재한다는 것을 확실히 말할 수 있다.

20년보다도 더 전에, 내가 약물 중독에서 벗어나는 과정에서 계속 나아지고 있을 때, 작은 양품점을 소유한 남부 플로리다에서의 나의 삶은 공허하고 사소하게 느껴졌다. 나는 더 깊고 더 의미 있는 무언가를 하고 싶은 충동을 계속 느끼고 있었다. 그래서 나는 치료사가 되겠다고 생각하며, 학교로 돌아가서 심리학을 공부하기로 결정했다. 나는 샌프란시스코로 이사해서 의식에 대한 공부에 몰두했고 그림자의 연구에 매료되었다. 어느 날 밤 여동생이 전화를 걸어 마리안 윌리엄슨이 예술의 궁전에서 강연할 것이라는 말을 했다. 동생은 매진된 행사의 표를 구해 주었고, 객석에 앉아 있던 나는 큰 감동을 받았다. 나는 마리안이 사람들을 그들 자신과 세계에 대한 더 높은 비전으로 이끄는 것을 지켜보았다. 나는 그녀가 우리에게 자아 중심적인 삶의 왜소함에서 걸어 나와서 성스러운 임무의 일부로서 봉사하는 위대함을 향해 가라고 당당하게 호소하는 것을 들었다. 비록 그녀가 하는 말을 골똘하게 듣고 있긴 했지만, 나는 그녀의 현존에 더 압도되었다. 그리고 마리안 윌리엄슨에 완전히 빠진 채 그곳을 떠났다.

나는 그녀에게서 아주 분명하게 보았던 나의 부분들을 발견하기로 마음먹고 집으로 돌아왔다. 나는 그녀가 진실을 말할 용기를 가졌다는 것을 사랑했다. 비록 그것이 사람들이 깨어나도록 충격을 주려는 것을 의미했다고 할지라도……. 나는 또한 어려운 메시지를 분명하게 표현하는 그녀의 능력에 감동했다. 그녀의 말에는 사람들의 마음과 가슴속으로 파고들 수 있는 웅변이 있었다. 나는 인간이라고 하는 것에 대해 그녀가 느끼고 있는 것 같았던 염려의 깊이, 그리고 자기 개인의 삶보다 더 큰 어떤 것에 그녀가 헌신하고 있다는 느낌에 매료되었다. 나는 또한 그녀의 아름다움, 스타일에 대한 감각 그리고 전형적으로 촌스러운 영적 스승 가운데 하나가 아닌 기꺼이 뜨겁고 섹시한 여자처럼 보이려고 하는 것이 부러웠다. 그녀는 멋있고 세련되어 보이고 무대를 가득 채웠다. 그러면서도 그녀의 고결함은 크고 분명하게 다가왔다.

투사에 몰두하는 학생으로서 나는 그녀의 행동 너머를 보았고, 그런 행동들을 탄생시킨 이면의 특질들을 발견하기 위해 노력했다. 나는 자신에게 물었다. "어떤 종류의 사람이 무대 위에서 그저 자기 자신일 수 있을까?" 분명히 그것은 진정한 사람이었다. "어떤 종류의 사람이 나머지 세상을 그토록 깊이 염려할까?" 그것은 자기를 돌보지 않는 이타적인 사람이다. "마리안이 목소리를 낼 수 있게 하는, 설령 그것이 충격적이고 두려울 때조차도 진실을 말하게 하는 그 특질은 무엇일까?" 나는 아주 분명히 들을 수 있었다. 그것은 대담한 사람이라는 것을.

나는 그녀의 특질에 대한 목록을 보았다. 그것은 "대담하고 진정한, 그리고 이타적인"이라고 쓰여 있었다. 그것들 가운데 어떤 것도 내가 가졌거나 내 자신에게 있다고 인정할 수 있는 특질은 없었다. 지금 나를 아는 사람들은 이것을 믿기 어렵다고 느낄 것이다. 하지만 당시에 나는 사랑했던 사람들의 인정을 잃어버릴까 두려워서 문제를 회피했고, 떨지 않고 사람들 앞에 설 수 있는 자기 확신이 없었다. 나는 사람들의 삶을 바꿀 수 있는 무엇을 말하는 것보다 좋아 보이는 것에 더 신경을 썼다. 나는 솔직하고 진실하기보다는 어떤 것을 좋게 말하는 것에 더 신경을 썼다. 하지만 나는 내가 마리안에게서 이러한 강점들을 보았다면 그것들의 가능성이 내 안에도 또한 반드시 존재할 것임을 알았다.

나는 사람들에게 더 진실한 존재로 있는 것, 그리고 내가 침묵하고 싶을 때조차도 목소리를 내도록 내 자신에게 도전하는 것을 연습했다. 예지력이 있는 나 자신의 부분들을 계발하기 위해, 나는 세상을 위한 기도로 하루를 시작했고, 이어서 나 자신을 위해 매일 기도했다. 더욱 이타적인 존재가 되기 위해 나는 내가 얻을 수 있는 것보다는 줄 수 있는 것에 집중했다. 마리안의 훌륭함은 내 자신의 숨겨진 가능성을 나에게 되비추어 주었다. 그녀의 빛을 봄으로써 나는 말 그대로, 만약 내가 그녀의 것으로 돌렸던 강인함이 나 자신의 것이기도 하다는 것을 인정할 용기와 끈기를 갖고 있다면, 세상에서 어떤 사람이 될 수 있을지를 어렴풋이 보았다. 이 말은 그것들이 그녀에게는 존재하지 않는다는 것을 의미하는 것이 아니다. 분명히 그녀 안에도 존재한다. 대담함, 진정성 그리고 이타심은 보편적인 자질이다. 우리들 각자가 자신의 고유한 방식으로 그것들을 표현할 권리가 있다.

마리안에 대한 나의 밝은 투사의 환상trance을 깨뜨렸을 때 나는 나의 첫 책이 그녀의 획기적인 책 『사랑으로의 귀환A Return to Love』만큼 아름답고 시적인 것이 되기를 원했다. 하지만 내 안의 이 자질들이 독특하게 펼쳐지는 것을 따랐을 때, 나는 다른 길로 안내되고 있다는 것을 깨달았다. 나의 사명은 빛의 일인자보다는 어둠의 대변자가 되는 것이었다. 이것은 나의 삶을 위한 성스러운 계획이었다. 그리고 내가 나의 모든 투사를 포용하지 않았다면, 그것을 결코 알아차리지 못했을 것이다.

우리의 빛을 우리가 투사해 온 사람들로부터 다시 가져오는 것은 상상할 수 없는 미래의 문을 열어 준다. 나는 내가 어느 날 마리안 윌리엄슨과 함께 책을 쓸 것이라는 것, 우리가 친구가 되리라는 것 그리고 공동의 사명을 이루기 위해 서로를 지지하리라는 것을 결코 꿈꾸지 않았다. 이것은 우리가 다른 사람에게서 발견하고 찬탄하는 빛에 대한 책임을 떠안을 때 마침내 가능한 것이다. 우리는 환상trance에 머무는 대신, 앞으로 나오기가 아픈 자신의 부분을 인정하고, 그것을 우리 안에 갖기 위해 노력한다.

당신에게 영감을 주는 것이 무엇이든 그것은 당신 자신의 한 측면이다. 가슴속의 그 어떤 욕망도 당신이 그것을 발견하고 현현하는 것을 돕기 위해서 존재한다. 만일 당신에게 무언가가 되고 싶은 열망이 있다면, 그것은 당신이 보고 있는 자질과 그 자질이 가져 올 행동을 드러낼 가능성이 당신에게 있기 때문이다. 그것은 다른 사람들이 그 자질을 표현하는 것과 똑같은 방식일 필요는 없다. 하지만 그것은 당신 자신의 방식으로 표현될 것이다.

나의 워크숍에서, 나는 매번 다른 유명 인사를 고른 다음 객석의 사람들에게 그 사람에 대해 가장 좋아하는 점이 무엇인지 말해 달라고 부탁한다. 최근에 나는 보노Bono를 골랐다. 그리고 물론 그에 대해 사람들이 좋아하는 최소한 20가지의 다른 특질들에 대해 들었다. 한 사람은 그의 재능을 사랑했다. 어떤 사람은 그의 창조성에 대해, 또 다른 사람은 그의 카리스마에 대해 극찬했다. 어떤 사람들은 그의 비전에 매료되었다. 반면에 다른 사람들은 그의 리더십, 그가 이타적인 사람이라는 것, 혹은 그의 너그러움에서 영감을 얻었다. 그들은 마치 모든 사람이 그 특질을 보지 않을 수가 없고 자연히 그것에 동의할 것처럼 어떤 특질이 그의 것이라며 저마다 목소리를 높였다. 하지만 그런 경우는 드물다. 왜냐하면 사람들은 저마다 밖으로 나오고 싶어 하고 수용되기를 원하는 자신의 절연된 자아의 렌즈를 통해서 그를 보기 때문이다. 모든 사람은 다른 인식을 갖고 있었다. 왜냐하면 그들 모두가 보노라는 이름의 남자의 스크린에 자신의 빛의 다른 부분을 투사했기 때문이다.

이 예에서 보노는 자신의 숨겨진 측면들을 발견하기 위해 그를 따랐던 모든 사람에게 위대한 거울의 역할을 하고 있다. 그는 사람들에게 자신의 빛을 다시 가져가고, 그들이 그에게서 본 특질을 표현할 기회를 준다. 모든 유명인은 사람들의 투사가 실제로 자기가 가진 것이라고 하지 않을 능력과 책임을 갖고 있다. 사실 투사를 자기 것으로 삼을 때, 그들은 종종 미혹한 자아에 갇히게 되고, 그것은 그들 자신의 그림자가 반드시 어떤 행동으로 터져 나오게 만든다. 그 대신, 유명인들의 역할은 자신들의 빛을 유명인들에게 전이하는 모든 사람들에게 그 투사를 다시 비추어 주는 것이다.

우리의 그림자는 종종 찾는 것이 거의 불가능할 정도로 우리로부터 잘 숨겨진다는 것을 기억하라. 만일 투사라는 현상이 없었다면, 그것은 아마 오랫동안 우리에게 숨겨진 채로 있을지도 모른다. 우리 가운데 어떤 사람들은 세 살 혹은 네 살이었을 때 우리의 그림자라는 특질을 묻어 버렸다. 다른 사람들에게 투사할 때, 우리는 마침내 묻히고 숨겨진 이 보물들을 발견할 기회를 갖는다.

그림자 통합하기

지금쯤 당신은 그림자—그것의 모든 고통, 외상 그리고 갈등과 함께—가 나의 파괴할 수 없는 부분이라는 것을 인정할 수 있을 것이다. 얼마나 열심히 노력하든 우리는 결코 그림자를 제거하거나 그림자의 현존을 억누르는 데 성공할 수 없을 것이다. 하지만 우리는 그림자가 우리 자신의 삶을 파괴하거나 스스로의 훌륭함을 경험하는 것을 앗아가게 할 것인지, 아니면 그림자가 가지고 있는 모든 지혜를 짜내고, 자신의 가장 특별한 모습으로 나아가게 하기 위해 그림자를 이용할 것인지를 결정할 수 있다. 우리는 모두 사랑의 달콤함, 상실의 쓰라린 실망, 마음의 고통 끝에 남는 씁쓸함을 맛보았다. 이 경험들 모두가 우리를 구성하는 성스럽고 독특한 요소의 일부다. 그것들 없이는 우리가 지금의 우리일 수 없었을 것이다. 우리 대부분은 고통스럽고 원치 않는 자신의 부분들 때문에 고통을 겪는다. 하지만 과거의 그림자라는 측면에 의해 질식되기보다 아픈 가슴을 치유하고 세상에 공헌하기 위해 고통을 활용하기를 선택하는 특별한 사람들이 있다.

〈미국 최고의 지명수배자America's Most Wanted〉의 진행자인 존 월쉬가 바로 그 주인공이다. 아이의 죽음은 그 누구에게도 가장 견뎌내기 힘든 일 가운데 하나다. 그렇기 때문에 그것을 극복한 사람들에게는 그들만의 특별한 극복처방전이 있기 마련이다. 여섯 살 아들 애덤이 살해된 후 존은 자녀를 잃은 희생자들의 권익을 보호하는 지지자가 되었고, 텔레비전 프로그램을 만들어 수천 명의 범죄자를 기소하는 법안을 지지함으로써 자신의 화를 행동으로 실천했다. 그는 자신의 슬픔을 삼키거나, 가장 끔찍한 경험의 희생자로 남는 선택을 쉽게 했을 수도 있다. 하지만 그 대신 화, 고통 그리고 가슴의 아픔을 이용해서 〈미국 최고의 지명수배자〉라는 텔레비전 프로그램을 만드는 것을 선택했다. 그것은 1,000명이 넘는 도망자들을 잡고, 50명이 넘는 아이들을 집으로 데려오는 역할을 하고 있다. 그는 개인적인 외상이라는 마음의 고통에서 벗어나 다른 사람들이 자신과 똑같은 고통을 겪지 않도록 도와줌으로써 경외와 존경의 대상으로 떠올랐다.

자신의 하나뿐인 여동생이 서른여섯 살의 나이에 유방암으로 죽은 후, 낸시 굿맨 브링커—그녀 자신이 유방암 생존자인—는 비영리 기관으로 연구, 교육 그리고 의료 서비스를 위해 1조 원이 넘는 기금을 조성하고 수전 G. 코멘 유방암 재단을 설립했다. 자신의 삶에 일어난 사건들을 포용하고 그 사건의 희생양이 되지 않겠다고 결심함으로써, 그녀는 사람들의 의식을 높이고, 잠재적으로 삶을 위협하는 질병을 조기에 발견하는 방법을 찾도록 돕고, 치료를 위한 연구를 진척시키는 특별한 일들을 해냈다.

만일 토머스 에디슨Thomas Edison이 그의 전부와 자신의 경험을 포용하지 않았더라면 세상이 어떨지 상상할 수 있겠는가? 아주 어렸을 때 그는 패배자, 실패자 그리고 바보라고 믿을 만한 세상의 모든 증거들을 다 갖고 있었다. 그는 전기를 발견하기 위해, 모두 성공할 것처럼 보였던 수천 가지의 다양한 이론들을 시도했다. 그리고 매번 언제나 실패했다. 하지만 포기하는 대신 그는 실패 너머를 보았고, 그것들로부터 배웠고 계속 나아갔다. 그는 버텼고 그의 천재성, 그의 비전의 가능성을 믿었다. 아직 그것이 증명되기 전에도……. 만일 그가 우리들 대부분이 하는 것을 했더라면, 만일 그가 실패하는 자신을 용서하지 않고 자기를 패배자라 이름 붙이고 자신의 한계 안에 갇혀 있었더라면, 우리는 말 그대로 여전히 어둠 속에 살고 있을 것이다. 에디슨은 자신의 실패를 통합시키고 그것들로부터 배울 수 있었기 때문에 계속 성공을 추구할 동기를 발견했고, 우리 모두를 위해 불을 밝혔다.

에디스 에바 에거Edith Eva Eager는 1944년 5월 22일에 아우슈비츠에 도착했다. 아버지로부터 분리되고 어머니가 가스실로 끌려가는 것을 목격한 후 에디는 강제 수용소를 둘러싸고 있는 철조망에서 다른 수용자가 스스로를 감전사시키는 것을 보면서, 샤워를 할 때 물이 나올지 가스가 나올지를 알지 못한 채 가장 끔찍한 환경 속에서 매일 매일을 살았다. 에디는 우리 가운데 누군가 상상할 수 있는 최악의 환경을 견뎌 냈다. 하지만 만일 당신이 오늘 그녀를 만난다면, 그녀의 고통스러운 과거에도 불구하고, 그리고 어떤 면에서는 바로 그 고통스러운 과거 때문에 아름답게 통합된 인간을 보게 될 것이다.

그녀는 심지어 이런 암울하고 비인간적인 조건 아래서도 그녀가 할 수 있었던 선택들을 함으로써 그것을 가능하게 했다. 그녀가 수백만의 유대인을 고문하고 살해한 책임이 있는, 잔인성의 설계자 멩겔레 박사를 위해 춤을 추라는 명령을 받았을 때 그녀는 눈을 감은 다음, 음악은 차이콥스키이고 자신은 부다페스트에서 '로미오와 줄리엣Romeo and Juliet'에 맞추어 춤을 추고 있는 것이라고 상상했다. 독일 병사들이 일주일에 두 번 그녀의 피를 뽑으면서, 그들이 전쟁에 이기는 데 그것이 도움이 될 것이라고 말할 때, 그녀는 "나는 평화주의자야. 나는 발레리나야. 나의 피는 결코 그들이 전쟁에서 승리하게 하지 않을 거야."라고 스스로에게 말했다. 그녀는 자신을 포로로 잡아두고 있는 간수들이 자기보다 더 갇혀 있다고 생각하는 것을 택했다. 그녀는 자신에게 거듭거듭 "정신은 결코 죽지 않는다."는 말을 반복하며 어머니의 죽음의 고통을 어루만졌다. 그녀는 여전히 통제할 힘이 있었던 자신의 부분들에 매달렸고, 외부적으로 일어나는 그 어떤 것이 그녀의 정신을 살해하도록 허락하기를 거부했다. 그녀는 자기 자신에게 "만일 내가 오늘을 견뎌 낸다면" "내일 나는 자유로워질 거야."라고 말했다.

지금은 재능 있는 임상심리학자이자 훌륭한 가정의 여성 가장인 에디는 자신에게 떠밀려온 어둠을 통합함으로써 히틀러에 대한 가장 달콤한 복수를 가했다는 것을 분명히 알았다. 그녀가 <그림자 효과The Shadow Effect>라는 영화를 위해 촬영하고 있을 때 나는 그녀가 히틀러를 향한 어떤 화를 품고 있는지 물었다. 그녀는 천진하게 내 눈을 똑바로 응시하고는 "나는 히틀러를 향한 그 어떤 것에도 매달리지 않을 것입니다. 내가 그렇게 하면 그가 전쟁에 이길 것입니다. 왜냐하면 내가 어디를 가든 여전히 그를 짊어지고 다닐 것이기 때문입니다."라고 말했다. 우리가 그녀의 발자취를 따라 걷는다면 에디는 우리 모두에게 너무나 위대한 영감을 불어넣어 주는 자유의 챔피언이자 빛의 전달자가 될 것이다.

우리가 상처와 고통 속에 갇히고, 우리의 그림자와 역사가 우리의 미래를 지배하게 하고, 우리의 행복의 토대를 허물게 하는 것은 너무 쉽다. 우리가 자신이나 다른 누군가를 향한 분노에 집착할 때, 우리는 우리에게 고통을 준 바로 그것에 강철보다 강한 끈으로 자신을 붙들어 매는 것이다. 내가 사랑하는 친구 브렌트 벡바르가 말한 것처럼 우리에게 상처를 준 사람들을 용서하기를 거부하는 것은 "마치 다른 사람에 의해서 물속에 머리를 잡힌 채 익사하는 사람과 같다. 당신은 어느 시점에 수면으로 돌아갈 길을 찾아 싸우는 사람은 자기 자신이어야 한다는 것은 깨닫는다." 마음의 고통, 그림자의 억압적인 본성과 싸우는 유일한 길은 용서 그리고 자비와 함께하는 것이다. 용서는 머릿속에서 일어나지 않고 가슴속에서 일어난다. 그것은 우리의 가장 어두운 경험과 감정들에서조차도 지혜와 선물을 끄집어 낼 때 펼쳐진다. 용서는 과거와 상상할 수 없는 미래 사이에 있는 복도다.

이런 이야기들은 우리 모두가 더 큰 계획과 조응하며 살아가고 있다는 것 그리고 모든 것은 정말로 이유가 있어서 일어난다는 것을 보여 준다. 그 어떤 것도 우연히 일어나지 않는다. 그리고 우연의 일치라는 것은 없다. 우리는 언제나 진화한다. 우리가 그것을 알고 있든 알지 못하든……. 종종 이 진화는 고통스럽다. 하지만 그 고통은 중요한 목적에 도움이 된다. 그것은 우리의 성스러운 구성 요소에 필수적인 재료다. 외로움이 아픔을 느낌으로써 우리의 가슴은 더 많은 사랑을 받아들이기 위해 열린다. 우리를 억압했던 사람들과 상황을 극복함으로써 우리는 자신의 강인함의 깊이를 깨닫는다. 우리의 고통, 외상 그리고 가슴의 아픔이 실제로 우리의 성장에 꼭 필요한 지혜를 갖출 수 있게 해 주었다는 사실을 기꺼이 인정할 때, 우리는 자연스럽게 그 어려운 교훈을 가르쳐 주기 위해 우리의 삶 속으로 들어왔던 사람들을 용서하고, 심지어는 축복할 수 있다. 우리의 삶은 자신의 독특한 표현을 세상에 전하기 위해 우리에게 필요한 바로 그것을 우리들 각자가 얻을 수 있도록 성스럽게 계획되어 있다.

마음은 나쁜 것은 나쁘고 좋은 것은 좋다거나, 우리는 결코 진정으로 자신이 꿈꾸는 존재가 될 수 없다고 말할지도 모른다. 하지만 만일 우리의 그림자가 말할 수 있다면, 그것은 우리에게 다르게 말할 것이다. 우리의 가장 밝은 빛은 오직 우리가 자신의 어둠을 받아들일 때만 빛날 수 있다고 말할 것이다. 그림자는 모든 상처에 지혜가 깃들어 있다는 것을 우리에게 확신시킬 것이다. 그림자는 삶이란 우리의 인간성과 신성 두 가지 모두와 화해를 하는 신비로운 여행이라는 것을 보여 줄 것이다. 우리의 그림자는 우리가 더 나은 것을 누릴 자격이 있다는 것, 우리는 중요하다는 것, 우리는 우리가 가능하다고 꿈꾸었던 것보다 크다는 것 그리고 터널의 끝에는 빛이 있다는 것을 말해 줄 것이다.

고통을 끌어안을 때, 우리는 자신이 성스러운 계획을, 인류의 진화뿐만 아니라 자신의 진화를 위해 너무나도 필요하고 너무나도 소중한 계획을 살고 있다는 것을 발견한다. 진흙에서 피어오르는 연꽃처럼 우리는 자신의 가장 어두운 부분과 삶의 가장 고통스러운 경험을 존중해야만 한다. 왜냐하면 그것들은 우리가 가장 아름다운 자아를 탄생시키게 하기 때문이다. 우리에게는 엉망이고 진흙투성이인 과거, 인간적인 삶의 배설물이 필요하다. 모든 아픔, 상처, 상실 그리고 모든 기쁨, 성공, 축복이 한데 어우러진 충족되지 못한 욕구는 우리에게 가장 경이로운 우리 자신을 드러낼 수 있는 지혜, 관점, 에너지를 준다. 이것이 그림자의 선물이다.

Part 3
오직 빛만이 어둠을 몰아낼 수 있다

마리안 윌리엄슨Marianne Williamson

이 세상은 섬세한 마법으로 가득하다. 이를 테면 잠자는 아기들부터 신나게 놀고 있는 아이들, 미소 짓는 연인들, 변치 않는 우정, 만개하는 꽃들, 일출의 보랏빛 희망, 일몰의 이글거리는 웅장함, 인체의 탁월함, 자연의 부서지기 쉬운 장관, 동물들의 신비, 용서를 베푸는 사람들의 인품, 신의 자비, 이방인들의 친절에 이르기까지, 이 지구상의 사랑을 다룬 수많은 표현에는 끝이 없다는 것이 분명해질 때까지 그 목록은 계속 이어진다. 하지만 그 외에도 이 세상에는 다른 그 무언가도 존재한다.

그러면 그 다른 것은 무엇일까?

왜 사람들이 예술 작품 한 점에도 감동의 눈물을 흘리는 이 세상에서 희롱과 강간, 무고하게 살해당한 사람들, 부당하게 수감된 죄수들,

굶주리는 아이들, 고문, 학살, 전쟁, 노예제 그리고 끔찍하고 불필요한 온갖 종류의 고통들이 존재하는 것일까? 단지 그런 일들을 벌일 수 있을 만큼 누군가가 잔인하거나 혹은 누군가 그것들을 멈추는 데 관심이 없다는 이유로 그런 것일까? 대체 우리의 마음속과 이 세상 속에 그 어떤 냉혹한 힘이 존재하고 작용하길래 생명을 파괴하고 고통을 주는 것일까?

만약 신이 사랑이라면 왜 악이 존재하는가?

우리는 가능한 행복과 너무나 만연한 고통이 끊임없이 이어지는 세상에서 살고 있다. 우리는 사랑과 성공, 풍요로움을 희망하지만 재앙의 가능성 또한 항상 도사리고 있다는 사실도 결코 잊지 않는다. 우리는 세상에 선이 존재한다는 것을 알지만 무언가 다른 것도 있다는 것을 알고 있다. 그리고 그 둘 사이의 경쟁이 치열해지고 더욱 격해지는 시기를 살고 있다. 인간을 증오하고 파괴하며 살육을 벌이도록 만드는 것이 무엇이든 간에, 그것은 유례가 없이 집중된 힘을 등에 업고 있다. 기술과 세계화가 단순한 힘만이 아니라 우리 모두를 일거에 칠 수 있는 능력을 주었기 때문이다. 그 어떤 때보다 이러한 힘을 분쇄해야 할 필요가 절박하다. 그 정체가 무엇이든 간에, 그것은 사랑을 너무도 경멸하며 우리 모두를 파괴할 심산이다. 이것은 단순히 우리를 불편하게 하고자 하는 힘이 아니다. 우리 모두가 죽는 모습을 보고자 하는 힘이다.

이 힘이란 것은 그 자체가 딱히 무언가를 한다기보다는 우리에게(어둠이 의도하는) 일을 시키기 때문에, 사실 반대세력에 가깝다. 그것은 우리가 스스로의 정체성을 망각하고 자기 자신이 아닌 것처럼 행동하는 상태를 말한다. 다른 어둠들이 그렇듯이 그것은 실체로서 존재한다기보다는 빛이 부재하는 상태라고 할 수 있는데, 마치 한순간이라도 빛이 보이지 않을 때 나타나는 정신세계의 블랙홀과 같다. 진정한 빛은 오직 사랑뿐이다.

이 어둠(여러 가지 이름으로 불리지만 여기서는 그림자라고 부르겠다)을 어떻게 해야 하느냐의 문제는 아주 먼 옛날부터 인류를 괴롭혀 온 질문이다. 적어도 우리가 알기로는 지구상에 한결같이 사랑의 힘이 우세했던 공동체나 문명은 존재한 적이 없었다. 그럼에도 우리는 계속 그러한 꿈—세상의 어떤 종교들이 낙원이라고 부르는 경지에 대한 꿈—을 가지고 있다. 어떤 종교적이고 영적인 문서들에서는 우리가 낙원에 대한 오래된 기억을 가지고 있다고 한다. 그 경지가 이 세상의 것이 아닌데도 그렇다. 그것은 우리의 근원이면서 또한 돌아가기를 열렬히 희망하는 순수한 사랑의 차원인, 영적인 출발점이었다. 대부분의 시간에 우리는 이 순수한 사랑의 경지와는 너무나 동떨어져 지낸다. 이는 곧 너무도 많은 시간 동안 근원적 사랑과 심리적으로 단절됨을 의미한다. 그래서 우리의 삶을 매 순간 트라우마에 시달리게 할 정도다. 행성이 너무도 빨리 움직이기에 우리가 그 움직임을 느끼지 못하는 것처럼 우리는 너무도 깊은 트라우마를 받았기에 트라우마에 시달리고 있다는 것조차 모르고 있는 것이다.

사랑과 분리됨으로써 우리는 신과 멀어졌다. 신과 분리됨으로써 우리는 우리 자신으로부터 멀어졌다. 그리고 우리 자신과 분리됨으로써 우리는 광기에 빠지고 말았다.

마하트마 간디Mahatma Gandhi의 말이다. "이 세상의 문제는, 인류가 올바른 정신 상태에 있지 않다는 것이다." 그렇다. 바로 그것이 이 세상의 문제다. 우리는 개인적으로든 집단적으로든 간에, 우리가 누구이고 무엇이며, 이 세상에 태어난 목적이 무엇인지 모르는 상태에 빠진다. 그것은 우리의 힘에 대한 역행이자 정체성의 왜곡이며, 지구상에서 우리에게 주어진 사명을 파괴하는 것이다.

문제는 이러한 현상들이 막상 실제로 겪고 있을 때면 명확히 보이지 않는다는 점이다. 그것은 총체적이고 우주적인 수준의 혼란 상태이기 때문이다. 사실은 그렇지 않은데, 우리가 사랑과 멀어졌을 때는 화를 내는 것이 정당하고, 타인을 비방하는 것이 합리적이며, 누군가를 공격하는 것이 떳떳한 정당방위라고 느껴지기 쉽다. 그런가 하면 더 나쁜 경우도 있다. 때때로 한 사람이나 심지어는 국가 전체가 사랑을 잃어버린 블랙홀에 너무도 깊이 빠져들어 극단적이고 가증스럽기까지 한 흉계에 휘말리기도 한다. 사실은 존재하지 않는 것에 더 가까운 '그것'이 가만히만 있는 것은 아니기 때문이다. 인간의 의식은 영원히 꺼지지 않는 불씨와 같은데, 문제는 그것이 생명을 잉태하는 온기나 생명을 파괴하는 불길, 그 둘 중 하나를 만드는 데 쓰인다는 것이다. 사랑이 없는 곳에는 두려움이 자리 잡는다. 그리고 두려움이 한번 생각을 틀어쥐면, 그것은 마치 영혼을 부숴 버리겠노라고 위협하는 악과 같은 것이 된다.

바로 이것이 우리가 그림자라고 부르는 그 무엇이다. 이것은 우리의 삶 속에서 거대한 화염으로는 잘 등장하지 않는다. 다만, 조금씩 화상을 입힐 뿐이다. 그림자는 어리석은 말을 하거나 사랑하는 사람에게 상처를 주는 등 잠재적으로는 인간관계를 망가뜨리는 당신 자신을 의미한다. 어리석은 행동으로 자신의 경력을 망치는 당신이 될 수도 있고, 혹은 자신이 술을 계속 마시면 목숨을 잃을 수도 있다는 것을 잘 알면서도 술병을 집어 드는 알코올 중독자가 당신일 수도 있다. 달리 표현하자면 그것은 당신이 잘되기를 바라지 않는 당신 안의 또 다른 당신 자신이다. 그것은 당신의 그림자이기에 오직 당신 내면의 환한 빛을 비추어야만 물리칠 수 있다.

신의 사랑은 우리 안에 머무는 것과 동시에 매일 매 순간 우리로부터 뻗어 나간다. 우리가 신이 창조한 참다운 모습대로 살아간다면 우리는 계속해서 사랑을 받으며, 또한 받은 만큼 사랑을 바깥으로 발산한다. 그것이 빛 속에서 살아가는 모습이다.

매우 상식적으로 들리는 말 같지만 누군가가 우리의 사랑을 받을 자격이 없는 듯한 행동을 보일 때면 그런 대상에게는 사랑을 나누어 주는 것이 잘못된 것으로 여겨지고, 오히려 사랑을 억누르는 것이 올바른 일처럼 느껴진다. 그 약간의 사랑 없는 생각이 정말 사소해 보이고 합리적인 판단처럼 여겨질 때, 바로 그 순간이 모든 악의 뿌리가 된다. 그것은 그림자가 사고하는 체계의 주춧돌과 같다. 신과 분리되고 비난하는 그림자의 분별을 일으키기 때문이다. 신은 결코 사랑을 억누르지 않으며, 우리는 신처럼 사랑하는 방법을 배움으로써 온전한 정신을 찾을 수 있을 것이다.

비록 우리가 인간의 영역에서 살지라도 그림자를 몰아내기 위해 우리가 할 일은 신과 같이 생각하는 법을 익히는 것이다. 우리가 가진 높은 차원의 생각은 지구의 주파수를 끌어올릴 것이며, 그러면 세상의 모습도 변할 것이다.

하지만 지금은 어떤가? 무엇이 우리 자신이 누구인지 잊어버리게 만들고, 빛을 꺼 버리며, 세상을 사랑과 두려움 그 두 가지 상태로 쪼개어 놓는가? 그것은 바로 '누군가가 잘못했다는 생각' 그 한 가지 생각 때문이다. 우리가 인간의 불완전성에 어떻게 대처하느냐는 우리가 그림자 속에서 살 것인가, 빛 속에서 살 것인가를 결정하는 중요한 질문이다.

신은 실수를 저지른 사람을 우리와 똑같은 시선으로 보지 않는다. 신은 우리가 실수를 했을 때 벌을 내리려고 하지 않는다. 다만 교정해 주려 할 뿐이다. 우리가 올바른 정신으로 되돌아와 무조건적이고 흔들리지 않는 사랑을 베풀 때면 세상도 스스로 변화될 것이다.

그렇다고 우리가 분별력이나 경계 또는 뇌세포를 잃거나 하는 것은 아니다. 신성한 사랑은 약점이 아니다. 신의 사랑은 감상적인 것이 아니다. 항상 분홍빛에 포근한 '좋기만' 한 사랑도 아니다. 그것은 철저하게 진실을 밝히는 것을 수반한다. 생각이 진실에 저항할 때조차도 마음으로 만큼은 알고 있는 그런 진실을 말한다. 형식과는 별 상관이 없고, 본질과 보다 많은 관련이 있다. '긍정'이나 '지지'라는 말의 반쪽짜리 의미만 지나치게 강조하는 식으로 달콤하게 사랑을 억누르는 방식들이 있다. 그리고 나중에야 겨우 그것이 사랑이었음을 깨닫게 되는 엄하고 현실적이며 정직한 방법으로써 사랑을 베풀어 주는 방식들도 있다.

이제 우리 모두가 사랑에 대해 매우 진지해질 때가 되었다. 마틴 루서 킹 주니어 박사의 말을 빌리자면, '인간 문명의 혈관에 새로운 의미를' 불어넣을 때가 되었다고 한다. 우리는 사랑의 범위를 개인의 차원을 넘어 사회적, 정치적 의미로까지 확대해야 한다. 오직 그렇게 함으로써만 지금 우리 세계 위에 악령처럼 매달린 어둠을 몰아낼 수 있을 것이다. 어둠 속에서 산다는 것은 그림자 속에서 산다는 것과 같다. 그리고 그림자 속에서는 고통이 지배한다.

실재하는 것은 아닐지 모르나, 분명히 실재하는 것처럼 보인다

이따금씩 사랑하는 사람과 다투면서도 그런 일이 실제로 벌어지고 있다는 것이 믿기지 않을 때가 있다. 그것은 마치 악몽처럼 느껴진다. "어떻게 이런 일이 일어날 수가!"라는 말이 나올 것이다. 사실 실제로는 '일어나지 않는다.' 당신은 분리와 반목이 만들어 낸 환영 속의 평행 우주에서 길을 잃은 것이다.

몇 해 전, 나는 내 자신에게 악마에 대해서는 걱정하지 말라고 당부했다. 그런 것은 모두 내 생각 속에 있는 것들이니까. 그러나 나는 그다음에 무슨 일이 일어났는지를 기억한다. 실은 내 생각 속이라는 것이 악마가 깃들 수 있는 가장 끔찍한 장소가 아닐까 하는 생각에 나는 발을 멈춘 채 그저 그 자리에 멈춰 서 있었다. 나의 영혼을 노리고 지구상을 활보하는 악마 같은 건 없다는 생각을 했는데도 오히려 나는 그다지 편안하지가 못했다. 게다가 사랑 없이 세상을 봄으로써 내 자신을 불행하게 만드는 경향이 내 생각 속에는 언제나 있음에 큰 충격을 받았다.

그렇다면 이러한 '경향'은 어디에서 온 것일까? 만약 신이 곧 사랑이고 전능하다면, 그 반대의 힘은 대체 어떻게 해서 존재하게 된 걸까?

형이상학적으로 답을 말하자면 실제로는 존재하지 않는다는 것이다. 오로지 신의 사랑만이 존재한다. 『기적수업A Course in Miracles』에서 이르기를, "모든 것을 포함하고 있는 것에는 그 반대의 무언가가 있을 수 없다."라고 했다. 실제로는 존재하지 않지만, 존재하는 것 같은 느낌이 매우 강하게 드는 환영과 같은 세계가 있을 수 있는 기능적인 이유는 바로 자유의지의 원칙이다.

우리는 생각하고자 하는 것은 무엇이든지 생각할 수 있다. 그러나 우리가 생각하고 있는 것이 무엇이든 간에 우리의 생각은 효력을 갖는다. 우리의 창조력은 신에게서 오기 때문이다. 인과율의 법칙은 우리가 생각하기로 선택한 것이 무엇이건 간에 그 결과를 경험하게 될 것을 보장한다. 사랑을 가지고 생각할 때 우리는 신과 함께 공동으로 창조하는 것이며, 그러므로 더 많은 사랑을 함께 공동으로 창조해 낼 수 있다. 하지만 사랑 없이 생각할 때 우리는 두려움을 만들어 낸다. 그것은 우리가 분열된 생각을 갖고 있음을 뜻한다. 우리의 한 부분은 영원히 신의 사랑과 함께하며 빛 속에 있다. 그러나 다른 한 부분은 대개 인간 세상과 얽혀서 어둠 속에 자리한다. 그 한 부분이 바로 자신의 '그림자 자아'다.

신은 그림자를 보지 않는다. 사랑이 아니기에 그것은 실제로 존재하지 않기 때문이다. 하지만 신은 그 자체가 사랑이므로 우리가 어둠으로 떨어질 때의 고통을 마음에 새기고 우리에게 즉각적인 치유를 베풀어 주었다. 그 순간 신은 우리가 스스로 짊어진 광기와 공포에 대해서 사랑 가득한 대안을 창조해 냈다. 이 대안은 어둠의 세계에서 우리와 함께하는 성스러운 대리자와 같다. 우리가 청하기만 한다면 항상 우리를 다시 빛으로 인도할 준비가 되어 있는 존재다. 이 대리자는 많은 이름을 가지고 있다. '생각의 교정자'에서부터 '성령'에 이르기까지. 이 책의 목적에 맞도록 여기서는 '빛을 주는 자The Illuminator'로 부르도록 하자.

『기적수업』에서는 우리가 불완전하지 않았다면 태어나지 않았을 것이라는 표현이 있다. 하지만 우리의 사명은 이곳에서 완전해지는 것이다. 우리의 사명은 그림자를 초월해 진정한 자기 자신이 되는 것이다. '빛을 주는 자'는 우리의 '그림자 자아'와 빛 사이를 이어 주는 다리 역할을 한다. 그것은 천상과 지상의 모든 힘을 동원해, 어둠에서 빠져 나와 빛으로 돌아갈 수 있도록 이끌어 줄 수 있는 권한을 신에게서 하사받았다. '빛을 주는 자'는 제일 먼저 우리에게 어둠은 '진짜가 아니라는' 것부터 상기시키며 일을 시작한다. 우리가 어둠 속에서 길을 잃었을 때 우리의 가장 강력한 힘이 되어 줄 수 있는 것은 진실을 환영 속에서 가려내는 임무를 지닌 '빛을 주는 자'에게 의지하는 것이다. 우리는 기도를 통해 또는 자발적인 의지를 통해 이를 수행한다. "나는 이것을 다른 시각에서 볼 의지가 있어."라는 문장은, '빛을 주는 자'로 하여금 우리의 사고 체계로 진입하여 우리를 광기에서 진리로 이끌도록 해 주는 허가증과도 같다.

몇 년 전 한 지인을 보러 간 적이 있다. 내가 도착했을 때, 그 친구는 이미 친한 여자 지인 여럿을 집에 불러 놓고 있었다. 그중 한 여자는 내가 보기에 매우 거드름 피우는 화법을 갖고 있었는데, 어찌나 심한지 그녀가 한마디 할 때마다 누군가가 칠판을 손톱으로 긁는 듯한 느낌이 들 정도였다. 당연하게도 내 머릿속은 비판적인 생각으로 날뛰었다. 대체 어떻게 그 여자의 말하는 방식에 사람이 이렇게까지 영향을 받을 수 있는지 이해가 가지 않았다.

한 사람의 구도자로서 나는 문제가 그 여자에게 있는 것이 아니라 내 자신에게 있음을 알고 있었다. 내게 자비가 부족한 탓이었다. 나는 마음속으로 기도했고, 그녀를 다르게 보려는 의지를 드러내었다. 그와 거의 동시에, 아니면 내게만 그렇게 느껴졌는지도 모르겠지만, 방에 있던 다른 여자 하나가 내가 그리도 맹렬히 비판하던 그 여자에게 입을 열었다. "너희 아버지께서 감옥에서 풀려나신다고 들었는데, 사실이니?"

나는 그녀의 이야기가 밝혀지는 것을 들었다. 비록 세부적인 것들이 전부 기억나는 것은 아니지만, 이 여자가 아버지에 의해 유년시절의 대부분을 집 안 지하실에서 보냈다는 것은 기억한다. 그녀는 결국 구조되었고 그녀의 아버지는 오랫동안 감옥살이를 했다고 한다. 이 여자가 겪었을 고통을 듣고 나서야 나는 왜 그녀의 말투가 그랬는지 알 수 있었다. 그녀는 자라면서 문자 그대로 건강한 성인의 인격에 대한 개념 자체를 접해 볼 수 없었던 것이다. 그녀는 자연스럽게 말하는 방법조차 알지 못했고, 자기가 정상적이라고 생각하는 인격을 어떻게든 짜 맞추려고 최선을 다해 노력하고 있었던 것이다. 5분 전까지만 해도 그렇게 비판적이던 내 안의 감정이 어느새 깊은 감탄과 자비의 모습으로 변화되었다. 그녀가 바뀐 것이 아니라 '내가' 바뀐 것이었다. 기도를 하면서 나는 빛을 불러내었다. 빛을 주는 자는 어둠의 세계로 들어가 나의 '그림자 자아', 비판적인 자아에게서 나를 구해내었다. 두려움에 가득 찬 나의 생각을 사랑이 가득한 생각으로 바꿔 놓을 수 있는 중요한 정보 한 가지를 전해 줌으로써 말이다.

대체 내 생애의 어느 시점부터 그리도 거칠게 비판하는 기질을 갖게 되었던 것일까? 형이상학적인 관점에서 나는 그 기질을 가지고 태어나지 않았다. 우리는 원죄나 잘못을 가진 채로 나온 것이 아니라, 근본적이고 원초적으로 결백하다.

내게는 출생의 기억이 매우 강하게 남아 있는 것 같다. 당연히 그 기억들이 정말 사실인지는 알 수가 없으나 나는 그것을 평생 가지고 있었다. 나는 수술대 위에 매달려 있던 조명을 보았던 것까지 기억한다. 그래서인지 이 기억이 진짜일지도 모른다는 느낌이 든다. 그 기억에 의하면 나는 베풀어 줄 사랑을 한없이 가지고 이 세상에 왔다. 내가 앞으로 느끼게 될 모든 감정 이상으로 말이다.

하지만 그때는 1952년, 그러니까 의사들이 신생아들의 숨을 트여주기 위해선 볼기를 때려야만 한다고 생각하던 시절의 이야기다. 그래서 내가 나 자신으로부터 모든 생명에게 뻗어 나가던 이 색다른 사랑을 느끼고 있었을 때, 바로 다음 순간 내게 느껴진 것은 볼기를 맞는 느낌이었다. 내가 이미 사랑을 주었던 그 의사가 나를 때린 것이다. 나는 정말로 완전히 혼란스러웠고 아팠으며, 상처를 받았다. 대체 그 사람이 왜 그랬을까? 나는 이런 일이 벌어졌다는 것이 믿기지 않았다. 그리고 내 머릿속은 텅 비어 버렸다. 나는 추락하는 대로 그냥 추락해 버렸다. 그것이 전부였다.

그 기억, 아니면 무엇이든 간에, 그것은 우리가 그림자를 가지고 태어나는가에 관한 질문을 담고 있지만, 답은 '아니요'다. 우리는 완전한 사랑으로 태어난다. 하지만 우리가 누구이고 무엇을 하며 살아왔든 간에, 대개 가장 좋은 의도를 지닌 무언가 또는 누군가가 우리를 그림자의 영역으로 내던져 버린다. 그리고 남은 삶 동안 우리의 목표는 어둠을 떠나 빛으로 돌아가는 것이다.

신생아였을 적의 그 한 순간—인류와 우리 각자의 내면에서 사랑의 분리를 재현하게 한 그 상처받은 사랑과의 단절—부터 나는 계속해서 사랑을 잊어버리라는 유혹에 시달렸다. 사랑을 거부당한 후, 나는 다른 사람들에게 사랑을 주지 않으리라는 충동이 일 때가 비록 잠깐일지라도 여전히 남아 있다. 그렇지만 우리 모두의 목적과 같이, 내 삶의 목적은 다른 모든 사람에게도 사랑이 존재함을 기억함으로써 내 자신 안의 사랑을 상기하는 것이다.

비록 놀라운 사람이기는 하지만 내 친구 집에 있던 그 여성은 처음에 내가 비판적인 단정을 하도록 부추겼다. 하지만 나는 도움을 청했고 그래서 도움을 받았다. 내가 그녀 안의 빛을 보겠다는 의지를 가지자마자 내 자신의 빛이 돌아왔다. 그리고 그림자는 사라졌다.

사랑이 없는 곳에, 두려움이 있다

사랑으로 채워지지 않은 모든 생각은 그림자를 허용하는 초대장이다. 우리는 적극적으로 해를 끼치는 것이 아닌 한 굳이 사랑을 베풀 필요까지는 없다는 일반적 속설을 믿고 있다. 하지만 모든 생각은 치료하거나 해를 끼치거나 둘 중 하나의 작용을 하게 마련이다. 생각의 무한한 창조력은 우리가 생각하는 것이 무엇이든 간에 그 효과를 낳기 마련이다. 만약 내가 사랑을 택하지 않고 억누르기만 한다면 그 순간 영적인 공허가 생겨난다. 그리고 그 빈 공간을 채우기 위해 두려움이 밀고 들어올 것이다.

이 말은 다른 사람들에 대한 나의 생각과 나 자신에 대한 나의 생각에 모두 적용된다. 다른 사람들의 마음속 그림자에 초점을 맞추다 보면 나도 내 자신의 그림자에 빠질 수밖에 없다. 화내는 그림자, 강압적인 그림자, 탐욕스러운 그림자, 부적절한 그림자, 조정하는 그림자 등등 말이다. 한번 비난과 비판이라는 어둠 속으로 들어서면 자기 자신의 빛을 볼 수 없게 되며 더 나은 자신을 찾을 수도 없게 된다.

혹은 나 자신의 존재에 대한 본질적인 진실을 잊어버림으로써— 나 자신의 내면에 존재하는 신성한 빛을 인식하고 감사하지 하지 않는— 나는 자기 파괴적인 행동의 덫에 쉽사리 빠지게 된다. 내가 진짜 누구인지를 잊어버릴 때, 나는 자기 보복적인 형태로 타자들도 자기가 진짜 누구인지를 잊어버리게 만드는 일에 열중하게 된다. 남들을 해치든 우리 자신을 해치든 간에 그림자는 파괴와 광기적인 생각을 하도록 유혹한다.

자연적인 상태에서의 마음은 사랑의 정신과 끊임없이 소통한다. 하지만 사랑과 마찬가지로 그림자도 우리의 마음속에 자신의 대리자를 두고 있다. 그것은 우리를 사랑이 없는 쪽으로 생각하도록 계속해서 꾀어 내는 생각이다. "그 사람은 나를 채용해 주겠다고 하고서는 그러지 않았어. 정말 나쁜 놈이야." "그 여자의 정치는 역겨울 정도야. 정말이지 못 참아 주겠어." "케이크 하나 통째로 다 먹지 뭐. 의사가 뭐라든 무슨 상관이야." "그 돈 조금 챙긴다고 무슨 일이 있겠어. 그 사람들은 알지도 못할 거야." 이렇게 세상은 두려움이라는 생각이 장악하고, 우리의 그림자에 물든 생각들은 계속해서 견고해져 간다.

창조주와 피조물 간에 사랑을 나누는 경험, 이른바 기도나 명상이 없다면 우리는 사랑 없이 생각하는 유혹에 쉽게 넘어가게 된다. 그리고는 우리 안에 존재하는 그림자의 영역에 빠지게 된다. 우리가 남들에게 잘못을 떠넘기거나, 실제로 누군가를 해치거나, 아니면 중독적이거나 자기 혐오적인 행동으로 스스로를 해치든 간에 그림자는 그 추한 영향력을 발휘한다.

그러나 이 사실에 우리가 놀랄 필요가 있을까? 우리 중 대부분은 아침에 일어나서는 사실상 어둠에 마음을 내주어 버리지 않는가? 우리가 일어나서 가장 먼저 하는 것은 컴퓨터를 켜거나, 신문을 읽거나, 라디오나 텔레비전 뉴스를 켜는 일일 것이다. 우리는 두려움을 생각의 형태로, 문자 그대로 전 세계 곳곳에서 다운로드 받고 있다. 우리의 사고가 새로이 주어진 인상에 가장 열려 있는 시간대에, 우리의 문화를 지배하는 두려움에 바탕을 둔 생각들에 영향을 받도록 방치하는 것이다. 그러므로 우리의 반응이 그림자로부터 나오는 것은 '당연한 일'이다. 우리가 본 것이라고는 그림자뿐이니까! '당연히' 우리는 울적하고, 불행하며, 소외되고, 냉소적일 수밖에 없다. 세상은 두려움에 바탕을 둔 생각들에 의해 장악되었으며, 인간 세상에서는 두려움이 먼저 말하고 또한 가장 크게 말하는 법이다. 여기에서 어둠을 굳이 분석할 필요는 없을 것이다. 우리가 밝혀야 할 빛에 대해서도 그렇고! 그림자의 손아귀를 피하기 위해서 우리는 끊임없이 빛을 향해 가야 한다.

사랑의 목소리는 유대교와 기독교 양쪽 모두에서 '고요하고 작은, 신의 목소리'라고 불린다. 그것이 바로 '빛을 주는 자'의 목소리다. 그리고 아침에 단 5분간만이라도 진지하게 명상을 한다면 하루 종일 빛은 우리의 생각을 인도해 줄 것이다. 우리 가운데 좀 더 많은 사람이 일상에서 신성함을 계발한다면 이 세상이 얼마나 더 좋아질까? 우리의 분주함은 때때로 우리의 적이 된다. 왜냐하면 영적인 이 우주의 창공에서 충분히 숨을 쉴 수 있는 여유조차 누리기 힘들게 만들기 때문이다. 간혹 컴퓨터가 어떤 파일을 다운로드받고 있을 때, 우리가 그 속도를 빠르게 만들 방법이 없다는 사실을 알고 있으면서도 계속 그 앞에 앉아 있는 것처럼, 아침에 문을 열고 뛰쳐나갈 때 어둠과 두려움의 영역이 우리의 삶을 침범하지 않기를 바라고 있으면서도 사랑에게는 살짝 목례라도 보내 줄 여유가 없는 것이다.

삶의 속도를 늦춰 가다 보면 우리는 고요함을 계발할 가능성이 높다. 그림자와 같은 생각들에 너무나 자주 먹잇감이 되는 이유는 우리가 누리는 현대적인 삶의 양식이 너무 시끄럽다는 것 하나뿐이다. 텔레비전이 너무 많고, 컴퓨터가 너무 많으며, 그리고 사색과 명상을 통한 생각에서만 찾을 수 있는 빛을 희미하게 만드는 온갖 다른 자극들이 너무나도 많다. 침묵은 우리가 발달시키는 사고방식의 근육과도 같으며 '그림자 자아'에 의해 만들어진 에너지를 더 쉽게 전환할 수 있는 능력을 준다.

빛을 배양하는 또 다른 방법으로는 성스러운 공간 안에서 다른 사람들과 이야기를 나누는 것이다. 종교적이든 그렇지 않든 사랑과 헌신으로 맺어진 영적인 모임들 안에서는 사랑의 범위가 확장되어 모임의 모든 구성원을 보다 높은 영적 경지에 이르게 한다. 당신이 교회에 있든 유대교 회당에 있든, 12단계 재활 프로그램, 또는 다른 명상 모임에 있든지 간에 자신의 마음에 귀 기울이는 것이 자연스럽게 느껴질 것이다. 당신의 '그림자 자아'는 멀리 떨어져서 명료하지도 않고 촉발되지도 않을 것이다. 당신 안의 그림자 속으로 들어가려는 유혹은 여전히 존재하고 또 해결되어야 하지만, 그래도 그림자가 수그러든 이유 중 하나는 바로 빛을 찾기 위하여 다른 사람들과 함께했다는 것 때문이다.

우리가 이런 말을 하는 사람과 함께 있다고 해 보자. "나는 내 가슴의 소리를 듣고 싶고, 가장 자애로운 것이 무엇인지 물어볼 필요가 있어. 난 도덕적인 사람이 되고 싶어. 나는 신의 소리를 듣고 싶어." 이런 사람들과 함께 있다면 그렇게 사는 것이 쉬울 것이다. 여느 습관처럼 어떤 일을 하는 사람들의 근처에 있게 되면 그것을 계발하기가 수월해진다. 영적인 수행의 습관을 기르고 있을 때는 참된 자신의 빛 안에서 머물러야 한다. 만약 그 안에서 머무르지 않는다면 나중에 후회할 말이나 행동을 하게 되더라도 놀라지 말라.

한 평범한 사람의 지극히 평범한 하루에서 그림자에 물든 생각들은 천문학적인 단위로 나타난다. 우리는 최선을 다하고, 좋은 사람이 되려고 노력한다. 하지만 우리의 두뇌는 끊임없이 활동 중이고, 두려움에 바탕을 두고 생각하려는 경향은 항상 존재한다. 그러나 빛을 주는 자 또한 존재한다. 그리고 빛을 주는 자는 우리가 필요로 하는 도움은 무엇이든 줄 수 있도록 신에게서 권한을 부여받았다.

하루는 나의 심리치료사와 이야기를 나누고 있었는데, 그에게 내가 정말 부정적인 마음 상태에 있다는 것을 털어놓고 있었다. 나는 자기혐오 상태에 있다고 그에게 말했다.

그가 내게 물었다. "자기 자신을 부정하는 이유는 무엇인가요?"

내가 말했다. "저는 제 자신이 너무 부정적이라서 미워요." 뭔가 아이러니가 보였지만 웃을 수는 없었다. 어쩌면 웃어 버렸는지도 모르지만.

그는 내게 무언가를 해 보라고 제안했다. "감사하는 마음의 흐름 속에 들어가 보세요." 그가 말했다. "언제든 그런 부정적인 생각이 들 때면, 지금껏 당신이 고마워해야 할 모든 일을 떠올려 보세요."

그리고 나는 그 기술이 매우 강력함을 알게 되었다. 몇 시간씩이나 나는 부정적인 생각으로 날뛰고 있었다. 그러나 감사의 흐름 속에 들어가자마자, 마치 도로시가 뿌린 물에 오즈의 나쁜 마녀가 녹아 버린 것 마냥 그림자가 사라진 것 같았다. 정말로 그것과 똑같은 현상이었다. 그림자는 존재하는 것도 아니다. 그저 그렇게 보일 뿐이다. 빛에 닿는 즉시 어둠은 사라져 버린다. 하지만 그 당시의 문제는 내 안에 부정적인 생각이 존재한다는 것만이 아니라, 내게 긍정적인 마음이 없다는 것도 문제였다. 내 머릿속을 감사하는 마음으로 채움과 동시에, 자기혐오라는 그림자의 흔적은 더 이상 존재하지 않았다. 사랑이 존재하면 두려움은 사라진다.

하지만 그림자의 힘을 과소평가하지는 말도록 하자. 가끔 명상을 조금씩 하는 것으로는 부족하다. 우리는 매일 명상을 해야 한다. 만약 당신이 회복해 가는 중독자라면, 이따금씩 모임에 참석하는 것으로는 부족할 것이다. 매일 모임에 나가라. 몇몇 사람들만 용서하는 것으로는 부족하다. 우리는 모든 사람을 용서하기 위해 최선을 다해 노력해야 한다. 오로지 사랑만이 실존하기 때문이다. 만일 내가 누구에게라도 사랑을 베풀지 않는다면 내 자신에게도 베풀지 않는 것이 된다. 그리고 쉬울 때만 사랑을 베푸는 것도 충분하지 않다. 힘들 때에도 사랑을 베풀 수 있도록 우리의 포용력을 넓히려고 노력해야 한다.

우리 각자의 상황 속에서, 그리고 이 지구상에서 오늘날 활개 치는 그림자를 몰아내기 위해서는 신성한 빛을 밝힘에 부족함이 없어야 한다. 그리고 우리 각자는 우리가 가진 사랑의 힘을 증가시킴으로써 빛에 힘을 보태 줄 수 있다. 물론 우리는 우리의 자녀를 사랑한다. 하지만 그저 우리의 자녀를 사랑하는 것만으로는 충분하지 않다. 우리는 다른 동네의 아이들, 그리고 지구상 다른 곳의 아이들까지 사랑하는 법을 배워야 한다. 우리의 뜻에 따라주며 우리에게 잘 대해 주는 사람들을 사랑하기란 충분히 쉬운 일이다. 우리에게 찬성하지 않는 사람들과 우리에게 정당하게 대해 주지 않았던 사람들을 사랑하는 법을 익혀야 한다. 근육을 기르기 위해 운동을 하듯이 우리는 사랑의 포용력을 넓히기 위해 노력해야 한다.

우리의 수준 낮은 자아, 우리의 '그림자 자아'를 무찌르고 승리할 수 있는 것은 오직 하나뿐이다. 그것은 바로 우리의 고차원적인 자아다. 그리고 그 고차원적인 자아는 가장 높은 경지의 사랑 속에 자리한다. 우리 창조주의 사랑 말이다. 그의 안에는 어둠이 없으며, 고통과 두려움 또한 없다. 그림자의 힘을 과소평가하는 것은 심리학적으로 비현실적인 일이지만, 신의 힘을 과소평가하는 것은 영적으로 성숙하지 못한 일이다. 기도라는 것은 그저 상징만이 아니다. 그것은 엄연한 '힘'이다. 명상이라는 것은 그저 우리를 편안하게 하는 무언가가 아니다. 그것은 우주의 에너지를 조화롭게 만들어 준다. 용서라는 것은 그저 우리의 기분을 낫게 만들어 주는 것뿐이 아니다. 그것은 문자 그대로 마음을 변화시킨다. 신에게서 발산되는 모든 힘은 우리를 자유롭게 할 힘이다.

그림자에게 빛은 곧 적이다. 하지만 빛에게 그림자란 것은 아무것도 아니다. 그런 것은 존재하지 않기 때문이다.

어찌 되었든, 그림자는 움직이고 있다

의식은 역동적이고 창조적인 에너지다. 그것은 활동하지 않는 것도 정체되어 있는 것도 아니다. 그것은 움직이는 방향대로 어디로든 항상 뻗어나가고 있다. 사랑은 언제나 사랑을 기반으로 하고, 두려움은 언제나 두려움을 기반으로 한다. 그림자는 괴로움과 고통을 향한 냉정한 충동이다.

그런데 그 자체로는 환영이고, 생명이 없는 것이 대체 어떻게 활동을 한다는 것일까? 그에 대한 답은 이렇다. 비록 두려움 자체는 실체가 없지만 두려워하는 생각의 힘이 그것을 실체로 만든다는 것이다.

두려움은 마치 폭발물과 같고 생각은 그것을 싣고 날아가는 미사일과 같다. 마음은 원래 성스러움의 전달자로서 폭발적인 사랑을 전달하기 위해 창조된 것이다. 하지만 자유의지는 우리의 선택에 따라 그것을 다른 방향으로 돌릴 수도 있음을 의미한다.

당신의 마음은 항상 사랑을 확장시키거나 두려움을 투사하면서 어떻게 하면 그것을 더 많이 할 것인지 잠재의식적으로 계획을 세운다. 그림자는 당신에게 등을 돌린 당신 자신의 마음이다. 루시퍼가 타락하기 전까지는 천국에서 가장 아름다운 천사였던 것처럼, 그리고 문제가 생기기 전까지는 암세포도 정상적인 세포였던 것처럼 그림자 또한 잘못된 방향으로 돌아서 버린 당신 자신의 생각이다. 그것은 자기 사랑이라는 탈을 쓴 자기혐오다. 그림자는 당신만큼이나 지능적이다. 바로 당신 자신의 지능이 두려움의 목적에 협력하고 있기 때문이다. 그림자는 생명의 모든 특성을 가지고 있다. 왜냐하면 그림자는 당신의 생명에 달라붙었기 때문이다. 그리고 모든 생명체가 그렇듯이 그것 또한 자기 자신을 지키려고 한다.

사랑이 가까이 있을 때면 언제라도 그림자는 사라지지 않으려고 자기방어를 하느라 더욱 활발해진다. 그림자는 사랑만이 자신의 진정한 적이라는 것을 알고 있다. 그림자가 사랑을 감지하거나 당신 안의 빛을 감지하게 되면, 말 그대로 목숨을 건지기 위해 도망친다. 그림자는 가능한 어떤 방법으로라도 당신 안의 선함을 무력화시키고, 억누르고, 망치기 위해 노력할 것이다. 당신이 참된 자기 자신의 빛을 기억해 내는 순간, 자신이 사라져 버릴 것을 그림자는 알고 있기 때문이다. 그래서 그림자는 싸움을 벌인다.

그 때문에 "사랑은 사랑이 아닌 모든 것을 불러일으킨다."는 말이 널리 알려져 있다. 당신의 영혼에서 신성한 결합이라고 느낄 만한 누군가를 만났는가? 조심하라, 그 사람이 있는 곳에서 어리석은 짓을 하게 될 것이니. 꿈을 실현할 흔치 않은 기회를 얻었는가? 조심하라, 그 기회를 날려 버리게 될 것이니. 그것이 바로 그림자다. 당신의 더 나은 자아의 사악한 쌍둥이다.

두려움을 떠나 사랑을 향해 가려는 의식적인 움직임이 있을 때까지 두려움의 역동적인 힘은 자비 없는 파괴의 힘으로 작용할 것이다. 그것은 어리석지만 해롭지 않은 말을 하는 것과 같은 사소한 것에서부터 실제로 삶을 망칠 수도 있는 행동에까지도 이어질 수 있다. 우리는 그것의 힘을 과소평가하거나 그것의 악의를 의심해서는 안 된다. 때로는 느리고 길게 이어지는 방식으로 때로는 더 빠른 식으로 그림자가 광분하고는 있지만, 그것은 언제나 고통스러운 방향을 의도하고 있기 때문이다.

'익명의 금주동맹AA'에서는 알코올 중독을 '점진적인 질병'이라고 표현했다. 이 말이 뜻하는 바는, 그것이 제자리에 가만히 있지 않는다는 것이다. 만약 당신이 이 순간에 알코올 중독 문제를 안고 있으면서도 해결하지 않고 있으면 훗날 더욱 큰 문제를 떠안게 될 것이다. 그리고 그 궁극적 목표는 바로 파괴이므로 당신이 숨을 거두는 순간까지 그러할 것이다. 알코올 중독과 같은 중독 증상은 단순히 술에 관한 것만이 아니다. 그것은 육신과 영혼 모두를 괴롭히는 그림자의 힘, 즉 어두운 에너지의 움직임에 관한 것이다. 그리고 수백만이나 되는 중독자들이 '익명의 금주동맹'을 통해 중독을 이겨 낼 수 있었던 이유는, 그곳의 활동들은 오직 영적 체험만이 그들을 구원하리라는 것을 분명히 해 주었기 때문이었다. 그 형태를 불문하고, 오직 신만이 그림자를 극복할 수 있을 만큼 강력하다.

성경에서 예수는 그가 세상을 '극복'한 것에서 기운을 얻으라고 했는데, 이때 그의 단어 선택이 특히 흥미롭다. 그는 자신이 세상을 '고쳤노라'고 하지 않았다. 그는 자신이 어둠의 세력을 '극복'해 냈다고 말했다. 낮은 차원의 생각이 그를 제압할 힘을 용납하지 않는 다른 의식의 세계로 올라감으로써 말이다. 그것이 그림자가 우리에게 던져 주는 도전이다. 저 높은 곳의 빛을 향해—더 높고 사랑이 가득한 심오하고 거룩한 관점—정신적 경지에 도달할 때 그림자는 힘을 잃어버린다.

집단 그림자들

우리는 그림자가 화를 내고, 지배욕이 있고, 군림하고 싶어 하며, 정직하지 못하고, 폭력적인 성격을 가진 사람의 형태를 취할 때 알아볼 수 있다. 그러나 때로는 그룹의 집단적인 그림자를 인지하는 것 또한 마찬가지로 중요하다. 국가와 같은 집단들은 개인들로 이루어져 있다. 때문에 그 구성원들의 인격적 특성이 그룹의 집단행동으로 드러난다는 것은 놀라운 일이 아니다. 그런데 한 집단 안에서 만들어진 사랑이나 두려움과 같은 에너지가 어떻게 확대되는지는 분명하지 않다. 같은 방향으로 생각하는 둘 이상의 마음들이 만들어 내는 에너지는 단순히 둘의 합이 아니다. 그것은 기하급수적으로 증가한다.

테러 행위를 하나의 예시로 들 수 있다. 하나의 병적인 사상은 마치 암과 같이 인구 전체로 확산될 수 있다. 그 사상을 이루는 파괴적인 생각을 따르는 사람들의 숫자가 충분히 많아지면, 그들의 결합된 에너지의 힘은 가장 기술적으로 진보한 군사력을 보유한 자들에게도 진정으로 당혹스러운 것이 될 수 있다. 이것이 진실인 이유는 테러 위협의 진정한 힘이 사상적 뿌리에 있는 것이 아니라, 그 많은 사람이 이끌린 강렬한 확신에 있다. 테러리스트들은 '확신'이 있다. 그리고 그곳에 그들의 힘이 있는 것이다. 그들이 증오를 통해 보이는 것만큼, 그들의 파괴적인 격렬함을 제압할 수 있는 우리의 힘은 확신을 가지고 사랑하는 능력이다. 확신에 가득 차 증오심을 냄으로써 그들은 더 많은 증오를 이끌어 내지만, 우리가 더 큰 확신을 가지고 사랑을 베풀면 더 많은 사랑을 이끌어 낼 수 있을 것이다.

완벽한 사람은 존재하지 않는 것처럼 그 어떤 집단도 완벽하지는 않다. 어둠의 본질임에도 언제나 빛인 것처럼 행세하면서, 그림자는 개인과 집단 모두의 의식적인 자각으로부터 모습을 감춘다. 랠프 월도 에머슨Ralph Waldo Emerson은 애국의 탈을 쓴 국수주의의 그림자를 묘사하면서, "국가 전체가 애국심을 목청껏 부르짖는다면, 나는 그 손의 깨끗함과 그 마음의 순수함을 기꺼이 살피겠다."고 말했다. 한 집단이 스스로의 원칙을 가장 심하게 거스르는 때는 대개 그 구성원들을 위해 열렬히 들고 일어났노라고 주장할 때다. 사람들을 화형대에 올려 불태우는 것을 덮기 위해서 종교를 이용하거나, 제국주의의 과실을 덮기 위해 애국주의를 이용하듯이 그림자는 자신의 흔적을 감추는 데 있어서 매우 교활하다.

그러나 집단의 그림자가 우리를 몰락시킬 수 있는 것과 마찬가지로, 집단의 빛은 우리를 성장시킬 수 있다. 좋은 문학작품이나 동화와 같은 대중 출판물들, <아바타Avatar>와 같은 영화들, 『해리 포터Harry Potter』와 같은 책들, 그리고 당연한 일이지만 순수한 종교 또는 영적 집단 수행, 이 모두가 집단적인 빛 광선들의 예시라고 할 수 있다.

영화 <아바타>에서는, 현대 미국의 집단적 그림자가 매우 잘 드러나 있다. 우리는 약탈적인 자본주의와 미국의 군국주의가 가진 완전한 힘, 영적인 원칙들의 차이를 인정하지 않는 지성적인 거만함, 환경의 신성함을 무시하는 오만함, 원하는 것은 무엇이든 빼앗아 가는 제국주의적인 경향 사이의 위험한 결합을 보게 된다. 미국의 추악한 그림자는 이 영화의 수난극에서 최고의 조명을 받는다. 그러나 이 이야기를 단순한 비난을 넘어 계몽의 경지로까지 격상시켜 주는 것은 빛이 결코 그림자로부터 멀리 떨어져 있지 않음을 꿰뚫어 보는 통찰력이다.

빛을 주는 자는 언제라도 어둠의 대안을 제공할 준비가 되어 있다. 적혈구가 상처에 몰려들듯이 그림자가 들어찬 곳에 사랑하는 마음을 보내면서 말이다. 그렇다. 영화 <아바타>에는 우리의 가장 나쁜 면을 대표하는 인물들이 있다. 그러나 우리의 가장 좋은 면을 대표하는 인물들 또한 등장한다. 그것이 중요한 점이다. 모든 집단이 그러하듯 모든 개인의 안에는 우리 본성의 선한 천사들이 존재한다. 어둠과 마찬가지로 그들도 움직이고 있다(천사들이 언제나 날개가 달린 모습으로 그려지는 것에 주목하라. 악마들은 그런 것이 없는데도 말이다). 그리고 넓은 관점으로 본다면 결국에는 언제나 빛이 승리한다. 마틴 루서 킹 주니어Martin Luther King, Jr.는 "우주의 도덕적인 곡선은 길지만 정의를 향해 굽어 있다."라고 말했다. 우리는 진실을 잊을 수 있지만 우주는 절대 잊지 않는다.

모든 인간과 인간 집단에는 그림자가 있지만, 그렇다고 우리가 나쁜 사람이 되는 것은 아니다. 우리를 인간적으로 만들 뿐이다. 요점은 그림자를 미워하지는 말자는 것이다. 그것은 그저 고쳐야 할 우리의 상처들일 뿐이니까. 하지만 그림자를 부정하는 것도 요점이 아니다. 어둠은 오직 빛에 비춰야만 사라질 수 있으므로. 우리는 개인으로서든 집단으로서든 그림자를 마주해야만 한다. 그렇게 하는 것은 자기혐오적 행동이 아니다. 오히려 자기애적이다. 진정한 순례자들은 그들이 가진 그림자를 대면하고 그것을 사랑의 힘에 맡기는 사람들이다. 진정한 애국자들은 그들이 속한 국가의 그림자를 대면하고 그것을 진실의 힘에 맡기는 자들이다.

우리가 우리 안의 그림자 속에서 길을 잃었을지라도 우리 내면의 일부는 더 현명하다. 잘못된 생각에서 비롯된 행동을 보이는 집단 내에서도 진실을 지키기 위해 일어서는 개인들은 언제나 존재한다. 자신들의 목숨을 걸고라도 제2차 세계 대전 동안 유대인들을 숨겨 주었던 아리아 족 독일인이든, 영화 〈아바타〉에서 판도라의 나비 족이 가진 권리를 지키기 위해 영웅적으로 나서 준 지구인들이든 말이다. 사랑의 궁극적인 승리를 드러내는 역사적 증거는 물론이거니와 신화적인 교훈도 존재한다. 제2차 세계 대전의 중요성은 히틀러의 사악함에만 있는 것이 아니라, 그를 패배시킨 사람들의 명석함과 희생정신에도 있다. 〈아바타〉의 원형적 진리는 나비 족들에게 가해진 폭력에만 있는 것이 아니라, 그 폭력이 어떻게 끝을 맺었는지에도 있는 것이다. 종교적인 이야기들의 궁극적인 요점은 십자가에 못 박히는 것이 아니라 부활하는 것에 있으며, 이스라엘인들의 노예생활이 아니라 약속된 땅으로의 해방에 있다. 지금 수많은 그림자가 위협하고 있는 요즈음의 나날과 이 시대 속에서, 우리는 그림자가 매우 어두워 보일지라도 참된 빛 앞에서는 아무것도 아니라는 것을 되새겨야 한다.

모든 합리적인 증거가 그림자의 실존뿐 아니라 그 영속성을 가리키고 있는데, 이러한 진리를 받아들이기란 매우 힘들 수 있다. 그렇지만 광명의 기적은 합리적 증거에서 오는 것이 아니다. 그것은 말 그대로 '마른하늘에 날벼락' 마냥 온다고 할 수 있다. 순수한 잠재력의 영역을 나타내는 완전한 시각적 상징의 형태로 말이다. 무한한 진보의 잠재력은 빛을 받아들이는 우리의 주도적인 마음이 어둠을 두려워하는 마음보다도 훨씬 클 때 나타난다.

우리는 그러한 빛을 육안으로는 인지할 수 없다. 그것은 다른 종류의 시야를 요구하는 현실이라고 할 수 있다. 인간적인 현상은 '실재'하지만, 오직 신의 사랑만이 '진실되게 존재'한다. 물질세계에 관해 알베르트 아인슈타인Albert Einstein은 말했다. "현실이란 그저 환영일 뿐이다. 비록 그것이 굉장히 끈질기기는 하지만 말이다."

우리가 인간 세상만을 인식한다면 두려움은 정말로 나름 정당해 보인다. 그러나 우리가 인식의 범위를 이 세상 바깥으로까지 확장한다면 우리는 더욱 높고 희망이 가득한 빛을 보게 된다. 즉, 사랑은 언제나 다시금 효력을 회복하리라는 사실이 사물의 진정한 본성에 프로그램되어 있다는 것을 우리는 보게 된다. 비록 우리 자신의 치유되지 않은 부분, 심리적 암흑가와 같은 그림자 속으로 떨어지도록 운명지어져 있기는 하지만, 반면에 우리의 해방 또한 보장받았다. 빛을 주는 자는 각 개인의 마음속만이 아니라 집단의 정신 안에서도 영원히 활동한다. 각자가 용서를 구하고 교정을 바라며 스스로를 낮출 때, 바로 그때 자비가 찾아온다. 이는 집단에 있어서도 마찬가지다. 독일의 총리 게르하르트 슈뢰더가 제2차 세계 대전 당시 50만 명의 폴란드 인을 학살한 일에 대해서 폴란드 국민에게 용서를 구했을 때, 교황 요한 바오로 2세가 이단 재판에 대하여 사죄했을 때, 이러한 '기억의 정화', 즉 잘못을 시인한다고 후대 교황들에 의해 기록됨으로써 천국의 의식으로부터 빛이 내렸으며 그림자들은 사라졌다.

각자는 운명의 길을 걷고 있으며, 이는 집단 또한 마찬가지다. 때때로 우리는 사랑을 향해 두 걸음 전진하고 그림자로 일보 후퇴하곤 한다. 하지만 최후의 판단에서 빛의 매력은 어둠의 유혹보다도 훨씬 더 크다.

선한 의도만으로는 충분하지 않다

현대인들의 의식은 지나치게 자존감이 높다. 단순하게 원하는 것을 결정하고 실현에 옮길 수 있다는 믿음은 오만이다. 그러한 집착이 떨어지게 하는 것들에 대해서 생각해 보라. 불필요한 고통의 종말,

세계평화, 건강한 지구. 도대체 왜, 이렇게 천재들로 가득한 세상에서 그림자가 아직도 도사리고 있으며 문제를 일으키는 것일까?

현대 세계가 그림자의 영향 아래 머무르는 이유 중 하나는 그림자의 형이상학적인 근원을 인식하는 데 실패했기 때문이다. 사랑이 에너지인 것처럼 악 또한 에너지와 같다. 그림자는 두려움에서 일어나고, 두려움은 사랑이 없기 때문에 일어난다. 물질적인 수단만으로 어둠을 박멸하겠다는 노력은 원인이 아닌 결과의 수준에서만 대처하겠다는 뜻과 같다. 살갗 위의 사마귀를 떼어 잘라 낼 수는 있겠지만, 그 뿌리를 태우지 않으면 또다시 자라날 것이다. 그리고 악의 뿌리는 물질이 아니다.

그러나 단순히 정신적인 비물질 에너지와 영적인 에너지 사이에는 차이가 있다. 오늘날 많은 사람은 '의도'의 힘에 관한 과장된 견해를 가지고 있다. 하지만 사실은『기적수업』에 나와 있듯이 선한 '의도'만으로는 충분하지 않다. 알코올 중독자들이 그저 '더 이상 술을 마시지 않겠다'라고 '의도'하는 것만으로는 이렇다 할 효과가 없을 것이다. 단순히 더 좋은 배우자가 되겠노라고 '의도'하는 것만으로는 또한 충분하지 않을 것이다. 왜냐하면 행동에 실제로 변화가 있어야만 하기 때문이다. 하지만 때로는 삶에 요구되는 행동의 변화를 이루기가 그리 쉽지 않을 때가 있다. 더 잘하겠노라는 알량한 의도는 그림자의 힘에 짓밟힐 수 있다. 그림자는 우리의 가장 선한 의도들을 짓밟을 수 있지만 오직 사랑만이 그림자를 제압할 수 있다.

사랑이 신이고, 신이 사랑이다. 사람들이 신이라는 이름으로 신을 부르든지, 아니면 사랑에 대한 모든 저항을 단순하게 포기하든지—

신이 존재하는 경우, 비록 인식은 못하더라도— 오직 신성한 사랑의 힘만이 그림자를 몰아낼 만큼 충분히 강력한 힘이 될 수 있다. 굶주리고 있는 아이들을 더 많이 먹여 살리는 것이 미래의 테러위협을 제거하는 최고의 방법 가운데 하나라는 사실을 아는 지혜이든, 아니면 우리의 결합을 치유하고 제거하도록 신에게 맡기는 것이든 간에, 거기에는 두려움의 힘을 극복할 수 없는 것이 아니라 보다 높은 사랑의 힘에 대한 경외심이 있다.

그림자의 은신처는 당신의 의식 속에 있는 것이 아니라 당신의 무의식 속에 자리한다. 당신은 '의식적으로' 어리석은 행동을 하려고 결심하는 것이 아니다. '의식적으로' 배우자가 당신을 미워하게 만드는 말을 하려고 결심하는 것이 아니다. '의식적으로' 딸아이의 결혼식 날 술에 취해 모든 것을 엉망으로 만들려고 결심하는 것이 아니다. "악마가 나에게 이렇게 시켰어."라는 말은 생각처럼 그렇게 복잡한 개념이 아니다. 선한 의도는 악마를 웃게 만든다. 하지만 그가 비웃을 수 없는 것은 기도와 참회, 용서 그리고 사랑이다. 그러한 것들은 악마를 쫓아 버린다.

여기서 종교에 관한 질문 하나를 떠올려 보자. 만약 종교가 신성한 사랑의 전달자라면, 세상에 심지어는 종교 자체에까지 왜 그렇게 많은 악이 도사리고 있는 것일까? 세상에서 가장 큰 종교 기구 중 하나가 대체 어떻게 해서 소아성애자들을 사제로 받아들이게 된 걸까? 당연하게도 어떤 종교들은 신과는 아무런 상관이 없다고 답할 것이다. 사실 신의 격렬한 반대자인 그림자는 종교의 영역에서 놀기를 아주 좋아한다. 또한 혼란을 주는 것을 좋아한다. 그리고 사랑에 바탕을 둔 교리나 교조가 사실은 너무나 역겹게도 사람이 없는 것을 가리기 위해서일 때, 명백하게 마음을 혼란스럽게 하는 법이다.

만약 독실한 종교인이 증오를 한다면 신이 그곳에 있지 않은 것이다. 만약 무신론자가 사랑을 베푼다면 그곳에 신이 있는 것이다. 『기적수업』에서 말하는 바와 같이, "신은 거짓되지 않을지니"라는 성경의 구절은, 정말로 신이 거짓되지 않음을 강조하는 뜻이다.

하지만 종교적인 안목을 구할 때에는 빈대를 잡으려다가 초가삼간을 태우는 꼴이 되지 말아야 한다. '종교religion'라는 말의 라틴어 어원은 religio인데, '다시 묶어 주다'라는 뜻이다. 진정한 종교는—제도권에서 생겨났든 아니면 보다 보편적인 영성에서 생겨났든—우리가 누구인지에 대한 진실과 우리의 핵심에 존재하는 사랑과 우리를 치유하는 자비심과 우리를 다시금 연결시켜 준다. 그림자를 이겨내는 유일한 방법은 참된 우리 자신이 되는 것뿐이며, 우리를 그러한 경지에 도달하게 해 주는 것이라면 무엇이든 본질적으로 종교적 체험이라고 할 수 있다. 어떤 사람들에겐 그것이 교회에서의 경험일 수도 있고, 유대교 회당이나 회교 사원 혹은 성지에서의 경험일 수도 있을 것이다. 어떤 사람에게는 그것이 영적인 체험이나 심리치료의 경험일 수도 있으며, 어떤 사람에게는 그것이 자연의 경험일 수도 있으며, 또 어떤 사람에게는 그것이 처음으로 자식을 품에 안았던 경험일 수도 있다. 요점은 무엇이 우리에게 그런 경험을 주느냐가 아니다. 오히려 그 경험에 도달함으로써 우리 그리고 우리 내면에 무슨 일이 일어나는가 하는 것이다. 우리 존재의 핵심으로 돌아오면 무언가가 우리 안에서 바뀌게 된다. 아주 잠시 동안이라도 말이다. 그것은 우리에게 우리 자신과 우리 주변의 가능성을 보여 준다. 그것은 사랑의 실체, 그리고 우리가 가진 진정한 힘의 확장을 가리고 있던 베일을 벗겨 준다. 우리의 필수적인 본질과 다시금 결합하면 우리는 그림자를 사라지게 할 힘을 가질 수 있다.

『기적수업』에 따르면, "기적은 사랑의 표현으로써 자연스럽게 발생한다."라고 한다. 우리의 마음이 열려 있을 때라면 언제라도 어둠은 빛으로 대체된다. 그런가 하면—그것이 통합적인 의학의 관점을 포함하지 않는 치료법이든, 사랑을 포함하지 않는 종교이든, 더 높은 차원의 힘을 포함하지 않는 요법이든, 성스러운 차원을 포함하지 않는 관계이든 간에—그림자는 두려움의 순간이 올 때까지 그 문 앞을 계속해서 배회할 것이다. 그리고 그 시점에서 그것은 어둠을 통해 조용히 움직여 누군가가 품은 꿈의 심장에 비수를 꽂을 것이다.

소유하는 것과 속죄하는 것

우리가 그림자에 대해서 얼마나 많이 이해하고 있는가가 아니라, 그림자를 제거하는 데 있다. 그렇게 하기 위해서 우리는 먼저 그림자를 소유하고 있어야 한다. 유대교와 기독교 사상에서 그림자와 관련된 문제를 해결하는 방법은 속죄의 원리다. 그것은 일단 우리가 우리 자신의 죄를 깨닫고, 진정한 참회와 함께 우리의 죄를 신에게 맡길 때, 우리는 영적인 인과에서 풀려난다는 것이다('죄-sin-'라는 말은 과녁을 잘 못 맞혔다는 뜻의 궁술 용어에서 기인한다. '죄'라는 낱말의 영적인 의미는 '오류'다).

붓다는 '업'의 법칙에 대해 말했다. 그것은 기본적으로 원인과 결과, 즉 행동, 반응, 행동, 반응이란 뜻이다. 속죄의 원칙은 곧 가피의 순간에 나쁜 업이 불타 없어진다는 것을 의미한다. 속죄란 일종의 우주적 리셋 버튼이다. 속죄를 통해서 죽음의 그림자 생각들은 사라지고 완전한 사랑이 그 자리를 대신하게 된다.

가톨릭 신앙에서 고해성사의 관례란 것은 뉘우치는 자들이 자신들의 죄를 고백하고 신에게 용서를 구하는, 계속되는 속죄의 경험이다. 유대 신앙에서 속죄의 날, 또는 욤 키푸르Yom Kippur는 한 해의 가장 경건한 날이다. 속죄의 날에 유대인들은 한 해 동안 그날까지 자신들이 지은 모든 죄를 참회하고 용서를 구하면서 내년의 '생명책Book of Life'에도 기록될 수 있도록 신에게 기회를 청한다. '익명의 금주동맹'에서는 중독자들로 하여금 용기를 내어 도덕 목록을 만든 후 자신의 인격적 결함을 인정하고 신에게 용서를 청하도록 권유한다.

속죄는 반드시 필요하기 때문에 존재한다. 우리는 모두 인간이고, 누구나 상처를 입고, 그림자의 포로가 된다. 그렇다. 우리 모두는 타락했다. 하지만 우리에게 다시 일어설 방법이 없는 것은 아니다. 그러나 그렇게 하기 위해서 우리는 우리의 날개를 다시금 만들어 줄 힘에 헌신해야 한다. 우리는 우리의 어둠을 빛으로 가져갈 의지가 있어야만 하고, 또한 그것을 의식적으로 그리고 자발적으로 신에게 맡겨야 한다.

내 삶에서 힘겨운 상황이 내 자신의 실수나 성격적 결함에 의해 일어났다는 사실을 내가 깨달았다고 해 보자. 어쩌면 내가 인간관계에서 지나치게 지배하려고 해서 친구나 가족과 갈등을 빚었을 수도 있다. 속죄는 나로 하여금 나의 그림자 측면—이 경우에는 지배하려는 성질—을 인식하고 신에게 그것을 제거해 달라고 청하는 것이다.

우리가 앞에서 논의했듯이 "좋아, 이제부터는 그렇게 통제하려고 하지 말아야지."라고 말하는 것만으로는 충분하지 않다. 그것은 물론 좋은 다짐이고 행동을 바로잡는 데 많은 도움이 될 수 있다. 그러나 어떤 기질이 당신의 인격 속에 존재하는 실제 패턴일 때—당신이 쓰고 있는 그림자 얼굴, 즉 당신의 최악 또는 거의 최악에 가까운 진짜 당신— 그것은 당신이 가진 사고방식의 바탕 속에 견고히 자리 잡고 있는 것이다. 달라지겠다고 다짐하는 것만으로는 충분하지 않다. 그림자가 당신의 정상적인 결단력을 무시해 왔기 때문이다. 일단 냉소적이고 질투심 많고 분노하는 그림자 인격이 형성되면, 치유를 위해서 당신의 속죄가 필요하다. 당신이 이미 저질러 버렸을지 모르는 피해에 대한 책임을 지고, 신에게 당신의 가슴을 바꿔 달라고 청하는 것 말이다.

우리 자신의 생각과 행동에서 특히 잘못된 부분을 깊이 들여다보는 것은 매우 중요하다. 그렇게 함으로써 우리는 우리 '각자의 그림자'만이 아니라 '집합적인 그림자'도 함께 다룰 수 있다. 궁극적으로 세상의 치유는 타인들을 바꾸고 바로잡는 데서 오는 것이 아니라, 우리 자신을 바꾸고 바로잡으려는 의지에서 오는 것이다. 모든 마음은 하나로 이어져 있으므로, 스스로를 바로잡는 우리의 능력은 전 우주를 바로잡을 수 있는 힘을 가지고 있다. 매우 현실적인 관점에서, 그것이 유일하게 할 수 있는 일이다.

이 '바로잡음'은 양심의 작은 자극에서 시작될 수도 있다. 양심이란 건전한 수치심이다. 그림자가 아니라 빛으로부터 오는 일시적인 불편함과 같다. 아무런 후회도 느끼지 않는 사람은 반사회적 인격장애자일 뿐이다. 그것은 우리를 인간답게 만들어 주는 부분, 우리가 잘못되었음을 아는 우리 안의 그 무엇이다.

속죄의 과정은 용기와 자비 그리고 자신에 대한 정직함을 수반한다. "내가 이것을 떠올린다면, 나는 이것이 내 상처라는 걸 깨닫겠지. 난 이것을 들여다볼 의향이 있고, 바뀔 의지가 있어." 문제를 타인들의 탓으로 돌리기란 매우 쉽다. 상황이 어려울 때 그렇다. 하지만 진정한 구도자들은 이렇게 말한다. "'내가' 무엇을 잘못한 걸까? 이 재앙에 대한 '나'의 책임은 무엇이었을까?"라고.

만일 우리가 자신의 부정직하고 매몰차며, 가차 없고 무례하며, 탐욕스럽고 군림하려 하는 부분들을 살펴보지 않는다면, 그러한 부분을 바꿀 수 없다. 만약 우리가 그저 그림자를 억누르면서 버리려고만 한다면, 그림자는 우리 자신과 닮았으면서도 부정적인 부분이 끊임없이 반복되는 통합되지 않은 프랙털fractal*로써 존재하게 된다. 그리고 우리는 살펴보지 않은 것들에 대해서는 아무런 힘을 발휘할 수 없다. 우리 내면에 있는 그것이 무엇이든 간에, 그것은 언제라도 우리를 기습할 수 있는 감정적 테러리스트처럼 행동하게 될 것이다. 이런 저런 상황에서 우리가 차마 무시할 수 없는 마음속의 비명처럼 그림

*역자 주 – 단순한 구조가 끊임없이 반복되면서 복잡하고 묘한 전체 구조를 만드는 것, 즉 '자기 유사성(self–similarity)'과 '순환성(recursiveness)'이라는 특징을 가지고 있다. 우주의 모든 것이 결국은 프랙털 구조로 되어 있다. (시사상식사전, 박문각: 두산백과 참조).

자는 자신의 존재를 알릴 것이다. 이것은 우리에게 무언가를 살펴보도록 강제하는 자연의 기막힌 비책이다. 개인적인 재난을 겪으면서 우리 자신이 그것을 초래했다는 것을 아는 것만큼 주의를 끄는 일은 없으니까.

그림자는 당신의 인격 속에 놓인 무수한 지뢰처럼 작용한다. 당신은 일이 아주 잘되고 있다고 느낀다. 목록도 정리했겠다, 조직도 모았겠다, 사업 계획도 다듬었겠다, 자금도 모았겠다, 모든 것을 많이도 해결한 것만 같다. 그러고선 당신은 모든 것을 완전히 물거품으로 만들 일을 한다. 당신 자신도 믿을 수가 없다. 다른 누구도 그렇게 하지 않았다. 그리고 그제야 당신은 자신의 인성에 대해 조치하지 않는다면 또다시 일은 물거품이 될 것을 실감할 것이다.

한 여성에게 이렇게 물은 적이 있다. "지금 사귀는 사람이 있으십니까?" 그리고 그녀가 대답했다. "누구하고 사귈 때면 제 자신이 미워져요. 그래서 사귀는 건 하지 않으려고요." 수많은 사람은 서로 관계를 맺을 수 있다. 우리는 스스로에게 이렇게 말한다. "밖에 나가고 싶은 마음도 없어. 관계를 끌어들이기도 싫고 사업 기회고 뭐고 다 싫어. 그런 기회가 왔을 때 그걸 망쳐 버릴 내 안의 부분들을 치유하기 전까지는 말이야."

우리 자신을 깊이 들여다보는 것은 용기를 필요로 하는 일이지만, 그렇게 하기 전까지는 진정한 자유와 평화를 얻을 수 없다. 그것이 우리가 빠르고 간편한 행복으로의 여행을 지나치게 강조하지 않도록 주의해야 하는 이유다. 깨달음은 우리에게 기쁨을 주지만 즉각적으로 주는 것은 아니다. 우리는 우선 그 앞에 버티고 있는 슬픔과 마주해야 한다.

우리는 우리 자신의 장애, 즉 그림자를 비추어 보는 시간을 가져야 한다. 우리가 보지 않는다면 그것들은 그 자리에 계속 머무를 것이기 때문이다. 하지만 이것은 어려운 일일 수 있다. 우리는 일종의 해독 과정을 통해 치유되는데, 때때로 우리는 검토해야 할 수많은 어려운 감정을 불태우며 나아가야 한다. 무의식의 그림자로부터 나타나는 무엇인가는 우리에게 그것을 분명히 살펴볼 기회를 주면서 나타난다. 그리고 우리는 자신이 그림자와 같았다는 생각에 몸서리치게 된다. 그러나 우리는 빛을 주는 자의 도움도 없이 그 자리에 내버려지지 않았다. 우리가 바라기만 한다면, 우리의 어둠을 맡기고 그것을 치유해 줄 것을 청할 수 있다. 신은 우리가 그에게 맡기기를 원치 않는 것을 가져가지는 않는다. 그것은 우리의 자유의지를 침해하는 일이니까. 하지만 우리가 정말 그것을 맡기고 속죄한다면, 그때 그것도 변화할 것이다.

그런 내면의 작업은 고통스러울 수 있다. 하지만 그것은 필수적이며 피할 수 없는 일이다. 육체적인 고통만큼이나 감정의 고통 또한 중요하다. 만약 다리가 부러졌는데 아픔을 느낄 수 없다면 뼈를 제자리에 맞춰야 한다는 것을 어떻게 알겠는가? 육체적 고통이란 몸이 이렇게 이야기하는 것과 같다. "이것을 봐. 이것을 살펴. 이것을 보살펴." 심리적 고통도 그와 같다. 간혹 우리는 이런 화두를 던질 필요가 있다. "나는 이 고통을 고쳐야 해. 이것이 왜 여기 있을까? 이 상황이 내게 전하고자 하는 바는 뭘까? 내 자신의 어느 부분을 살펴야 하지?" 만약에 무릎을 다쳐서 의사에게 갔다면, 의사가 "어디, 팔꿈치를 한

번 봅시다."라고 하는 일은 없을 것이다. 신 또한 그렇다. 상처는 살펴야 한다. 그리고 인간의 영역이든 신성의 영역이든, 의사는 당신을 심판하려고 있는 것이 아니라 당신을 고쳐 주려고 있는 것이다.

우리는 흔히 우리 자신의 그림자를 제대로 살피는 것을 두려워한다. 우리가 저지른 실수들을 인정할 때 동반되는 수치와 부끄러움을 피하고 싶어 하기 때문이다. 우리는 자신에 대해 깊이 들여다보게 되면 자신이 지나치게 노출될 것이라고 믿는다. 보게 될 것이 두려워서 자기 자신의 그림자를 보고 싶어 하지 않는다. 하지만 우리가 진정으로 두려워해야 하는 것은 바로 그것을 보려고 하지 않는 것이다. 그림자를 부정하는 것은 그것에 기름을 끼얹는 것과 같기 때문이다.

처음에 당신은 이렇게 말한다. "난 그것을 보고 싶지 않아. 내 자신을 미워하게 될 거야." 라고. 하지만 그 뒤에는 이렇게 말한다. "아니, 나는 그것을 보아야만 해. 그렇지 않으면 신에게 그것을 내려놓을 수 없을 테니까." 그리고 막상 그렇게 하게 되면, 무언가 납득이 잘되지 않으면서도 놀라운 일들이 일어난다. 어느 날엔가 나는 너무나 고통스러워 줄곧 피해 오던 내 안의 무언가를 살펴보았던 적이 있었다. 그랬더니 자기혐오가 아니라 오히려 내 자신에 대한 연민이 넘쳐 흐르는 예상치 못한 놀라움을 경험하게 되었다. 왜냐하면 그림자라는 적응 기제를 만들어 내기 위해서 내가 얼마나 고통을 겪었는지를 알아차렸기 때문이었다.

우리 모두에겐 상처가 있다. 문제는 우리의 상처가 타인의 눈에는 그렇게 비치지 않는다는 것이다. 도리어 그것은 성격적 결함으로 비쳐진다. 세 살배기 아이가 소리 지르며 울고 있다면 우리는 아마 "오,

저 불쌍한 아기가 많이 피곤한가 보네." 라고 할 것이다. 하지만 당신의 고통이 세 살 적의 트라우마와 직접 연관되어 있다 하더라도, 나이 마흔이 되어서 울며 소리를 지른다면 사람들은 "아, 저 사람 많이 피곤한가 봐." 라고 하지는 않는다. 그들은 이렇게 말한다. "저 사람 참 끔찍해."

당신의 성격적 결함은 나쁜 면이 아니라 당신이 받은 상처를 말한다. 그러나 누가 혹은 무엇이 그 상처를 주었든 간에, 그것은 이제 당신의 것이고 당신의 책임이다. 그것을 떠올리고 놓아 줄 수 있는 유일한 사람은 바로 당신이다. 궁극적으로 당신이 어디서 성격적 결함들을 얻었는지 따위는 중요하지 않다. 그건 이제 당신 것이다. 평생을 "내 잘못이 아니에요. 우리 부모님이 너무 까다로우셨다고요."라고 쓰인 간판을 목에 걸고 살아갈 수는 없지 않은가. 당신이 가진 난제를 벗어나는 유일한 방법은 그 결함들에 대해 완전하게 책임을 지는 것이다.

당신의 성격적 결함들은 바로 자기 파괴이고, 당신 자신과 남들을 해치는 길이다. 그것이 자신의 성격적 결함들을 살펴야만 하는 이유다. 자신의 경험에 대해 완전한 책임을 지기 전까지 당신은 그것을 바꿀 수 없다. 하지만 일단 자기 자신을 진정으로 살펴보고 나면 당신은 치유를 시작할 수 있게 된다. 당신은 눈을 떴고, 이제는 깨닫는다. "내가 그것을 했다는 것을 깨달았어. 인정해. 알았어. 나의 실수에 대해 참회하고 있어. 보상을 하겠어. 바르게 고쳐 놓겠어. 그리고 이제는 더 좋은 사람이 되기를 기도하겠어."

당신의 그림자를 직접 행동으로 드러냈던 그날 아침에 당신은, "오늘은 나쁜 놈이 돼 볼까?"라며 일어나지는 않았다. "사람들이 날 거부하게 만들 말과 행동을 해야지."라며 약속 장소에 가지는 않았다. 아니, 오히려 그 순간, 당신은 자신이 그렇게 하고 있다는 것을 미처 깨닫지 못하고 있었다. 당신은 그림자의 영향을 받고 있었다. 그림자는 당신을 어둠으로 몰아냈고 당신은 빛을 볼 수 없었다. 그렇게 당신은 괴로움을 겪었다.

그림자는 우리에게 무언가 어리석은 일을 하도록 만들고는 그렇게 바보 같았던 당신을 가차 없이 벌한다. 그림자는 자비가 없지만 신은 자비롭다. 지옥은 그림자가 이 땅에 만드는 것이고, 사랑은 우리를 지옥에서 해방시키는 것이다. 속죄란 신이 베푸는 사랑의 한 형태다. 속죄를 통해 우리는 자신의 장애적인 행동 양식들과 그것들이 빚어낸 사건들의 흔적으로부터 자유로워진다. 이것이 바로 성격 변화의 기적이다. 우리의 잘못된 생각에서 비롯된 결정들을 신에게 맡김으로써, 『기적수업』에 나온 기도의 한 구절과 같이, 우리는 "나는 죄책감을 가지지 않을 것이다. 내가 요청하기만 한다면, 성령이 나의 잘못된 결정들이 빚은 모든 결과를 없애 줄 테니까."라고 말할 수 있는 것이다. 진실하고 겸손한 마음으로 참회하면 당신은 '그림자 드라마'가 빚어낸 카르마업의 격동으로부터 풀려나게 된다.

일단 그림자 속에서 자신을 확보하고 나면, 빛으로 돌아가기 위한 우리의 여정을 계속할 수 있다. 문제가 없는 체하거나 모든 것을 남의 탓으로 돌림으로써 그럴듯하게 덮는다고 치유되는 것이 아니다. 우리는 빛을 감추는 그 어떤 그림자건 간에 우리 자신의 마음속에 본거지를 두고 있다는 사실을 앎으로써 치유된다. 그림자들이 존재한다는 사실을 인정하고, 신에게 문을 열고, 신으로 하여금 그림자를 밝혀서 사라지도록 하는 것은 우리의 책임이다. 신은 언제나 그래 왔고 앞으로도 항상 그럴 것이다.

당신 자신을 용서하라, 타자를 용서하라

누군가가 15년 전에 당신에게 상처를 주었을 수도 있다. 당신은 아직도 그 사람이 했던 일들을 계속해서 입에 올리고 있다. 하지만 스스로에게 정직해지자면, 당신 또한 15년 전에 누군가에게 상처를 주고는 지난 14년간 돌이켜 본 적조차 없을 수도 있을 것이다. 우리는 다른 사람들이 우리에게 한 일은 매우 크게 생각하면서도 정작 자신이 다른 사람들에게 했던 일에는 그렇지 못하다.

그림자는 그림자에 초점을 집중하는 데 아무런 문제가 없다. 그것이 다른 사람의 그림자인 한은 말이다! "저 사람은 자기 그림자대로 굴고 있네. 저 여자도 자기 그림자대로 굴고 있고, 저 사람들 전부 자기들 그림자대로 굴고 있잖아. 그런데 나 말이야? 그림자라니, 무슨 그림자?" 겸손하게 자신이 미처 깨닫지 못했다고 생각하는 사람들보다 자기가 다 갖추고 있다고 생각하는 사람들에 의해서 더 많은 피해가 일어난다. 그림자를 깊이 들여다본 사람들은 그것이 그저 작은 일이나 사소한 실수가 아님을 안다. 그것은 세상의 선함에 대한 우주적 대항 세력이며, 그것이 가진 모든 기회를 활용해 인간의 마음을 황폐화시키려 한다. 그림자에게는 우리의 모든 문제가 다른 사람들의 탓이라는 생각만큼 더 큰 기회는 없다.

타인들에게 죄를 투사하는 것은 인간 세계의 특유한 경향이다. 우리는 태어난 순간부터 "나는 나의 몸속에 있고, 너는 네 몸속에 있다. 그리고 신은 우리 모두의 바깥에 있다."와 같이 우리의 분리감을 강화시키는 믿음의 체계를 배우게 된다. 조각난 관점은 그 어떤 것에서보다 우리의 분리감으로부터 가장 많이 나온다.

우선, 만일 내가 신과 분리되어 있다면 나의 근원으로부터 분리된 것과 같을 것이다. 그렇게 되면 나는 아기가 어머니와 떨어질 때 생기는 것과 같은 트라우마를 받을 것이다. 이 트라우마는 두려움을 유발하게 되고, 내가 필요하다고 생각하는 것으로부터 나를 떼어 놓으려 하는 사람이나 상황에 의해서 촉발될 가능성이 있다. 그것이 사실이 아니더라도 그렇다. 나의 그림자는 편집증이나 결핍증의 모습으로 나타날 수 있다.

둘째로, 만약 내가 나를 제외한 세상 전체와 분리되어 있다면, 나는 너무나 작고 세상은 너무나도 크기 때문에 무기력함을 느낄 것이다. 이러한 분리감은 내가 나약하다는 믿음을 갖게 만든다. 실은 신성의 자녀인 나는 무한한 힘을 내 안에 가지고 있는데도 말이다. 그렇다면 그림자는 내가 나약한 역할을 하게 하고 내 자신이 스스로의 힘으로 서는 것을 두려워하는 것으로 나타날 수 있다.

셋째로, 만약 내가 다른 사람들로부터 분리되어 있다면, 나는 인간으로서의 태생적 권리인 사랑과 결속의 경험으로부터 분리되는 것이다. 나는 타인들과 어울리며 느끼도록 되어 있는 기쁨 대신에 깊은 실존적 고독감을 느낄 수밖에 없게 된다. 나의 그림자는 타인에 대한 과도한 집착 또는 무관심, 우월감 또는 열등감 콤플렉스, 타인을 조종하려는 행동, 방어적인 기질 또는 지배지향적이거나 통제지향적인 성향의 형태로 나타날 수 있다.

마지막으로 앞에서 열거한 모든 분별의 양상은 다른 모든 형태의 그림자가 그로부터 비롯되는, 자신과의 분리감을 수반한다. 나의 진정한 자신이 만약 사랑이라면, 자기 자신과 분리된 나는 사랑과 분리된 것이다. 나의 그림자는 내 자신이나 타인에 대한 사랑이 아닌 것, 즉 사랑의 빈자리를 대체할 약물 남용부터 폭력까지 어떤 형태로든 나타날 수 있다.

모든 그림자의 현현manifestation은 분리에 대한 생각에 그 뿌리를 두고 있다. 그러므로 우리가 다른 생명, 이를테면 우리의 조물주, 다른 사람들 그리고 다른 피조물들과 분리되어 있다는 잘못된 생각을 고치는 것은 그림자 문제에 대한 궁극적인 해결책이다. 정신과 영의 조화, 즉 영혼의 성스러운 지식으로의 귀환은 모든 어둠을 몰아내는 깨달음의 순간이다.

그러면 우리의 정신이 진실과 조화될 때 보게 되는 그 빛은 무엇일까? 우리는 타인들과 하나라는 것뿐만 아니라 우리 모두가 신성함의 씨앗을 간직하고 있다는 것 또한 본다. 우리는 신의 이미지와 신의 모습을 따라 신에 의해 창조되었다. 조물주의 모든 피조물이 그렇듯이 우리 또한 완벽하다. 우리는 스스로, 그리고 서로에게서 신이 우리 각자에게 보여 주는 것과 같은 자비를 누릴 자격이 있다. 그리고 우리가 가진 그림자가 우리를 정의한다는 착각에서 벗어나게 되었을 때를 기억해 낸다면 자비와 용서를 베푸는 것은 자연스럽게 찾아온다.

중요한 것은 당신의 그림자가 취하고 있는 모습이 아니다. 핵심은 당신의 그림자가 오직 한 가지 이유만을 위해 형성되었다는 것이다. 어느 찰나에 사랑은 사라진다. 아니면 그저 당신이 그렇게 생각하는 것이든지. 그것이 자식을 버리는 어머니의 모습으로 사라졌는지, 성난 아버지의 모습으로 사라졌는지는 상관이 없다. 중요한 것은 그 상처받고 원초적인 순간에 당신은 신이 베푸는 사랑의 경험과 의식적인 접촉을 잃는다는 것이다. 그리고 그때 당신은 잠시 제정신을 잃어버린다. 이제 그 트라우마가 발동될 때마다 당신은 또다시 제정신을 잃을 것이다. 중요한 것은 무엇이 트라우마를 일으켰는가가 아니다. 어떤 중대하고 극적인 상황이 거기까지 이어졌는지는 궁극적으로 상관이 없다. 중요한 것은 당신의 영혼을 되찾아야 한다는 것이며, 당신이 '지금' 사랑과 재결합해야 한다는 것이며, 당신의 정신이 '지금' 광기에서 치유되어야 한다는 것이며, '지금' 당신 자신과 타인들을 용서해야 한다는 것이다.

용서란 그저 어둠을 손 놓고 바라만 보라는 것이 아니라 그것을 사면해 주라는 것이다. 더 정확히 말하자면, 어둠을 바라보되 그것을 눈감아 주라는 것이다. 그것을 거부하고 싶어서 눈감아 주라는 것이 아니라, 그림자가 실체가 아니라는 것을 알기 때문이다. 부정적인 거부가 있는가 하면 긍정적인 거부도 있다. 당신은 단순히 존재하지 않는 것을 부정할 뿐이다.

당신이 애정 결핍에 걸려 있을 때의 그 모습은 진정한 당신이 아니다. 당신이 '행동화'하고 있을 때의 그 모습도 진정한 당신이 아니다.

당신이 화가 났을 때의 그 모습도 진정한 당신은 아니다. 진정한 당신은 신성하며, 자애롭고, 불변하는 존재다. 그 모습이 그림자의 베일에 가려 잠시 보이지 않을 수는 있어도 없어질 수는 없다. 신이 그것을 창조했기 때문이다. 그것은 언제나 존재한다.

그림자는 환상에 불과한 자아이며 사기꾼의 가면과 같다. 그것은 인간 세계에 자기 자신을 파괴하는 것부터 남들을 쫓아내는 것까지 '실제적인' 영향을 주지만, 용서란 당신의 자각을 현실에서 진실로, 즉 인간세계의 어둠을 넘어 영원한 빛으로까지 확대하는 것이다. 당신이 스스로에게서든 타인들에게서든 그 진실을 보게 되면, 당신은 그 진실을 삶에 적용할 힘을 얻게 된다. 우리는 용서받았다고 느낄 때 치유된다. 우리는 자비가 존재할 때 치유된다. 만약 정말로 누군가가 바뀌기를 원한다면, 기적은 그들이 이미 완벽한 존재임을 볼 수 있는 당신의 능력에 자리 잡고 있다.

그림자는 공격받았을 때는 떠나는 법이 없다. 그것은 용서받았을 때 비로소 치유된다. 우리는 자신을 비난하는 사람이 있는 곳에서는 그림자의 가면을 벗지 않는다. 하지만 말 또는 행동으로 "당신은 이런 사람이 아니라는 걸 알아."라고 해 주는 사람이 있을 때라면 그렇게 할 수 있을 것이다. 우리는 어둠 속에서 길을 잃었을지라도 우리의 빛을 믿어 주는 사람들의 존재 속에서 기적적으로 치유된다. 다른 사람들이 그 빛을 보여 주든 아니든 간에, 우리가 참된 존재의 빛으로 그들을 보는 방법을 배우게 되면, 우리는 그들을 위해 기적을 이루어 줄 수 있는 힘을 가지게 된다.

용서란 행동이다. 그러나 그것은 태도에서부터 생겨난다. 우리에게 상처를 주는 행동을 하는 사람을 용서하기란 힘들 수 있다. 성격 속의 어둠을 뛰어넘어 보려는 꾸준한 노력을 통해 우리의 인식을 확고하게 다져 두지 않은 한은 그렇다.

영적인 수행은 빛을 지닌 자로서 우리가 지닌 힘의 열쇠다. 우리 자신이 그것을 기르지 않고는 평화를 널리 퍼뜨릴 수 없기 때문이다. 우리는 우리가 아닌 누구이며, 그러므로 우리는 우리 자신이 아니라는 것을 우리에게 설득하려고 드는 세상에서, 우리의 생각과 태도는 지속적인 훈련을 필요로 한다. 사랑에 대한 생각은 이 세상을 지배하고 있는 생각과는 완전히 정반대다. 그것이 우리가 계속해서 빛에 대해 '상기'해야 하는 이유다. 당신이 아침에 일어나 어제의 먼지를 씻어내기 위해 샤워나 목욕을 하듯, 아침에 일어나 어제의 생각을 정신과 마음에서 떨쳐내기 위해 영적 수행을 하라.

이 세상은 사랑보다는 두려움에 가득 찬 생각으로 우리를 유혹한다. 공격, 방어, 분노, 비판, 그 밖에 등등. 그것은 계속해서 우리에게 그림자는 실재하고 빛은 그렇지 않다고 설득해 왔다. "저 사람은 나빠. 저 사람 탓이야. 저 사람이 잘못했어." 또는 반대로, "나는 나빠. 내 탓이야. 내가 잘못했어."라고 해 왔다. 하지만 당신 자신에게 죄를 투사한다고 해서 타인에게 죄를 투사하는 것보다 덜 불경스러운 일이 되는 것도 아니다.

진정한 용서는 사실 그 누구에게도 잘못이 없음을 뜻한다. 신의 눈에는 우리 모두가 결백하다. 실재하는 것은 우리의 빛이지 어둠이 아니다.

"사랑에 저항하지 말라"

붓다가 보리수나무 아래에서 깨달음을 얻어 자비로운 삶의 길을 닦았고, 모세가 그저 바다를 만지자 바다가 갈라졌으며, 예수가 부활하여 죽음을 딛고 일어섰음을 생각해 볼 때, 당신에게는 우리가 그런 것들을 꽤 진지하게 받아들인다는 생각이 들지도 모르겠다. 당신은 우리가 그들의 메시지를 끊임없이 적용하여, 우리의 마음을 열고, 바다를 가르며, 우리 자신의 환상을 극복한다고 생각할 수도 있다.

비록 수십 억의 영혼들이 전 세계의 종교에 귀의하기는 했지만, 우리가 아직 따르지 않는 듯한 진화의 길이 있다. 인류는 어둠 속에 틀어박혀 지낸다. 그 모든 빛의 존재들과 사랑의 메시지가 우리의 역사를 통틀어 나타나 주었는데도 말이다. 깨달음을 얻은 대 스승들, 즉 우리 모두의 안에 거하는 신성한 빛을 실체화해 낸 존재들은, 이 진화에 있어서 우리에게는 먼저 길을 간 형elder brother과도 같다. 모든 종교는 그 빛으로 통하는 문과 같지만 여전히 그 문은 너무나 자주 닫힌 채로 있다.

그 이유는 무엇일까? 대체 왜 우리는 그림자가 가져다주는 고통을 감안해서라도 빛을 더 진지하게 받아들이지 않는 것일까?

나의 책, 『A Return to Love』에서, 한 구절이 사람들의 심금을 울린 모양이다. 그 구절에는 내가 그 이유일 것이라고 믿는 한 문장이 있다. It is our light, not our darkness, that most frightens us.(우리가 가장 두려워하는 것은 우리의 어둠이 아니라 빛이다.)

그 글을 읽은 많은 사람으로부터 "빙고!"라는 소리가 크게 터져 나

왔을 것이다. 만약 우리가 스스로에게 정직하다면, 우리가 그림자에 갇혀 있다는 것보다는 우리가 빛을 피하는 것이 문제라는 사실을 깨닫게 된다. 우리는 더 나은 자아와의 합일에 격렬하게 저항한다. 우리가 그것을 해결하지 않는 한, 이 회피의 경향은 문제시되지도 제지를 받지도 않는다. 우리가 그림자로부터 벗어날 수 있는 유일한 방법은, 오래되고 낡은 옷을 벗어 버리듯이 우리가 되었어야 할 영적인 거인으로 성장하는 것뿐이다.

이상하게 보일 수는 있지만, 우리의 그림자는 우리에게 안전지대와도 같다. 나약하게 구는 동안 우리는 힘에 대한 책임을 지지 않아도 된다. 계속 어둠 속에 둘러싸여 있는 동안은 누구에게도 빛을 신세 지지 않는다. 빛을 피하는 것은 우리의 감정적인 습관이다. 빛이 우리에게 비추기를 기다리고 있노라고 할 수는 있겠지만, 그것이 '우리에게' 비출 수는 없다. 그것은 '우리로부터' 빛나는 것이 아니기 때문이다.

깊은 내면의 어딘가에서는 우리도 이것을 알고 있다. '우리의 가장 깊은 공포는 우리가 무능력하다는 것이 아니다. 가장 깊은 공포는 바로 우리에게 대단한 힘이 있다는 사실이다.' 우리는 진정한 자신의 빛으로 향하는 큰 진전의 앞에 서 있다. 개인으로서만이 아니라 인류라는 종 전체로서도 말이다. 그럼에도 어째서인지 우리는 아직 망설이고 있다. "하느냐, 마느냐?"의 마지막 순간, 우리는 사실 스스로에게 선택권이 있는 체를 하고 있는 것일 뿐이다.

술에서 깬 깨끗한 정신을 갖는 것에 대해 당신이 가진 대안은 질병에 걸려 죽는 것인가? 용서의 대안은 모질고 거친 사람이 되는 것인가? 자연의 성스러움을 보는 것에 대한 우리의 대안은 지구를 파괴하는 것인가? 평화의 대안은 이 세상을 날려 버리는 것인가?

그림자는 실제로 그런 것들에 동의할지도 모른다. 교활하고 광기에 빠진 자들의 고전적인 레퍼토리와 함께 말이다. "한 잔 더해. 별거 아니잖아." "그것이 얼마나 아팠는지 절대 잊지 마." "가난한 사람들은 언제나 우리와 함께 있을 거야." "지구는 괜찮을 거야. 걱정하지 마." 그리고 우리가 살고 있는 이 시대의 걸작이 하나 있다. "뭐야, 당신. 테러리스트들 편을 들고 그러는 거야?"

당신이 '아니'라고 말할 때 일어나는 마법이 있다. "아니, 나는 더 이상 나약하고 싶지 않아. 아니, 더 이상 어리석게 굴고 싶지 않아. 아니, 더 이상 나의 단점 때문에 알려지고 싶지는 않아. 아니, 나는 더 이상 내 재능을 낭비하고 싶지 않아. 아니, 나는 더 이상 소극적이고 싶지 않아." 하는 것이다.

그리고 우리가 '그래'라고 하는 법을 익힐 때도 마법이 일어난다. "그래, 나는 사랑하기를 선택할 거야. 그리고 매일매일 그 선택을 이어 나가겠어. 그래, 나는 내 자신을 빛에 헌신할 것이고, 그렇게 하기를 주도적으로 선택할 거야. 성스러운 배우자와의 '신성한 결합'을 통해서 나는 더 높은 가능성과 더 높은 관점을 위해 헌신할 뿐만 아니라 모든 이를 똑같이 중요하게 구원할 거야."라고 하는 것이다. 물론 당신은 냉소적이 될 수도 있고, 모질어질 수도 있고, 그저 가던 길을 갈 수도 있다. 요점은 더 이상 당신이 그러기로 '하지' 않는다는 것이다.

우리는 자신에게 묻는다. 똑똑하고, 멋지고, 재능 있고, 훌륭한 나는 누구인가? 사실, 그렇지 않은 당신은 누구인가? 당신은 신의 자녀다. 당신이 움츠러드는 것은 세상에 도움 되지 않는다. 다른 사람들이 당신 주위에서 안전하지 않다고 느끼지 않게 하기 위해서 움츠러드는 것은 깨달음이 아니다. 우리는 우리 내면에 있는 신의 영광을 나타내기 위해서 태어났다. 신은 우리 중 어떤 사람들에게만 있는 것이 아니다. 모든 사람 안에 있다. 우리가 우리 자신의 빛을 비추게 될 때, 다른 사람들에게도 빛을 비출 수 있게 하는 것이다. 우리가 우리 자신의 두려움에서 해방될 때, 우리의 존재는 자연스럽게 다른 이들을 자유롭게 할 것이다.

우리는 인류의 앞날이 걷게 될 갈림길에 도달했다. 우리는 두려움 또는 사랑의 길 사이에서 선택을 강요받고 있다. 우리는 어둠을 향해 혹은 빛을 향해 나아가고 있다. 우리는 두려움의 길이 어떻게 될지 알고 있다. 이를테면 전 세계를 향해 발사된 수백 발의 핵폭탄이라든가 하는 등의 공격적인 생각들이 충분히 절정에 이르게 되면, 아마도 그림자의 광기는 그제야 만족할 수 있을 것이다. 그렇게 되면 모든 것이 암흑 속으로 사라질 테니까.

그렇다면 사랑의 길은 어떤가? 우리의 육안이 그것을 볼 수 있다면 빛의 세상은 어떤 모습일까?

한번은 도저히 잊어버릴 수 없을 꿈을 꾼 적이 있다. 나는 커다란 레스토랑처럼 생긴 방에 들어갔다. 그곳에 있는 모든 사람은 새로 도착한 사람들을 열렬히 맞이하기 위해 몸을 돌렸다. 그 방 가운데에는 거대하고, 반짝이는 분수가 있었다. 그리고 벽에는 크고 하얀 백조처럼 만들어진 부스 안에 사람들이 앉아 있었다. 방 안에서 볼 수 있었던 다른 색깔들은 파란색, 초록색 그리고 청록색이었다. 모든 탁자마다 사람들은 기쁨으로 가득한 대화에 몰두해 있었다. 그것은 내가 상상할 수 있는 가장 행복한 환경이었다.

내가 깨어났을 때, 그곳이 천국일 것이라는 것이 내게 든 첫 번째 생각이었다. 나는『기적수업』에서 '천국과 지상도 결국은 지나갈 것이다."라는 구절을 볼 때까지는 그렇게 생각해 왔다. 이는 그들이 더 이상 별개의 두 경지로써 존재하지 않는다는 것을 의미한다. 그 꿈의 요점은 천국이 어떤 모습일지가 아니라, 이 지구상이 어떤 모습이 될지에 있다. 진화의 선상에서 우리 선조이자 형제들이 그랬듯이 우리는 이 지구에서 살아가겠지만, 또한 꿈속의 그 사람들처럼 천국의 생각만을 하며 살 것이다. 우리는 지상에 살겠지만 또한 천상의 기쁨을 알 것이다. 우리는 당장은 두려움으로 가득 찬 세상에서 살겠지만 또한 우리 안의 빛은 어둠이 사라지도록 밝은 빛을 내뿜을 것이다.

나는 우리 대부분이 마음속 깊은 곳에서는, 우리가 들고 일어나서 우리의 가능성을 발휘할 수 있는 존재가 될 수 있다는 사실을 믿고 있다고 확신한다. 우리는 신성한 잠재력을 실현할 수 있다. 우리는 열렬히 빛을 받아들임으로써 모든 그림자를 던져 버릴 수 있다. 우리는 어떤 어둠이라도 우리의 곁에서는 저절로 사라지도록 할 수 있는 빛으로 가득한 의식을 가진 인류가 될 수 있다.

우리는 그렇게 할 수 있다. 그리고 이것은 꿈이 아니다. 우리 중의 누구라도, 어느 때라도 두려움보다 사랑을 선택한다면, 지금 이 순간에도 세상에 요동치는 사랑의 거대한 파도에 힘을 보태는 것과 같다. 새로 태어나는 아이들과 새로운 사랑의 설렘을 위해서, 자연의 장관과 동물들의 신비를 위해서, 신의 자비와 우리의 후손들을 위해서, 일출을 기리고 일몰을 지키기 위해서, 이제는 사랑을 선택할 때가 되었다.

부록

그림자 효과 테스트

"우리가 사물을 그 어떤 자기기만이나 환상 없이, 있는 그대로 마주할 용기가 있을 때에만, 성공의 길을 밝혀 줄 빛이 나타날 것이다."

-역경易經

1. 당신의 직업이나, 건강, 친밀한 인간관계 또는 수입과 같은 문제를 놓고 얼마나 오래 고민하고 있나요?

A. 12개월 미만　　B. 1~3년

C. 5년 이상　　D. 10년 이상

2. 지난 12개월 동안 중요한 것을 잘못된 곳에 두거나, 교통 위반 딱지를 끊거나, 사고를 내거나, 귀중한 물건을 부순 적이 몇 번이나 있나요?

A. 없음　　B. 1번 또는 2번

C. 5번 이상　　D. 10 번 이상

3. 자신에 대해 가식적이라거나 진정성이 없다는 느낌이 들 때가 있나요? 혹은 다른 사람들이 당신을 받아들이도록 하기에는 많은 노력이 필요하다는 것을 얼마나 자주 느끼나요?

A. 항상 그렇다. B. 때때로 그렇다.

C. 거의 그렇지 않다. D. 절대 그렇지 않다.

4. 만약 당신의 친구, 동료, 가족들에게 묻는다면, 당신이 얼마나 자주 불평을 한다고 대답할 것 같나요?

A. 거의 또는 전혀 하지 않음 B. 어쩌면 하루에 한 번 정도

C. 자주 D. 항상

5. 지난 12개월 동안, 그 즉시 혹은 나중에라도 후회할 말이나 행동을 한 적이 몇 번 있나요?

A. 없음 B. 1번 또는 2번

C. 5번 이상 D. 10 번 이상

6. 개인적인 목표를 달성한 후에—목표하던 체중에 도달했다거나, 신용 카드 대금을 갚았다거나, 집이나 사무실을 정리했다거나 등등—당신이 가장 느낄 만한 감정은 다음 중 어느 것인가요?

A. 해냈다는 것에 안도하지만, 다시금 예전처럼 되돌아갈까 경계함

B. 그 모든 노력의 보상을 받을 자격이 생겼다고 느낌

C. 자신의 성공에 고무되어 계속 훌륭히 노력할 마음을 냄

D. 애초에 그렇게 힘들게 일을 해야 했다는 것이 억울함

7. 자기 자신에 대해 부적격하다거나, 충분히 유능하지 않다거나, 사랑 받지 못한다거나, 무가치하다는 기분을 얼마나 자주 느끼시나요?

A. 항상 그렇다.

B. 때때로 그렇다.

C. 거의 그렇지 않다.

D. 절대 그렇지 않다.

8. 다른 사람들의 의견과 다를 때 자신의 진심을 밝힐 의향이 얼마나 될까요? 1~10의 척도로 표현할 때를 가정해서 골라 보세요.

A. 8~10. 진심을 밝힐 의지가 매우 강하다.

B. 5~7. 대체로 진심을 밝힐 의향이 있다.

C. 3~5. 때때로 진심을 밝힐 의향이 있다.

D. 1~2. 거의 진심을 밝힐 의향이 없다.

9. 현재 당신의 삶에서 가장 주요한 일은 무엇인가요?

A. 경력을 다지는 것, 건강을 증진하는 것, 부를 축적하는 것 또는 인간관계를 더욱 깊게 하는 것

B. 직장이나 가정에서, 뒤틀어진 관계를 관리하거나 '급한 불을 끄는 것'

C. 적절한 시간 동안 목표를 향해 적당한 진전을 이루어 내는 것

D. 금전 사정, 인간관계, 건강 또는 직업의 영역에서, 임박한 재난을 막거나 회피하는 것

10. 스스로에게 했든 다른 사람과 했든지 간에, 자신이 한 말에 책임을 지거나 약속을 지키는 때를 퍼센트로 따진다면 얼마나 되나요?

A. 10% 미만　　B. 25% 미만

C. 50% 정도　　D. 대부분의 경우

11. 하루에 얼마나 많은 시간을 남에 대한 소문—아는 사람에 대해 이야기한다거나, 잡지를 읽거나, 가십 TV를 본다거나—에 할애하나요?

A. 하지 않음　　B. 하루에 한 시간 미만

C. 하루에 한 시간 이상　　D. 하루에 세 시간 이상

12. 다음 중 자신의 삶을 표현하는 데 어떤 문장을 사용하시겠어요?

A. 대체로, 내게 있어 일들은 매우 쉽게 풀리는 편이다.

B. 내게는 많은 재주와 재능이 있지만, 그것들을 완전하게 사용하지는 않는다.

C. 내 삶은 불행으로 가득하며, 나쁜 일들에 계속해서 빠지게 된다.

D. 현상 유지만 하려고 해도 부단히 노력해야 한다.

13. 당신의 장기적인 목표를 위해 노력하는 데 하루에 얼마나 많은 시간을 쓰나요?

A. 없음　　B. 하루에 20분 미만

C. 하루에 한 시간 또는 그 이상　　D. 장기적인 목표가 없음

14. 개인생활에서든 직업생활에서든, 스스로가 잘못 대해지고 있다거나, 오해받는다거나, 이용되고 있다는 기분을 얼마나 자주 느끼나요?

A. 매일　　B. 자주

C. 때때로 D. 거의 또는 전혀 느끼지 않음

15. 아무런 흥미가 없는 일을 해 줄 것을 부탁받았을 때, 당신의 반응은 어떤 건가요?

A. 떳떳하게 거절함

B. 거절은 하지만 죄의식을 느낌

C. 좋다고는 하지만 실행은 하지 않음

D. 좋다고 하고, 일도 해 주고, 억울한 마음을 가짐

16. 당신의 삶이, 몇 개는 마음에 들고, 몇 개는 보여 주기 부끄러운, 수많은 방으로 이루어진 집이라고 상상해 봅니다. '모든' 방을 보여 줄 수 있는 사람은 얼마나 되나요?

A. 없음

B. 중요한 사람 단 한 명—배우자, 연인, 가장 친한 친구, 부모 등

C. 나를 그만큼 잘 아는 몇몇 사람들

D. 나를 그만큼 잘 아는 많은 사람들

17. 누군가 또는 무엇에게 상처를 받았을 때, 당신은 어떻게 하는 경향이 있나요?

A. 혼자서 붙들고 있음

B. 돌이켜 보고, 용서하고, 마음을 돌림

C. 정면으로 그 상황에 맞섬

D. 당사자를 제외한 모두에게 이야기함

18. 인생의 어떤 면을 개선할 방법에 대한 생각이나 충동이 들 때 어떻게 하나요?

A. 완전히 무시함

B. 옳은 방향으로 몇 걸음 딛기는 하지만, 결실을 보는 경우는 드묾

C. "조만간 착수해야지."라고 스스로에게 말함

D. 행동에 들어가는 것을 확실히 하기 위해, 자신의 주변에 지지기반을 세움

19. 최근 예상에 없던 자유시간이 생겼던 때에 무엇을 하셨나요?

A. 카탈로그 쇼핑, TV 시청, 인터넷 서핑 등으로 낭비함

B. 중요한 계획을 진척시키는 기회로 삼음

C. 낮잠을 자거나, 명상을 하거나, 책을 읽으면서 긴장을 풀고 활력을 되찾음

D. 삶이 너무 분주해서 예상에 없던 자유 시간이 생긴 적이 있었는지 기억도 나지 않음

20. 실수를 했을 때, 주로 어떻게 하나요?

A. 스스로에게 관대하고, 추후에는 달리 해 보리라 결심함

B. 잘한 일들을 생각하며 관점을 달리함

C. 자기비판의 나락에 빠짐

D. 자신의 실책을 무능의 증거로 여기고, 노력을 중지함

점수 계산하기 **아래에서, 각각의 질문에 대한 답에 동그라미를 치세요.**	
질문 1 A = 1, B = 3, C = 5, D = 8	질문 11 A = 0, B = 3, C = 5, D = 8
질문 2 A = 1, B = 3, C = 5, D = 8	질문 12 A = 0, B = 3, C = 5, D = 3
질문 3 A = 5, B = 3, C = 1, D = 0	질문 13 A = 5, B = 3, C = 0, D = 5
질문 4 A = 0, B = 1, C = 3, D = 5	질문 14 A = 5, B = 3, C = 1, D = 0
질문 5 A = 0, B = 1, C = 3, D = 5	질문 15 A = 0, B = 3, C = 3, D = 5
질문 6 A = 0, B = 5, C = 0, D = 3	질문 16 A = 5, B = 3, C = 1, D = 0
질문 7 A = 5, B = 3, C = 1, D = 0	질문 17 A = 5, B = 0, C = 1, D = 5
질문 8 A = 0, B = 1, C = 3, D = 5	질문 18 A = 5, B = 3, C = 3, D = 0
질문 9 A = 0, B = 3, C = 0, D = 5	질문 19 A = 5, B = 0, C = 0, D = 3
질문 10 A = 8, B = 5, C = 3, D = 1	질문 20 A = 0, B = 0, C = 5 D = 5
총합 = ________________ (동그라미 친 답변을 더하여 계산하세요.)	

그리고 다음 페이지로 넘겨 그림자 효과가 당신의 삶에서 어떻게 작용하는지 알아보세요.

그림자 효과 평가

3~37점: 당신은 중립구역에 있습니다. 당신의 그림자로 인해 파괴적 성향을 촉진하는, 수많은 내적 믿음과 상처에서 당장은 자유롭다는 뜻입니다. 당신은 높은 자존감을 지니고 있으며, 행동은 당신의 가치관에 부합하고, 당신의 장기적 목표를 향해 큰 진전을 이루고 있을 것입니다. 계속해서 자기 자신을 사랑하고 내면의 목소리에 귀 기울여 주세요.

38~75점: 당신은 현 시점에서는 그림자의 완전한 무게와 영향을 겪고 있지는 않습니다. 하지만 당신의 자아와 삶에서 원치 않는 부분을 억누르고 감추는 데 많은 노력을 들이고 있을 것입니다. 그것들이 통제를 벗어나 날뛰지 못하게—직장에서든, 가정에서든, 또는 당신의 건강이나 안녕에 대해서—잡아두는 데 쓰는 에너지를, 당신의 목표와 욕구를 이루는 데 돌릴 수 있다면 더욱 유용할 것입니다.

76~112점: 당신을 향한 타인의 의견을 관리하는 데 많은 시간과 힘을 쏟으셨거나, 아니면 삶의 조건에 깊게 체념을 하셨을 것입니다. 이것은 그림자의 작용이며, 그것은 당신이 상황을 타개하지 못하게끔 마비시킵니다. 만약 살피지 않는다면, 당신이 겪고 있는 내면의 혼돈은 당신을 재앙으로 인도할 수도 있습니다. 그러나 좋은 소식은, 자기파괴적인 모든 행동이, 진정으로 중요한 것이 무엇인지 일깨워 줄 기회를 선사한다는 것입니다. 마음을 열고, 그림자를 둘러보십시오. 그림자를 통찰하고 이해했을 때, 당신의 가장 깊은 고통이 어떻게 당신을 위대한 운명으로 인도하도록 되어 있는지를 보기 시작할 수 있을 것입니다.

* * *

'그림자' 작업은 마음의 전사가 지니는 과업입니다. 만약 당신이 더 많은 사랑과 더 많은 평화 더 많은 만족 그리고 더 많은 성공을 위한 준비가 되어 있다면, www.TheShadowEffect.com을 방문해 보세요.

저자 소개

디팍 초프라 Deepak Chopra는 픽션과 논픽션 분야에서 「뉴욕 타임스」의 수많은 베스트셀러를 포함해, 35개가 넘는 언어로 번역된 55권이 넘는 책의 저자다. 베스트셀러로는 『성공을 부르는 일곱 가지 영적 법칙』 『신을 알아보는 법』 『바라는 대로 이루어진다』 『완전한 삶』 『붓다』 『제3의 예수』 『예수』 『신체의 재발명, 영혼의 부활Reinventing the Body, Resurrecting the Soul』, 그리고 『완전한 행복』 등이 있다.

초프라 박사는 미국 의사회의 특별 회원이자, 미국 내분비의과 협회의 회원이며, 켈로그 경영대학의 겸임교수이고, 갤럽조사연구소의 수석 과학자다. 「타임」 지는 디팍 초프라를 100명의 영웅이자 세기의 우상 중 하나로 발표하고, 그를 '대체의학의 예지자'라고 칭했다.

〈저자의 홈페이지 www.deepakchopra.com을 방문해 보라.〉

데비 포드 Debbie Ford는 세계적으로 격찬받는 스승이자, 강연자이며, 변화의 코치이고, 영화 제작자 그리고 수만에 달하는 특별한 사람들이 스스로의 모든 것을 사랑하고, 신뢰하며 소유할 수 있도록 인도한 베스트셀러 작가다.

데비는 일류 「뉴욕 타임스」 베스트셀러 『빛을 쫓는 자들의 어두운 면The Dark Side of the Light Chasers』과 『그림자의 비밀The Secret of the Shadow』 그리고 『왜 좋은 사람들이 나쁜 일을 하는가Why Good People Do Bad Things』의 저자다. 또한 그녀는 세계적으로 유명한 섀도 프로세스 워크숍의 창립자이기도 하다.

〈데비의 홈페이지 www.DebbieFord.com을 방문해 보라(참고로 데비는 2014년에 사망했다).〉

마리안 윌리엄슨 Marianne Williamson은 세계적으로 인정받는 영적 스승이다. 그녀의 최신 저작 『기적의 시대The Age of Miracles』는 「뉴욕 타임스」 베스트셀러 순위에서 2위를 기록했다. 그녀의 다른 서적 9권 중 4권—『사랑으로의 귀환』을 포함해서—이 「뉴욕 타임스」 베스트셀러 1위를 했다.

마리안의 다른 책들로는 『매일의 축복Every Grace』『여인의 덕목A Woman's Worth』『일루미나타Illuminata』『미국의 영혼 치료하기Healing the Soul of America』『변화라는 선물The Gift of Change』 그리고 『엠마와 엄마가 신과 이야기하다Emma and Mommy Talk to God』가 있다.

그녀는 〈오프라 윈프리 쇼〉 〈래리 킹 라이브〉 〈굿모닝 아메리카〉 〈찰리 로즈〉와 같은 텔레비전 프로그램의 유명한 게스트였다.

2006년 12월에, 「뉴스위크」지 조사에서는 마리안 윌리엄슨을 가장 영향력 있는 베이비 붐 세대 50인 중 하나로 지명했다.

〈저자의 홈페이지 www.marianne.com을 방문해 보라.〉

역자 소개

서광스님

대학과 대학원에서 심리학을 공부하고, 이후 미국에서 종교심리학 석사와 자아초월 심리학 박사학위를 취득했다. 현재 동방문화대학원대학교 불교상담심리학 교수로 재직 중이며, MSC 명상 프로그램을 한국에 토입하여 MSC 지도자 양성에 힘쓰고 있다. 또한 (사)한국 명상심리상담연구원 원장으로 불교심리학과 불교 상담, 자아초월 심리치료 관련 강의와 워크숍 및 집단 프로그램 등을 실시하고 있다.

저서에 『돌이키는 힘: 치유하는 금강경 읽기』 『현대심리학으로 풀어본 대승기신론』 『치유하는 유식 읽기』 『치유하는 불교 읽기』 『나를 치유하는 마음 여행』 『후박꽃 향기』 『공부도 놀이도 신나는 아이로 키워라』 『문제는 항상 부모에게 있다』 『알몸이 부처되다』 『현대심리학으로 풀어본 유식 30송』 『마음의 치료』 등과 『한영불교사전』 『불교상담심리학 입문』 『심리치료에서 지혜와 자비』 등 다수의 편역서 등이 있다.

황수경(Hwang, Sookyung)

이화여자대학교 사학과와 동 대학원 교육사회학 석사를 졸업하고, 동국대학교 선학과 박사과정을 수료했다. 미국 AAPC 전문심리치료사 자격증을 이수하고 사찰, 학교, 기업 등에서 명상과 인성, 리더십, 마음치유 상담과 강의를 하고 있다. 조계종 포교대상 원력상을 수상했고, 동국대학교 명강사상을 2회 수상했다. BBS TV 〈황수경의 심리상담 프로젝트〉 등을 진행했다.

불교인재개발원 이사를 역임하고, 현재 불교상담개발원 이사, 불교여성개발원 이사, 한마음과학원 교육정책 실장이다. 현대그룹 〈감정과 관계 힐링〉 프로그램, 불교여성개발원 〈웰다잉-아름다운 마무리〉, 동국대학교 〈마인드힐링지도사〉, 한마음과학원 〈아버지 마당〉, 〈노년을 위한 행복한 사계절〉, 조계종 승려 연수 〈한나무 인성지도자 과정〉, 〈한나무 교사연수 프로그램〉 등의 개발과 강의에 참여하고 있다. 또한 「한마음 저널」 에 생활 속 수행을 위한 〈부처님 마음 되기〉 칼럼을 연재하고 있다. 역서로는 『심리치료와 상담의 윤리학』 등이 있다.

권선아(Gwon, Seon A)

고려대학교 사범대와 동 대학원 국어국문학과를 졸업했고, 동국대학교 불교학과 박사과정을 수료했다. 2003년 틱낫한 스님의 방한 행사를 기획·통역했고, 2012년 존 카밧진의 MBSR, 2014년·2016년 크리스토퍼 거머의 MSC, 2010년~2015년 데이비드 브레이저의 ZEN THERAPY 워크숍 등을 통역하며 불교와 서양 심리치료의 만남에 관심을 기울여 왔다. 2011년~2014년 조계종 국제불교학교International School of Buddhist Studies의 교수를 역임했고, 2008년부터 중앙승가대학교에서 영어 불전을 강의하고 있다. MSC Trained Teacher이고, 인문학연구공동체 감이당에서 불교 강좌 Street Zen을 이끌고 있다. 역서로 『일상에서의 호흡명상 숨』 『두 친구』가 있다.

그림자 효과

당신 내면에 숨어 있는 힘을 찾으라

The Shadow Effect: Illuminating the Hidden Power of Your True Self

2017년 2월 20일 1판 1쇄 발행
2024년 4월 25일 1판 5쇄 발행

지은이 • Deepak Chopra · Debbie Ford · Marianne Williamson
옮긴이 • 서광스님 · 황수경 · 권선아
펴낸이 • 김 진 환
펴낸곳 • (주) 학지사
04031 서울특별시 마포구 양화로 15길 20 마인드월드빌딩 5층
대표전화 • 02) 330-5114 팩스 • 02) 324-2345
등록번호 • 제313-2006-000265호

홈페이지 • http://www.hakjisa.co.kr
인스타그램 • https://www.instagram.com/hakjisabook

ISBN 978-89-997-1113-8 03180

정가 14,000원

역자와의 협약으로 인지는 생략합니다.
파본은 구입처에서 교환하여 드립니다.